KB267001

조선뉴스프레스

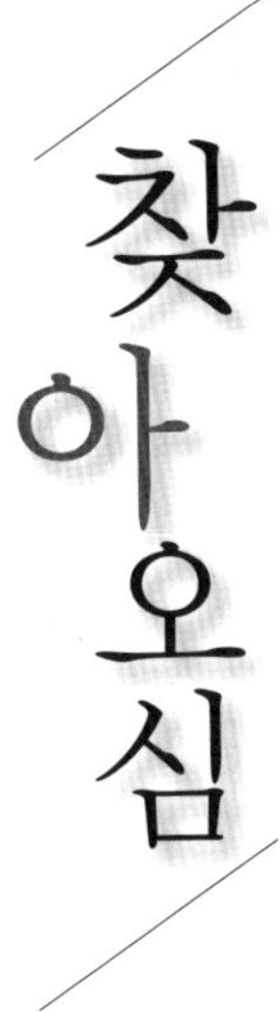

찾아오심

글 서영주

ChosunMedia
조선뉴스프레스

서 문

　사랑하는 딸 민정이의 손에 이끌려 가게 된 교회 특별새벽기도 현장에서 저를 찾아오신 하나님을 만난 지 십 년의 세월이 흘렀습니다.

　그동안 저는 왜 하나님께서 저같이 죄 많은 사람에게까지 친히 찾아오심의 은혜를 베푸셨을까 하는 생각을 늘 하곤 했습니다.

　아마도 지난날의 저처럼 믿음을 거부하거나 주저하는 사람들에게 하나님께서 찾고 계신다는 사실을 알리라고 그러셨지 않았을까 하는 생각에, 그동안 평소 만나던 친구나 동료들에게 은혜로운 제 경험과 하나님을 만나면서 알게 된 십자가 복음을 전하려고 애써 왔습니다.

　저는 십 년의 신앙생활을 통해 피조물에 불과한 인간은 누구 할 것 없이 모두 자신의 행위로는 구원받을 수 없는 한계가 있다는 사실을 깨닫게 되었고, 하나님 앞에서 그런 자기 자신의 가능성을 철저하게 부정하고, 창조주이신 하나님께 절대적으로 의존함으로써 하나님의 은혜에 의한 믿음으로 구원받게 된다는 십자가 복음의 진리를 확신하게 되었습니다.

　그러나 다른 인생관이나 가치관이 이미 형성되어 있는 사람들에게 짧은 시간에 복음을 제대로 전한다는 것이 결코 쉬운 일은 아니었습니다. 더구나 내 인생은 나의 것이라면서 하루하루 열심히 자기 힘으로 살아가는 것을 자랑스럽게 생각하는 제 주변의 건실한 사람들에게 우리는 모두 지옥으로 갈 수밖에 없는 죄인에 불과하며, 하나님의 아들이신 예수님께서 우리의 죄를 대속해 주시기 위해 십자가에서 죽으셨다고 이야기하면 고개를 갸우뚱하거나 헛웃음을 짓는 경우도 많았지만, 지난날의 믿지 않던 저를 생각하면 그들의 반응은 당연한 것으로 느껴졌습니다.

하물며 교회를 다니는 사람들 중에도 학창 시절이나 사회생활에서 알게 모르게 형성되어 온 인본주의적 가치관에 젖어, 성경을 그런 사고방식으로 해석하고 생활에 그대로 적용하려는 경우가 의외로 많음을 듣고 보고 알게 되면서, 참으로 안타깝다는 생각을 넘어 같은 신앙의 동료로서 걱정과 우려를 떨쳐버릴 수가 없었습니다.

그래서 복음을 짧은 시간에 말로 전달하기보다는 글로 전하면, 사람들이 이 글을 읽으면서 좀 더 깊이 생각할 수 있는 기회를 가질 수 있고, 나아가 소통의 효과 또한 더욱 크지 않을까 하는 생각에 이 책을 쓰게 되었습니다. 하지만 책을 쓰려니까 신학적으로나 목회적으로 내세울 권위나 경력도 없이 쓴 책을 누가 읽어 줄까 하는 생각에 부끄럽기도 하고 주저되기도 하였습니다만, 어느 날 새벽기도 중에 하나님께서 그 옛날 한갓 어부에 불과했던 베드로도 성령의 도움을 받아 유대의 지도자들 앞에서 담대히 복음을 전했던 사실을 상기시켜 주셨습니다.

이처럼 하나님께서 용기를 주시고 도와주시면 하지 못할 것이 없을 것이라는 생각에 마침내 책을 쓰기로 감히 작정하게 되었습니다. 하지만 막상 시작해 보니, 저의 필력이 생각했던 것보다도 훨씬 보잘것없어서, 제대로 표현을 다 못하는 것이 너무나 답답했습니다.

그래서 책을 쓰면서 늘 하나님께 이런 마음의 기도를 드렸습니다.

신실하신 하나님 아버지!

간절히 원하옵건대, 제 안에 계시는 성령께서 부족한 저를 도우사, 이 책을 읽으시는 분들의 눈이 피곤하지 않도록 책의 내용을 살펴주시옵소서.

그 속에 한 구절이라도 그분들의 영혼에 보탬이 되는 말씀이 살아 움직이도록, 책을 쓰는 전 과정에 늘 섬세하게 저를 간섭하여 주시옵소서.

제 머릿속에 있는 하나님에 대한 생각들과 제가 하나님을 믿고 경험한 모든 일들이 제대로 전달될 수 있도록 저의 기억을 이끌어 주시옵소서.

저는 종교다원주의와 혼합주의가 난무하는 이 혼돈의 시기에, 하나님

실제로 글을 쓰는 순간마다 하나님께서 섬세하신 가르치심과 자상하신 도우심으로 저를 감격하게 하신 적이 한두 번이 아닙니다.

처음 얼마간은 어떻게 표현하면 하나님을 제대로 알릴 수가 있을까 하고 노심초사하기도 했지만, 결국에는 오직 하나님께 모두 다 맡기고 매달리면서 그 도우심에 힘입어 글을 마무리할 수 있게 되었습니다.

비록 믿음의 연륜이 쌓이지 못하고 신앙적 경험이 일천한 사람으로서 책을 쓴다는 것이 하나님께 두렵기도 하고, 사람들에게 부끄럽기도 하지만, 이 책이 방황을 멈추고 싶은 미성숙자의 신앙고백으로 독자들게 읽힘으로써 하나님의 은혜로운 복음이 진솔하게 전해지고, 그런 과정을 통해 하나님께서 영광 받으시기를 간절히 소망해 봅니다.

졸필이지만 널리 이해하시고 이 책을 통해 저를 보시는 것이 아니라, 신실하신 하나님을 만나시기를 진심으로 소망합니다.

감사합니다!

찾아오심

초판 1쇄 인쇄 2017년 4월 16일
초판 1쇄 발행 2017년 4월 16일

글쓴이 서영주

발행 (주)조선뉴스프레스
발행인 김창기
책임편집 이창희
제작관리 박재석, 정승헌
판매 방경록, 최종현
디자인 Tiuum(틔움)

편집문의 02-724-6703
구입문의 02-724-6797

등록 제301-2001-037호
등록일자 2001년 1월 9일
주소 서울시 마포구 상암산로34 DMC 디지털큐브빌딩 13층

값 15,000원
ISBN 979-11-5578-449-5   13230

Content
목차

chapter 01

주님과의 러브스토리

chapter 02

믿음, 소망 그리고 사랑

chapter 03

하나님의 뜻을 분별하는 삶

주님과의
러브스토리

01 장

예고 없이 찾아오신
나의 하나님

| 나를 찾아오신 하나님과의 눈물의 해후 |

2006년 9월 4일 새벽 4시를 조금 넘긴 시간, 그 이른 새벽에 승용차 운전대를 잡은 저는 아내와 딸 민정이까지 태우고서 인적이 드문 어둠 속을 헤치며 어디론가 차를 몰아 가고 있었습니다.

열흘 전, 저희 부부가 딸 민정이와 함께 저녁식사를 할 때였습니다.

"아빠, 엄마! 제가 다니는 교회는 아니지만, 분당에 있는 만나교회에서 일주일 동안 특별새벽기도회가 열린대요. 너무 은혜로울 거라고 소문이 나서 저도 이번 기회에 꼭 한번 가고 싶거든요. 괜찮겠죠?"

민정이는 저와 아내의 표정을 살피면서 이렇게 의중을 떠보더군요.

그 당시 민정이는 바쁜 연예인 생활을 하면서도 틈만 나면 기독교 설교 방송이나 찬양 CD 듣기를 즐기고, 밤늦게 일을 마치고 와서는 다음 날 오전에 촬영 스케줄이 있음에도 불구하고 자정을 넘기면서까지 잠도 잊은 채 자기 방에서 혼자 간절히 기도하거나, 책상 앞에 앉아 신앙 서적들을 뒤적이며 무엇인가를 열심히 탐독하곤 했었답니다.

그때 저는 기독교인은 아니었지만, 딸 가진 부모 입장에서 민정이가 연예인으로 고된 스케줄 속에서 겪는 온갖 스트레스를 뒤숭숭한 세상에서 친구들하고 밤늦도록 놀러 다니면서 풀기보다는, 신앙생활을 통해 극복해 나가는 것이 차라리 다행이라고 생각했습니다.

그래서 새벽교회 이야기를 할 때도 별 거부감 없이 허락을 했습니다.

"그렇게 네가 가고 싶고, 좋을 거라는 생각이 들면 한번 가 보렴."

그 후 열흘이 지난 일요일 밤에 민정이가 제게 부탁을 했습니다.

"아빠! 내일 새벽부터 지난번 말씀드린 기도회에 가고 싶거든요. 그런데 너무 이른 시간이라 매니저를 부르기도 미안해서 그러는데, 아빠가 좀 데려다주실 수 있겠어요? 정말 그 특새에는 꼭 가고 싶어요."

평소에는 좀처럼 저에게 뭘 해 달라는 말을 하지 않던 딸아이가 그토록 간절하게 애원하다시피 부탁을 하기에, 그 정도의 서비스는 아버지로서 해 줘야 할 것 같다는 마음이 들어 그러겠다고 승낙을 했습니다.

민정이는 좋아라 하면서 아내에게도 매달려서 약속을 받아 냈습니다.

"엄마! 아빠는 출근하셔야 하는데도 새벽 일찍 저를 데려다주시겠다는데, 엄마도 같이 가셔서 제가 예배 볼 동안 밖에서 아빠 말벗이라도 해 주시면 좋잖아요? 같이 가세요, 네?"

그렇게 해서 다음날 새벽 저희 부부는 알람 소리에 맞춰 일어나서 부랴부랴 차를 몰고 난생 처음 교회로 가게 되었던 것입니다.

교회로 가는 차 안에서 민정이는 갖은 애교를 다 부렸습니다.

"아빠, 엄마! 정말 고마워요. 제가 가고 싶은 기도회를 이 새벽에 아빠, 엄마가 데려다주시니까 전 정말 너무너무 행복해요!"

그런 민정이를 보면서 저와 아내도 오랜만에 딸이 좋아하는 일을 해 주게 됐다는 생각에 덩달아 마음이 흐뭇해졌습니다.

사실 그 당시 민정이는 교회를 다니고 있었지만, 저와 아내는 결혼 후 독실한 불교 신자였던 제 어머님의 영향을 받아서, 매년 초파일에 나름대로 소원을 담아 절에 연등도 달고, 가끔씩 특별히 마음 내키는 날에는 전국의 유명 사찰을 찾아 이곳저곳 다니기도 했었답니다.

무늬만 신자였지만, 이력서 종교란에는 늘 불교라고 쓰곤 했습니다.

그래서 그날 교회 간다고 그렇게 좋아하던 딸아이에게도 저는 다소 굳은 표정까지 지으면서 마치 다짐을 받듯이 이야기를 했습니다.

"민정아! 아빠는 네가 교회 가는 것을 반대하지는 않아. 하지만 미리 말해 두는데, 앞으로 너도 아빠, 엄마한테 절대 네 종교를 강요하지는 마. 아빠, 엄마의 신앙도 존중을 해 줘야 되는 거야. 알았지?"

그런 제 말에 민정이는 태연스런 표정으로 저를 안심시켰답니다. "그럼요! 그렇게 할 거예요. 아빠! 걱정하지 마세요."

그런데 차가 교회 앞에 다다르면서 저는 그곳에서 전혀 상상하지 못했던, 너무나 색다르고 놀라운 광경을 난생 처음으로 보게 되었습니다.

아직 새벽 다섯 시도 안 된 시간에 어디서 왔는지 모르지만 굉장히 많은 사람이 환하게 불 밝힌 교회로 바삐 들어가고 있었습니다.

아주머니들이나 노인들뿐만 아니라, 넥타이 맨 신사들, 젊은 남녀들, 학생들이나 유치원생들, 심지어 어린 아기를 업은 젊은 엄마들까지 너무나 많은 사람으로 교회 앞은 무척 붐볐습니다.

그리고 예배시작 시간이 거의 이십 분도 더 남았음에도, 이미 교회 주변에는 주차할 공간을 도저히 찾을 수가 없었습니다.

하는 수 없이 교회에서 꽤 먼 곳에 차를 세우고, 아직 사방이 캄캄하기에 아내와 함께 민정이를 교회 앞까지 데려다주기로 했습니다.

그러자 민정이는 저희 부부 사이에서 양팔로 저희들과 팔짱을 끼고, 마치 어린아이처럼 마냥 즐거워하며 교회로 향했습니다.

교회 앞에 다다라서 저는 민정이에게 끝나고 만날 것을 약속하려 했습니다.

"민정아! 들어가라. 아빠, 엄마는 차에 가 있다가 마칠 때쯤 올게."

그러자 갑자기 민정이가 제 손을 잡고 간청하듯이 말했습니다.

"아빠! 어두운데 불편하게 그러지 마세요. 여기 교회 안이 환하니까 들어가셔서 로비에 계시면 되잖아요? 오늘은 새벽이라 그런지 좀 추운데, 그렇게 하세요. 차 안에 가 계시면 제가 마음이 불편해서 그래요."

순간, 어찌된 일인지 저도 그게 좋겠다는 생각이 들더군요. 그래서 좀 어색하기는 했지만 아내와 함께 교회로 들어가게 되었습니다.

잠시 후 민정이가 본당으로 들어가고, 로비에 붐비던 사람들도 다들 함께 들어가서 찬양을 부르는 소리가 들려오는데, 저희 부부만 바깥 로비에 덩그러니 앉아 있으려니 왠지 서먹서먹한 기분이 들더군요.

그 순간 본당에 들어갔던 민정이가 쫓아 나왔습니다.

"아빠! 여기 이렇게 두 분만 계시면 사람들이 좀 이상하게 생각할 것 같아요. 안에 제일 마지막 줄에 자리를 마련해 놨으니까 앉아서 그냥 구경이나 하세요. 그게 덜 어색할 것 같아요. 그렇게 하세요. 네?"

그러면서 저희들을 끌고 가다시피 본당 안으로 데리고 들어갔습니다.

저도 로비에서의 어색한 분위기를 벗어나고 싶은 마음에 못 이긴 척하고 민정이에게 이끌려 본당 제일 뒷자리로 가서 앉게 되었습니다.

그때 신도들이 찬송가를 부르기 위해 찬양 인도자의 권유에 따라 다들 일어서는 바람에, 저희 부부도 엉겁결에 자리에서 일어났습니다. 그리고 흘러나오는 반주에 맞춰 모두가 부르는 찬양은 난생 처음 듣는 '내가 주인 삼은'이라는 복음 성가였습니다.

내가 주인 삼은 모든 것 내려놓고 내 주 되신 주 앞에 나가
내가 사랑했던 모든 것 내려놓고 주님만 사랑해
주 사랑 거친 풍랑에도 깊은 바다처럼 나를 잠잠게 해
주 사랑 내 영혼의 반석 그 사랑 위에 서리

그런데 그 찬양을 듣는 순간 저에게서 상상도 못했던 반응이 일어났

습니다. 정말 무슨 연유인지 모르게 그 찬양 소리에 제 눈에서 갑자기 눈물이 주체할 수 없을 정도로 흘러내리는 것이었습니다.

그동안 살아오면서 큰 슬픈 일들을 겪으면서도 좀처럼 눈물을 흘리지 않은 냉정한 성격의 소유자였는데, 난생 처음 접하는 찬양 가사를 듣고 갑자기 이렇게 눈물을 흘린다는 것이 저로서는 황당하기도 하고, 눈물이 눈에 고이는 정도가 아니라 제 의지로 어떻게 할 수 없을 만큼 펑펑 쏟아지니 무척 당혹스럽기까지 하였습니다.

혹시 이런 저의 모습을 누가 보고 있지는 않을까 하는, 창피스럽고 염려스러운 마음이 일순간 스치면서 주변을 힐끔힐끔 훔쳐보기도 했습니다.

그러나 그것도 잠시였고, 계속 그칠 줄 모르고 흘러내리는 눈물에 저도 모르게 두 손이 모아지면서, 알 수 없는 힘에 이끌려 고개를 든 채로 한마디 감탄사만을 계속 되풀이하게 되었습니다.

"오! 하나님! 오! 하나님! 오! 하나님! ……."

하나님을 맞이할 아무런 마음의 준비도 없었고, 그럴 자격도 없던 저에게 하나님께서는 바로 그 순간에 먼저 찾아오셔서, 제 손을 잡아 주시고, 그 크신 은혜의 품에 저를 따뜻이 품어 주신 것이었습니다.

그날 제 의지와 상관없이 흘러내렸던 그 눈물은 마치 하나님께서 저를 찾아오신 걸 알려주시기 위해 직접 치신 알림의 종소리 같았습니다. 지금도 하나님께 감사드리는 것은 그 종소리가 너무나 크고 아름다워서 평생 잊지 못할 마음의 울림으로 남아 있게 해 주신 것이랍니다.

하나님께서는 진한 감동과 은혜를 듬뿍 안으시고, 그 새벽에 사랑하는 아내와 딸 민정이가 함께하는 그곳으로 저를 찾아오셨던 것입니다.

사랑이 많으신 하나님께서는 아무 자격 없는 저 같은 죄인에게 전혀 예기치 못했던 순간에 아무런 조건 없이 놀랍고 신비하게 성령으로 찾아오셔서, 눈물 나도록 가슴 벅찬 만남의 장을 열어 주셨습니다.

| 달하 어긔야 머리곰 비취오시라 |

첫날 눈물의 상봉에 이어, 둘째 날 알람이 울리기도 전인 새벽 세 시쯤에, 마치 누가 저를 깨우기 위해 플래시로 강한 빛을 눈이 부시도록 비추는 것 같아 깜짝 놀라 잠에서 깨어났습니다.

눈을 떠 보니 침대의 이불 위가 굉장히 환했고, 창문을 열자 거의 보름달이 다 되어 가는 커다란 달이 여느 때보다 훨씬 밑으로 내려와 앞동 아파트 옥상에 닿을 듯이 걸려 있었는데, 옛시조에 자주 나오는 휘영청 밝은 달이라는 게 이런 것인가 하는 생각이 들 정도였습니다.

참 희한한 일이라는 생각을 하면서 아내와 민정이를 깨우니, 민정이는 저에게 애교 섞인 말로 아부성 칭찬까지 해 주었습니다.

“와! 아빠, 정말 대단하세요! 제가 아빠를 깨워 드려야 하는데, 아침잠 많기로 소문난 우리 아빠가 저를 깨우셨네요. 아빠! 너무 고마워요.”

귀여운 딸의 찬사에 우쭐해진 저는 흐뭇한 마음으로 아내와 민정이를 태우고 그 새벽에 어둠을 헤치며 또다시 교회로 향했습니다.

그다음 날도 전날처럼 너무나 눈이 부셔서 일어났는데, 휘영청 밝은 달이 여전히 제 침상 위를 눈부시게 환히 비추고 있었습니다.

처음으로 경험한 신비로운 일이 새벽마다 반복되니, 제 마음에 그날부터는 좀 더 경건하게 교회에 가야겠다는 생각이 들더군요.

그래서 그날은 그전처럼 시간에 쫓겨 머리만 감고 갈 것이 아니라, 목욕재계하고 마음을 가다듬고 가야겠다는 생각으로 샤워를 하고 욕실에서 막 돌아서는데, 아니 이게 어찌된 일입니까?

갑자기 허리에 힘이 쫙 빠지면서 그 자리에 그냥 풀썩 주저앉게 되어 도저히 다시 일어날 수가 없었습니다.

난생 처음 당해 보는 일이라 그 순간 저는 무척 당황했습니다.

잠시 후 마음을 추슬러 겨우 세면대를 붙잡고 엉거주춤 일어나기는 했습니다만 통증이 심해 걸음을 제대로 걸을 수조차 없었습니다.

엉금엉금 기다시피 겨우 마루로 나오니, 방금 일어나서 교회 갈 준비를 하고 있던 아내와 민정이가 놀라서 어쩔 줄을 몰라 하더군요.

"아빠, 낮에 사무실에서도 바쁘신데, 새벽 일찍 무리해서 몸에 이상이 생기신 것 같아요. 우리 오늘은 교회 가지 말고 쉬도록 해요. 네?"

그런데 그때 갑자기 이상하다는 생각이 뇌리를 휙 스쳐 지나갔습니다.

"아! 이런 게 바로 사탄의 방해가 아닐까?"

정말 놀랍죠? 교회에 나간 지 이틀밖에 안 된 사람이 언제 들었는지 사탄의 방해까지 생각했으니 말입니다.

“여기서 사탄에게 지면 안 돼. 이런 통증쯤이야 난 참을 수 있어!”

아내와 딸의 만류에도 불구하고, 저는 고집스럽게 집을 나섰습니다.

그런데 이게 다 제 스스로의 판단에서 나온 행위 같습니까?

지금 생각해도 그런 것은 아닌 것 같습니다. 그 새벽에 하나님의 보이지 않는 인도하심의 힘이 저를 에워싸고 있었던 것은 아니었을까요? 운전하던 아내나 뒷자리에 앉아 있던 민정이는 걱정 어린 표정들이었지만, 제가 워낙 강경하게 나오니까 아무 말도 하지 못하더군요.

차에서 내린 저는 아내와 민정이의 팔짱에 부축을 받으면서, 비장한 마음으로 교회까지 한 걸음 한 걸음 힘들게 걸음을 옮겼답니다.

그 후로 정작 음력 보름날이었던 목요일부터 새벽기도를 마치는 일요일까지는 전처럼 휘영청 밝은 달이 저를 깨우는 대신 알람 소리에 겨우 일어나 보면, 창밖에는 달빛마저 구름에 가려 보이지 않았습니다.

잔뜩 흐리고 캄캄한 밤에 불편한 몸을 이끌고 날마다 집을 나서면 아내와 민정이는 근심스런 표정으로 괜찮겠느냐고 묻고 또 물었습니다.

급성 디스크처럼 찾아온 통증은 병원을 다녀도 쉽사리 가라앉지 않다가 특새 마지막 날 예배를 마치고 나오는 순간에 고통이 말끔히 사라져 버리더군요. 난생 처음 경험해 본 정말 희한한 일이었습니다.

특새 마지막 날은 입원 중이던 담임목사님께서 오셔서 비전의 산 느보산에서의 모세의 죽음과 이스라엘 민족의 가나안 입성에 대한 이야기로 비전 있는 믿음의 삶을 강조하는 설교를 하셨습니다.

당시 기독교에 대한 별다른 지식이 없던 저였지만, 담임목사님의 열정이 담긴 특새 마지막 설교에 깊은 감동을 느낄 수 있었습니다.

예배를 마치고 나오는데 담임목사님께서는 그 많은 사람 중에서 저희 부부에게 다가오셔서 어느 교회를 다니느냐고 물으셨습니다.

"저희 부부는 교회라고는 이번에 딸 때문에 처음 오게 되었습니다."

제가 겸연쩍어하면서 말씀드리니까, 그분은 상당히 놀라시는 표정이었지만, 곧바로 저희들의 손을 잡으시고 저희 가족을 위해 축복 기도를 해 주셨습니다. 그날 저희 가족을 위해서 특별히 기도해 주셨던 만나교회 김병삼 담임목사님께 감사함은 제가 신앙생활을 해 오면서 늘 잊지 못하는 고마운 추억으로 마음속에 간직하고 있습니다.

지금도 가끔 방송을 통해 목사님 모습을 뵈면 무척 반갑고, 설교 말씀이 좋아서 즐겨 듣게 되고, 그 가운데서 많은 은혜를 받곤 합니다.

| 민정이를 통한 하나님의 계획 전도 |

저는 젊은 시절 니체의 실존주의 철학에 심취해서 기독교에 대해 강한 저항심과 편견을 갖고 있었습니다. 그래서 제가 하나님을 믿게 되었다는 소식을 접한 옛 친구들은 너무나 의아하게 생각했다고들 합니다.

그동안 저는 읽고 듣고 보고 경험하면서 쌓아 온 인본주의적 지식을 내세우면서, 기독교를 용기 없고 신념 없는 자들의 자기 위안을 삼기 위한 방편 정도로 폄하해 왔고, 현실 교회에서의 일부 부조리 사례를 예로 삼아서 거침없이 교회 전체를 비난하고 정죄해 왔습니다.

그러던 제가 마치 수십 년간 교회를 다닌 신실한 신도처럼 꼭두새벽에 일어나서 교회에 가고, 언제 들었는지 사탄의 방해 운운하면서 아픈 몸을 이끌고 예배에 참여할 수 있었던 이유가 과연 무엇이었을까요?

우둔한 저로서는 미리 눈치채지 못했지만, 하나님께서는 민정이를 도구 삼으시고, 믿음 없는 저희 부부에게 찾아오시는 일을 한참 전부터 차근차근 진행하고 계셨다는 것을 뒤늦게야 깨닫게 되었습니다.

돌이켜 보니 하나님께서는 그 새벽교회에 가기 1년 전부터 저희 부부를 위하여 민정이를 통한 계획 전도를 이미 시작하셨던 것 같습니다.

당시 휴일만 되면 민정이는 자기가 가 본 음식점 중에서 저희 부부랑 꼭 한번 가 보고 싶은 너무 괜찮은 데가 있다고 하면서, 주로 집에서 자동차로 한 시간쯤 걸리는 곳에 위치해 있는 식당들을 추천하더군요.

식당으로 가는 차 안에서 민정이는 이런 식으로 제게 물었습니다.

"아빠! 제가 참 좋아하는 테이프가 있는데 좀 들어도 되죠?"

그리고 카세트에 딱 꽂는 건 유명 목사님들의 설교 테이프였습니다.

"어라, 이게 뭐야? 클래식이나 인기가요도 아닌 설교라니?"

저는 그 순간 다소 황당하다는 생각이 들었지만, 사랑하는 딸아이가 너무 좋다고 하니 끄라는 것은 좀 옹졸한 일이고, 자칫하면 좋은 분위기도 망칠 것 같아 못 이긴 척하고 그대로 들을 수밖에 없었습니다.

운전하면서 듣는 설교는 거부반응이 생길 만큼 특별한 내용은 없었고 크게 곤혹스럽지도 않았지만, 그렇다고 솔깃하지도 않았습니다.

그 후에 식당에 가는 날이면 제가 먼저 선수를 치기도 했습니다.

"민정아! 오늘은 기분 좋게 노래를 좀 들으면서 가자."

"네, 그래요. 그런데 참 좋은 노래가 있는데 한번 들어 보실래요?"

민정이는 쿨하게 제 말을 따르면서, 먼저 분위기 있는 최신가요들을 들려주었습니다. 그리고 그 다음은 꼭 이런 식이었습니다.

"아빠! 이것 못지않게 참 듣기 좋은 게 있어요. 한번 들어 보세요, 저는 요즘 이런 노래들이 너무너무 좋아요. 정말 가슴에 와 닿거든요."

갖은 애교를 다 부리면서, 이어서 들려주는 노래는 모두 CCM Song들이었습니다. 본의 아니게 찬양을 들으면서 고개가 갸우뚱해지더군요.

"아니, 이거 내가 애한테 당하는 것 아니야?"

그러면서도, 한편으로 자상한 아빠가 되고 싶은 마음에 차마 사랑하는 딸아이에게 그런 노래는 그만두라고 말할 수가 없었습니다.

또 어떤 날은 제가 운전하는데 주의가 산만해지니까 노래든 설교든 테이프를 듣지 말자고 은근히 제안하면, 민정이는 그러자고 하면서 대신에 식당으로 가는 동안 재잘재잘 이야기를 하곤 했습니다.

주로 "있잖아요? 아빠!"나 "엄마! 엄마!"로 시작되는 민정이의 이야기는 대부분 저희 부부가 관심 있게 들을 수밖에 없는 이야기, 바로 연예인 생활을 하면서 겪는 갖가지 자기 자신의 일상 이야기였습니다.

민정이는 그런 이야기들을 재미있게 해 나가다가, 성경 구절을 군데군데 인용해 나가면서 이것저것 흥미 있는 간증을 하기도 했습니다.

훗날 민정이가 결혼해서 미국으로 떠난 후에 민정이 방을 정리하다가 책상 위에 이렇게 일 년을 보내면서 저희 부부에게 들려준 사전 교육용(?) 설교 테이프가 스무 개나 쌓여 있는 것을 보았습니다.

"아! 우리가 그날 새벽교회 가기 전에 벌써 스무 차례나 설교를 들었네! 미처 깨닫지 못한 채로 찬양도 많이 들었고, 간증까지 들었네!"

이런 생각과 함께, 민정이가 결혼해서 미국으로 떠나기 전에 저희 부부를 꼭 전도하고 싶어했던 그 간절한 소망과 기도의 흔적을 보는 것 같아서 그런 딸이 너무나 고마웠고, 이제는 멀리 떨어져 지구 반대편에 살고 있기에 더욱 그립고 보고 싶은 마음에 눈물이 핑 돌더군요.

그리고 민정이를 통해 우둔한 저를 이처럼 자상하고 섬세하게 간섭하시고 이끌어 주시는 하나님의 한량없는 은혜에 대한 감사와 감격이 가슴 고동치는 남모를 큰 기쁨으로 제 마음속에 밀물처럼 밀려왔습니다.

죄가 더한 곳에 은혜가 더욱 넘쳤나니

저는 하나님을 믿는다면서도, 소돔성을 빠져나오다가 뒤돌아보는 바람에 소금기둥이 되어 버린 롯의 아내처럼(창 19:26), 아직도 세상에 연연하여 세상물이 덜 빠진 헌 옷을 입은 채로 살아가고 있습니다.

그러나 언젠가는 신실하신 하나님께서 제가 아직 바꿔 입지 못한 이 헌 옷들을 다 벗기시고, 준비해 두신 눈부신 새 옷을 곱게 입혀 주실 것이라는 소망과 확신을 제 마음속 깊은 곳에 늘 품고 살아갑니다.

하나님을 알아 가면서 확실하게 깨닫게 된 것은 제 인생에서 이루어진 모든 일들이 다 제가 무엇을 해서 그렇게 된 것이 아니라, 바로 하나님의 사랑과 은혜의 역사가 있었기 때문에 가능했다는 것입니다.

만나교회에서의 특새 첫 새벽에 하나님을 처음 만나게 된 것도 제가 주인이 되어서 하나님을 맞이했던 것이 아니라, 하나님의 '찾아오심'이라는 역사의 현장으로 제가 이끌려 나왔을 따름이었던 것이었습니다.

그래서 저는 하나님과 우리의 만남의 관계는 우리가 하나님을 찾아가서 맺는 것이 아니라, 하나님께서 우리를 너무나 사랑하셔서 먼저 찾아오심으로 해서 그 관계가 맺어지는 것이라고 생각합니다.

그런데 하나님께서 찾아오시는 사람은 다 상 받을 만한 자들만이 아니라, 그중에는 그저 그렇거나, 아니면 남들보다 죄가 더 많은 사람도 허다하다는 사실을 저는 성경을 통해 알게 되었습니다.

창세기에 아담이 선악과를 먹고 부끄럽고 두려운 마음에 하나님의 낯을 피해 숨었을 때, 하나님께서 먼저 그를 찾으셨습니다(창 3:9).

"아담아, 네가 어디 있느냐?"

믿음의 조상이라는 아브라함도 남들보다 무엇이 더 나아서 선택하여 찾아오신 게 아니지 않습니까? 하란을 떠날 때의 아브라함은 우상을 만들어 팔던 집안에서 살던 75세의 촌로(창 12:1~4)에 불과했습니다.

유대인들은 하나님의 백성으로 택하심을 받았다는 선민의식을 갖고 있지만, 하나님께서는 그들의 수가 많거나 잘나서 선택한 것이 아니라, 수가 적은 약한 민족이어서 선택했다고(신 7:7) 말씀하셨습니다.

하나님께서는 이스라엘 민족의 특별함을 증명하시기 위해서가 아니라, 하나님의 신실하심과 약속을 실현하시는 능력을 보여주시기 위해, 그 당시 주변국에 비해서 약했던 이스라엘 민족을 선택하신 것입니다.

초대교회인 고린도교회에서 성도로 부르심을 받은 자들도 지혜롭거나, 능력이 있거나, 문벌이 좋은 자들이 결코 아니었습니다.

지혜 있는 자, 강한 자, 있는 자들을 부끄럽게 함으로써 감히 어떤 인간이라도 하나님 앞에서는 자랑하지 못하게 하시려고, 미련한 자, 약한 자, 천한 자, 멸시받는 자들을 택하셨던(고전 1:26~29) 것입니다.

그래서 신실하신 하나님께서는 예수님을 믿는 사람들을 괜히 조롱하고 무시하고 배척해 오던, 저같이 죄 많은 사람에게도 감사와 감동의 눈물이 넘쳐흐르는 찾아오심의 은혜를 베풀어 주셨던 것이었습니다.

(롬 5:20) 그러나 죄가 더한 곳에 은혜가 더욱 넘쳤나니

| 무시로 제 마음의 문을 두드리신 하나님 |

돌이켜 생각해 보면 하나님께서는 그동안 저를 찾아오시지 않았던 것이 아니라, 숱하게 찾아오셔서 제 마음의 문을 두드리셨습니다.

그런데 제가 딴짓하느라고 그 소리를 듣지 못했거나, 듣고서도 문을 열 생각을 하지 않은 적이 한두 번이 아니었던 것 같습니다.

대학교 일학년 때는 대조동에 있던 외삼촌댁에서 지냈는데, 그때 중풍 걸린 여인을 낫게 했다는 동네의 유명한 교회 이야기를 들었습니다.

친한 이웃들이 그 교회 목사님이 능력 있는 분이라는데 한번 가 볼 생각이 없느냐고 물어 왔습니다만, 그때는 제가 기독교를 맹렬히 비판했던 니체의 사상에 심취해서 교회에는 전혀 관심이 없었습니다.

대학 3학년 때 학교 앞 대형 하숙집에서 지냈는데, 주인 부부가 교회 장로와 권사였고 가사도우미 세 명도 모두 신자였습니다. 그래서 식사 때마다 하숙생들이 보는 데서 이분들이 식기도를 하는데 처음 보는 광경이라 신기했습니다. 특히, 그 집은 하숙생이 많아서 단체 배식을 했는데, 저는 입맛에 맞는 반찬 좀 더 얻어먹으려고 제일 어린 가사도우미한테 하고한 날 교회 가겠다는 공수표만 계속 남발했었습니다.

"순자야, 이 반찬 더 주면 다음 일요일엔 나도 꼭 교회 갈게."

공군 장교 시절에는 같은 사무실에 독실한 신자였던 여성 군무서기관이 계셨는데, 틈만 나면 젊은 저희들에게 전도를 열심히 하셨습니다.

그분의 영향을 받아서 그 당시에 저도 성경을 대충 훑어보는 식으로 한 번 속독한 적이 있었는데, 다 읽고 난 소감은 그저 그랬습니다.

"왜 이걸 보고 저렇게 난리지? 그냥 지루한 역사책이나 도덕책 같은데 ……."

아직 은혜가 부어지지 않았던 것이었을까요? 하나님께서는 세차게 문을 두드리셨는데 제가 딴 데 한눈이 팔려 듣지를 못했던 것입니다.

사실 그때는 일과 후에 시간이 나면 조용히 묵상을 하기보다는, 동료들이나 친구들과 어울려서 우정을 나누느라 바빴던 시절이었으니까요.

공무원 초기에 모셨던 국장님은 군목 장교 출신이셨습니다.

그분하고 일 년 넘게 같이 근무하면서, 저는 얄팍한 지식을 앞세워 기독교에 대해 비판하기에 급급했지, 예수님께서 왜 십자가에서 죽으셨는지에 대해서는 전혀 관심이 없었습니다.

1990년대 초에 몇 년간 영국에 나가서 근무할 적에는 런던 지역에 한인교회들이 스무 개도 넘게 있었지만 저에게는 모두 관심 밖이었습니다.

때로는 제 주변의 친한 사람들이 자기가 다니는 교회에 한번 나와 보라고 권하기도 했지만 그저 웃어넘기기 일쑤였고, 가끔은 여론의 도마에 오르내리던 목회자들의 비행을 들추어 가면서 강하게 거절하는 바람에 선의로 권유하던 상대를 무안하게 한 적도 있었습니다.

지금 생각해 보면 참 부끄럽고 미안한 일이었지만, 그때는 아직 주말이면 세상적 여가생활에 관심이 더 많은 시절이었던 것 같습니다.

보통 해외에 나가면 외로우니까 사람들을 만나려고 안 나가던 교회에 나가는 경우도 많다는데, 저는 주말이면 가족여행을 가거나 친구들과 어울려 골프 치러 다니는 것에 훨씬 재미를 느끼던 시절이었거든요.

국장 때 한동안 산업자원부에서 대통령비서실로 전근을 가서, 비서실장 보좌관으로 근무를 한 적이 있었습니다.

그때 모시던 비서실장님은 젊은 시절 판사로 계실 때 신학대학원까지 나온 독실한 기독교인이셨습니다.

그분은 저에게 틈날 때마다 당신께서 살아오신 과정에 대해 많은 이야기들을 들려주셨는데, 가까이에서 모시면서 느낄 수 있었던 그분의

점잖고 흔들리지 않으시는 고매한 인격이 다 어릴 때부터 남달랐던 신앙심에 기반을 두고 다듬어져 왔다는 것을 알 수 있었습니다.

그러나 저는 그분을 인간적으로 존경했을 뿐, 그분의 신앙에 대해서 관심을 가지는 데까지는 나아가지 못했었고, 저에게는 그때도 오로지 세상일에만 집중해서 하루하루를 바쁘게 지내야만 했던 시기였습니다.

하나님께서는 10년 전 저를 찾아오시기 훨씬 전부터, 이처럼 수차례 회심의 기회를 주시면서 제 마음의 문을 수시로 두드리셨지만, 저는 세상에서 성공한 사람이 되고 싶은 생각에 육신의 정욕, 안목의 정욕, 이생의 자랑에 연연하면서 그저 바쁘게만 살아가고 있었던 것입니다.

하나님을 맞이할 마음의 여유로운 공간은 아예 만들어 볼 생각도 하지 않고, 그저 현실에만 눈 맞추고 거기에 충실했던 나날들이었습니다.

하나님께서는 수차례 제 곁에 가까이 다가오셨는데도, 그때마다 저는 한눈파느라고 저를 바라보시는 하나님을 외면해 버렸던 것입니다.

그러니까 애당초부터 제가 하나님께 왜 이렇게 늦게 찾아오셨느냐고 불평을 늘어놓거나 뭐라고 탓할 수도 없는 노릇이지 않습니까?

믿고 나서 보니까 빨리 하나님께로 눈을 돌리지 못한 게 매우 아쉽기는 하지만, 그래도 늦게라도 만나게 되었으니 얼마나 다행입니까?

(전 3:1) 범사에 기한이 있고 천하만사가 다 때가 있나니

저는 하나님 아버지 앞에서 영적 연령으로는 아직까지도 고작 열 살

배기 소년에 불과합니다. 그래도 십 년 전 그 새벽에 하나님과의 눈물의 상봉을 하면서 당황하고 어리둥절해하기만 했던 그때에 비하면, 이제는 하나님 보시기에도 저의 외형적인 영적 몸집이 많이 커졌을 것입니다.

그러나 하나님께서 저를 아시고 저를 사랑하셔서 그토록 고마운 찾아오심의 은혜를 베풀어 주신 것에 비하면, 저는 아직도 하나님의 뜻을 제대로 알지 못하고 살고 있는 것 같아서 늘 안타깝기만 합니다.

지난 십 년간의 신앙생활에서 늘 함께해 주신 하나님께서는 저를 제 자신보다 더 잘 알고 계신다는 것을 항상 느낄 수 있게 해 주십니다.

어떤 때는 그런 하나님이 너무나 신기하기도 하고, 감사하기도 해서 저절로 탄성이 나올 때도 있고, 자신도 모르게 두 손이 모아지기도 합니다.

하루를 시작하면서 새벽마다 일어나 하나님을 찾는 기도 중에도, 삶의 현장에서 갖가지 소망을 담아 이를 간구하기 위해 수시로 하나님을 찾을 때도, 바쁜 세상사에 매달려 미처 하나님께 상의도 못 드리고 정신없이 허겁지겁 현실에 급급해하는 일상 가운데도, 전혀 예기치 못한 일이 닥쳐와 당황하고 두려워하며 어찌할 바를 몰라 하고 있을 때도, 심지어 잠자리에 들어 꿈속에서도 그 어느 때든 하나님께서는 늘 저와 함께하시고, 저를 지키시고, 저를 도우십니다.

저는 이제 오직 이처럼 좋으신 하나님 아버지의 사랑과 은혜에 매인 몸이 되어 버렸습니다.

02 장

네 마음을 다오

10년 전 만나교회의 새벽예배를 일주일 동안 무사히(?) 마치고서는 저와 아내와 민정이 이렇게 세 사람 모두 마음이 매우 뿌듯했습니다.

특새 마지막 날이 마침 일요일이었는데, 저희들은 예배를 마친 후 교회 인근 해장국집에서 아침 식사를 하고서는 의기투합(?)해서, 다시 신심이 강한 막내 처제가 처녀 시절에 다니면서 많은 은혜를 받았다고 했던 서울의 한 교회로 달려가서 주일예배를 또 드리게 되었습니다.

그 이후로 주일마다 민정이는 저희 부부를 서울과 분당에 있는 크고 작은 교회에 수차례 데리고 다니면서 그 교회들에 대해서 이것저것 도움 되는 이야기도 많이 해 주고, 저희들이 처음에 상당히 어색해했던 교회에서의 예배 분위기에도 익숙해지도록 애를 많이 써 주었습니다.

그렇게 여러 교회를 순방한 지 두 달쯤 지난 후, 민정이는 저희 부부를 자기가 출석하던 분당에 있는 지구촌교회로 데리고 갔습니다.

"아빠, 엄마! 이제 교회를 여러 군데 다녀 보셨으니까, 오늘 이 교회에서 예배를 드려 보시고, 마음에 드시면 앞으로 이 교회에 출석하시는 게 어떻겠어요? 제가 다니고 있으니까, 여러 가지로 도움도 될 것 같고 해서요. 하지만 다른 교회를 다닐 생각이 있으시면 꼭 말씀하세요."

민정이를 따라서 간 지구촌교회는 수지에도 교회가 있어서 저희 집에서 매우 가까웠고, 이동원 담임목사님 설교도 너무 좋고 은혜로워서, 앞으로 출석할 교회의 선택은 민정이의 제안에 따르기로 하였습니다.

예기치 않게 찾아오신 하나님께 이끌려 일주일 동안 새벽교회를 다닌 그날 이후 저에게 큰 변화가 있었던 사실은, 우선 이처럼 교회에 등록을 하고 주일에는 가급적 출석해서 예배를 드리면서 정식 기독교인으로서의 신앙생활을 시작했다는 것과 함께, 난생 처음 성경에 대한 공부를 하기 시작했다는 것을 들 수 있겠습니다.

저는 하나님의 찾아오심의 은혜를 입고 난 후에, 하나님께서 어떤 분이신지 너무나 알고 싶어서 성경뿐만 아니라 민정이가 갖고 있던 수많은 기독교 관련 서적들을 닥치는 대로 탐독하기 시작했고, 그 과정에서 조금씩이라도 하나님을 알아 가는 것이 너무나도 기뻤습니다.

성경을 옆에 두고 밑줄을 그어 가면서, 몇 달 사이에 수십 권의 책을 읽고, 내용을 서브노트를 했으며, 목사님 설교 외에도 라디오나 TV를 통한 성경 공부도 병행하고, 그 노트들을 보충해 가면서, 마치 고시준비 하듯이 열심히 성경 해석과 기독교 교리에 대해 공부해 나갔습니다.

새벽 두세 시까지 책을 읽다가 아내의 걱정을 자주 듣기도 하였고, 심지어 미국이나 유럽 같은 장거리 해외 출장을 갈 때도, 종전에는 기내에서 잠을 자거나 최신 영화를 보면서 가곤 했었는데, 그 당시에는 조명등을 켜 놓고 기독교 서적을 읽느라고 시간 가는 줄도 몰랐습니다.

그리고 난생 처음 접하는 기독교 서적에서 얻은 지식을 토대로 기회 있을 때마다 친구나 친지들에게 이야기를 하면, 그들은 다들 그런 저를 신기하게 여기기도 하고 신심이 대단하다고 칭찬을 아끼지 않았습니다.

그러다 보니 제 스스로도 이런 지식의 축적이 신심을 쌓아 가는 것이라 생각하며, 더욱 신실해지고자 공부에 더욱 매달리게 되었습니다.

특히, 친구들이 자신의 과학적 지식을 바탕으로 하나님의 창조나 예수님의 기적에 대해 반박할 때, 창조과학자들의 강의나 서적에서 얻은 지식으로 논쟁에서 밀리지 않고 논리정연하게 아는 척을 하다 보면, 이를 지켜보는 사람들은 그것도 저의 신심으로 여기는 듯했습니다.

저를 아는 친구들 사이에서는 제가 이제 완전히 예수쟁이(?)로 변신했다는 소문이 퍼져, 연말 동창회에 나가면 다들 확인하려 하기도 하고, 믿음이 있는 친구들은 말을 걸면서 저를 시험해 보다가 제가 논리적으로 이야기를 하는 걸 듣고는 대견해하거나 반가워하기도 했습니다.

젊은 시절 대학 다닐 때, 가정교사 아르바이트를 하려고 찾아간 집에서 학생 어머니가 저를 보고 "선생님! 예수 믿으세요!" 하는 말에 놀라 뒤도 안 돌아보고 도망치듯 뛰쳐나와서는 그 탈출기(?)를 친구들에게 무용담처럼 이야기했던 제 자신이 이제는 그 옛날 조롱과 야유의 대명사이던 예수쟁이라는 호칭을 듣는 것이 싫지 않게 된 것 자체가 제 스스로에게도 쉽사리 믿기지 않는 큰 사건이었습니다.

(행 2:17) 하나님이 말씀하시기를 말세에 내가 내 영을 모든 육체에 부어 주리니 너희의 자녀들은 예언할 것이요 너희의 젊은이들은 환상을 보고 너희의 늙은이들은 꿈을 꾸리라

해가 바뀌어 신년 벽두에 성경을 읽다가, 옛날 베드로가 오순절에 구약성경 요엘서 2장 28절을 인용해서 설교한 말씀(행 2:17)을 보고 가슴이 뜨거워져, 제 스스로 "올해도 성경 공부를 열심히 해서 비록 몸은 늙었어도 하나님 나라를 꿈꾸는 사람이 되자"고 다짐하기도 했습니다.

그런 저에게 하나님께서 다른 가르침을 주시는 사건이 일어났습니다.

| 기도를 가르치시는 하나님 |

새벽교회에서 처음 하나님을 만나고 5개월쯤 지나던 때였습니다.

정확히 2007년 2월 3일 새벽 다섯 시경에 아내가 잠자던 저를 흔들어 깨우고는, 꿈을 꾸었는데 민정이에게 무슨 시커먼 것들이 덮치는 것을 봤다면서, 걱정 어린 표정으로 너무 불안하다고 말했습니다.

아내는 하나님께서 저희 부부에게 기도하라고 그런 꿈을 꾸게 하신 것 같다면서, 같이 교회에 가서 새벽기도를 드리자고 조르더군요.

그날 새벽에도 민정이는 한창 인기 절정이던 시트콤 '거침없이 하이킥'의 철야 촬영이 있어서 아직 집에 오지도 않았습니다. 저는 아내와 함께 막연한 불안감을 안고 평소 출석하던 지구촌교회로 향했습니다.

당시 저는 나름대로 성경 지식은 열심히 쌓아 가고 있었지만, 촬영에 바쁜 민정이가 저희들을 챙기기 어려워지면서, 주일에 다른 약속이 있는 날은 마음의 부담도 별로 느끼지 않고 예배에 빠지기도 했습니다.

그래서 주일예배보다는 그저 한 교회의 정식 신도가 되었다는 데 의미를 두는 정도였던 저의 영적 태만을 하나님께서 안타깝게 보시고, 급기야는 아내에게 이런 꿈을 꾸게도 하셨구나 하는 생각이 들었습니다.

(롬 8:26) 성령도 우리의 연약함을 도우시나니 우리는 마땅히 기도할 바를 알지 못하나 오직 성령이 말할 수 없는 탄식으로 우리를 위하여 친히 간구하시느니라

새벽기도실의 분위기는 주일날 본당에서의 예배 분위기와는 많이 달랐습니다. 예배를 인도하시는 목사님의 짤막한 설교에 이어서 캄캄한 기도실에서는 이곳저곳에서 무엇인가를 간구하는 교인들의 울부짖는 기도 소리와 일부 교인들의 통곡 소리까지 애절하게 들려왔습니다.

어둠 속에서 절절하게 기도하는 그 분위기에 휩싸여 제 스스로도 주저 없이 하나님을 애타게 찾게 되었으며, 제 자신의 영적 게으름을 통렬히 반성하면서, 촬영하느라 바쁜 민정이의 건강도 늘 지켜 주시고 저희 부부가 하나님께 더 가까이 다가설 수 있도록 은혜로 인도하여 주실 것을 간절히 기원하는 기도를 긴 시간 드리게 되었습니다.

그날이 토요일이었는데, 7시쯤 기도를 마치고 아내와 함께 교회를 나서는데 민정이가 소속되어 있는 기획사에서 전화가 왔습니다.

기획사 간부가 떨리는 목소리로 민정이가 30분 전에 교통사고가 나서 분당 서울대학병원 응급실에 실려 갔다는 소식을 전했습니다.

순간 저희 부부는 둘 다 가슴이 철렁 내려앉았습니다.

너무나 놀라서 정신없이 차를 몰아 병원에 가 보니, 민정이는 갈비뼈가 골절이 되고, 오른쪽 무릎 전방 십자인대와 내측 측부인대가 파열된 대형 사고를 당하고 침대에 누워 있었습니다.

붕대를 칭칭 감고 있는 민정이의 참담한 모습을 보고, 저희 부부는 망연자실할 수밖에 없었습니다.

얼마 뒤 MRI 검사 결과 무려 전치 12주의 진단이 나올 정도로 정말 큰 사고였는데, 그럼에도 의식은 있어서 다행이라는 생각이 들었습니다.

놀란 가슴을 쓸어내리며 자초지종을 물어보니, 저희 부부가 기도하고 있던 그 시간에 집으로 돌아오면서 운전기사가 깜빡 조는 바람에 왕복 8차선 도로에서 과속으로 달리던 자동차가 인도 쪽으로 돌진해 큰 바위로 만들어진 지역표지석 옆 모래 상자에 충돌하고 말았던 것입니다.

민정이는 뒷자리에서 졸고 있었는데, 모래주머니에 충돌했으니 망정이지, 졸음운전으로 기사가 핸들을 놓친 상태에서 과속으로 달리던 차가 만약 큰 바위로 된 지역표지석에 부딪쳤거나 인도로 튕겨 올라가면서 뒤집어졌더라면 어떻게 되었을까 하는 생각에 순간 등골이 오싹해졌습니다.

하나님의 보호하심에 대한 감사기도가 저절로 나왔지만, 그래도 응급실에서 민정이를 처음 봤을 때는 하나님께서 보호해 주시는 김에 아예 사고가 나지 않도록 도와주셨으면 좋았을 텐데 하며, 저희 기도가 약해서 그렇게까지는 되지 못했나 하는 아쉬움을 떨쳐버릴 수가 없었습니다.

그러나 다음날 저희 부부는 병원 내에 있는 교회에 가서 주일예배를 드리게 되었는데, 그날 그곳에서 "하나님을 사랑하는 자 곧 그의 뜻대로 부르심을 입은 자들에게는 모든 것이 합력하여 선을 이루느니라"(롬 8:28)라는 말씀을 주제로 한 목사님의 설교를 들으면서, 이 사고와 관련된 하나님의 뜻을 헤아릴 수 있는 큰 은혜를 받게 되었습니다.

사고가 난 것은 불행한 일이었지만, 하나님께서는 그 사고마저도 저희들로 하여금 하나님께서 늘 함께하신다는 사실을 알게 하시고, 그 하나님을 더욱 절실히 찾음으로써 저희 마음이 평강을 얻게 하시는 데 선한 요인으로 작용하게 하셨다는 것을 깨닫게 해 주셨던 것입니다.

사고 자체만을 생각하고 원망하거나 아쉬워하는 마음이 사라져 버리고, 하나님께서 저와 함께하시는 한, 저에게 닥치는 모든 상황들이 제가 볼 때 좋은 것이든 나쁜 것이든, 모든 것이 다 합력하여 종국에는 선을 이룬다는 그 말씀대로 될 것이라고도 확신하게 되었습니다.

그러고 나서 마음을 추스르고 곰곰이 생각해 보니 이 사고는 저희 가족에게 있어서는 단순한 교통사고가 아니라는 생각이 들었습니다.

사고가 나기 직전에 아내에게 꿈을 꾸게 하시고, 저희 부부에게 기도를 하게 하신 분이 바로 하나님이시고, 브레이크도 밟지 않은 채 과속으로 돌진한 차를 모래주머니에 부딪치게 하셔서 민정이를 더 끔찍한 사고에서 이렇게라도 보호해 주신 분도 하나님이시지 않습니까?

신실하신 하나님께서는 꿈과 기도와 교통사고라는 일련의 과정을 통해서 저희들에게 함께하심과 보호하심의 은혜를 경험하게 해 주셨고, 저희들의 삶 속에서 한량없는 하나님의 사랑과 은혜를 누리기 위해서는 반드시 늘 기도해야 한다는 사실을 확실히 깨닫게도 해 주셨습니다.

이처럼 예수님께서는 참된 예배는 영과 진리로 예배하는 것이라고 말씀하셨는데, 저는 십 년 전 하나님을 만나고 그 후 몇 달 동안 하나님을 알아 간다며 성경 서적들을 탐독하면서, 하나님과 예수님에 대한 성경적 지식을 쌓아 가는 것이 믿음의 길이라 생각했습니다.

그래서 그 몇 달 동안 하나님의 은혜로우심을 실생활에서 계속 경험하면서도, 하나님께 감사 기도를 드리는 것에 별로 익숙하지 못했고, 그 당시에는 아직까지도 제 자신의 노력이 컸다거나 운이 좋았다는 식으로 모든 것을 제 자신의 공으로 돌리는 우를 범하기 일쑤였습니다.

그래서 하나님께서는 성경적 지식의 축적이 믿음의 분량이 된다고 스스로 생각하고, 그 가운데서 하나님과의 인격적 만남이 아닌 책이나 강의를 통해서 제 지성과 이성으로 우상 같은 하나님을 스스로 만들어 가는 저의 무지와 교만을 경계하시면서, 저로 하여금 기도하게 만드시고 그에 대한 응답을 받는 과정을 거치도록 하셨던 것입니다.

사랑하는 딸의 목숨이 왔다 갔다 하는 그런 절체절명의 순간에 제가 할 수 있었던 것은 하나님께 기도드리는 것 외에 아무것도 없었다는 사실 앞에서, 저는 우리 인생의 모든 것은 하나님께서 다 이끄시고 이루신다는 것을 새삼 실감하게 되었고, 하나님께서 제게 진정 원하시는 것은 하나님을 진심으로 믿고 전적으로 의지하는 저의 '하나님을 사랑하는 마음'이라는 것을 절실히 느끼게 되었습니다.

그리고 완악했던 저를 상상할 수 없는 은혜로 찾아 주신 하나님께서는 그런 저를 바른 믿음의 사람으로 키워 나가시기 위해, 성경을 공부하고 묵상하고 깨달아 가는 것도 중요하지만, 하나님과의 영적 인격적 사랑의 관계를 돈독히 해 나가는 기도가 절실히 필요하다는 사실을 깨달을 수 있도록 저에게 이런 일을 겪게 하셨다고 확신하게 되었습니다.

이와 같은 깨달음과 확신을 얻은 후에는, 너무나 빨리 모든 상황이 사고 전과 별반 다르지 않을 정도로 정상을 찾아가게 되었습니다.

민정이와 저희 부부가 드리는 간절한 기도를 하나님께서 기뻐하셔서, 민정이의 상처는 병원 측에서도 놀랄 정도로 치유가 빨랐습니다.

그래서 방송국에서 걱정했던 것과는 달리, 얼마 지나지 않아 민정이는 시트콤 '거침없이 하이킥' 프로에 다시 복귀하게 되었습니다.

사고를 당하고 응급실에 누워 있던 딸아이를 처음 봤을 때는 하나님께서 신심 강한 민정이에게 왜 이런 사고를 당하게 하셨을까 의아해하기도 했지만, 제가 끔찍이 아끼는 딸아이를 쓰셔서까지 저의 영적 태만과 불균형적인 신앙생활을 고치려고 하신 하나님의 뜻을 제가 깨닫자마자 아무 죄도 없이 도구되어 고통을 당하게 되었던 민정이를 빠른 속도로 회복시켜 주시고, 병상에 있는 동안 팬들의 열화와 같은 응원과 격려로 민정이와 시트콤 '거침없이 하이킥'의 인기가 폭발적으로 동반 상승하도록 만드셨습니다.

하나님께서는 실수하지 않는 분이시니까 이렇게 저를 가르치시고, 민정이에게도 놀라운 치유와 위로로 어루만져 주시는 은혜를 베풀어 주셨지만, 그래도 저는 이 엄청난 교통사고로 제 신앙생활에서 사랑하는 딸아이에게 또다시 마음의 큰 빚을 지게 되어 버렸습니다.

민정이가 하나님을 만날 수 있게 저를 도와준 지 얼마 지나지 않아, 또다시 기도를 게을리하던 저를 훈육하시려는 하나님의 신실한 도구로 쓰임 받아, 교통사고로 심대한 고통까지 겪었다고 생각하니, 깊은 자책감과 함께 딸에 대한 고맙고 미안한 마음을 가눌 수가 없었습니다.

그래서 저는 요즈음도 멀리 미국에서 살고 있는 딸을 자주 못 보니 늘 걱정이 되어서 이따금씩 전화로 물어봅니다.

"민정아! 너 무릎 수술한 데 아무 이상 없니? 아프지 않니?"

"아뇨. 하나도 안 아파요. 아빠! 아무 걱정 마세요. 전 괜찮아요."

민정이는 환한 목소리로 안심시키지만, 저는 항상 걱정이 됩니다.

"하나님 아버지! 못난 저를 대신해서 그토록 크게 다쳤던 딸의 건강을 꼭 지켜 주시옵소서!"

| 별이 빛나던 밤에 |

기도의 중요성에 대한 깨달음이 있은 후 얼마 동안은 예수님께서 은밀한 중에 기도하라고 하신 말씀(마 6:6)을 생각하면서, 매일 새벽 일찍 일어나 아무도 없는 동네 뒷산에 올라가서 기도를 드리곤 했습니다.

(마 6:6) 너는 기도할 때에 네 골방에 들어가 문을 닫고 은밀한 중에 계신 네 아버지께 기도하라 은밀한 중에 보시는 네 아버지께서 갚으시리라

좀 엉뚱하다고 생각할 수도 있겠지만, 그때는 캄캄한 어둠 속에 겁도 없이 인적이 드문 산마루에 올라가서 "하늘에 계신 우리 아버지여 이름이 거룩히 여김을 받으시오며"로 시작하는 주기도문(마 6:9)을 암송한 후에 진지하고도 간절하게 하나님을 찾는 기도를 올리곤 했습니다.

미명의 새벽하늘에는 숱한 별들이 반짝이고 있었습니다.

어떤 날은 별똥별들이 먼 하늘에서 우수수 떨어지기도 하더군요.

아파트로 둘러싸여 있는 아래 동네에서는 한 번도 볼 수 없었던 밤하늘의 그 멋진 풍광을 바라보고 있노라니, "Starry starry night"으로 시작되는 빈센트(Vincent)라는 노래와 함께, 빈센트 반 고흐의 '별이 빛나는 밤'이라는 아름다운 그림 한 폭이 불현듯 생각나기도 했습니다.

젊은 시절에 가 보고 그 장관에 놀랐던 알프스나 로키의 높고 웅장한 산 위에서만이 아니라, 이처럼 그저 나지막한 동네 뒷산에 올라가서도 밤하늘의 별들을 바라보고 있노라면, 저는 광활한 우주의 한 모퉁이에 자리 잡고 있는 지구라는 작은 행성 안에서 이렇듯 작디작은 존재로 살아가는 제 자신의 왜소함을 실감할 수 있었습니다.

그리고 이 지구는 물론이고 해와 달과 별들 같은 우주의 모든 것을 만드신 하나님에 대한 경외심으로 고개가 저절로 수그러졌습니다.

천문학자들의 이야기를 빌리면, 우리가 소속되어 있는 은하계만 하더라도 이천억 개에 달하는 별이 있고, 은하계 넘어 대우주에는 이런 은하계가 무려 일천칠백억 개나 있는 것으로 추정됩니다.

이 엄청난 우주 안에 지구라는 작은 별 속에서 바로 이웃에 위치해 있는 화성이라는 행성에도 직접 가 보지 못한 우리 인간들이 만들어 놓은 과학이론과 신학이론을 동원해서 오묘하고 광대한 하나님의 창조의 비밀을 알려고 한들 과연 얼마나 알 수 있겠습니까?

저 광활한 우주 속에 있는 수많은 별들 중에서 일부나마 육안으로 볼 수 있는 별들로 밤하늘을 저토록 아름답게 수놓으시고, 그 아름다움에 흠뻑 빠지도록 해 주시는 하나님의 영광과 사랑에 그저 찬양과 감사를 드리는 것이 제가 할 도리라는 생각을 떨칠 수가 없었습니다.

| 하나님께 찬양 드리는 삶 |

저는 제 인생에서 하나님을 만난 지 얼마 되지 않아서 겪은 이 큰 사고를 통해서 앞으로 저의 신앙생활을 어떻게 해야 할 것인지에 대해서 심각하게 생각하는 기회를 가질 수 있었습니다.

그 지난해 가을에 처음으로 하나님과 눈물의 상봉을 한 이래로, 저는 하나님께서 어떤 분이신지 알고 싶은 마음이 간절해지면서, 약 반 년 사이에 이론적 지식은 교회를 오래 다닌 친구들 못지않게 갖추게 되었지만, 정작 하나님께 기도드리는 영성은 크게 자라지 못했습니다.

인간의 생명의 기원에 대해서 생물학적, 열역학적, 화석학적, 지구과학적인 측면에서 진화론과 창조론 중에 어느 쪽이 더 과학적 논리에 맞고 타당한가에 대해 오랫동안 열띤 논쟁을 벌이고 있지만, 아직도 결론 없이 서로 자기의 주장을 굽히지 않고 있는 실정입니다.

처음에는 저도 소위 먹물(?)로 분류되는 제 친구들을 효과적으로 전도하기 위해서는 이런 논쟁에서 뭔가 논리적으로 진화론을 비판하고 창조과학론을 합리적인 이론으로 내세워야 설득력이 있을 것으로 생각해서 관련 서적을 탐독하고, 유명 교수들의 강연도 수차례 들었습니다. 그리고 그동안 열심히 읽고 들은 것들을 머릿속에 정리해서, 그런 논쟁의 기회가 있을 때마다 제 목소리를 한껏 높이기도 했습니다.

에너지 제1법칙이나 제2법칙, 화석 이론과 방사선 동위원소 측정 같은 것에 대해서 창조과학론자들이 그들 나름대로 과학적 지식을 동원하여 논리적으로 명쾌하게 반박하고 설명해 나가는 이야기들을 접하게 되면, 너무나 통쾌해서 벅찬 희열과 흥분을 느끼기까지 했습니다.

특히, 하나님과 예수님에 대한 관심이 없는 사람들도 이런 논쟁에는 흥미를 느끼니까, 전도를 한답시고 더욱 여기에 열중하게 되었답니다.

그런데 딸의 교통사고를 통해 바람직한 신앙생활을 하기 위해서는 이론적 지식 못지않게 기도를 통한 영성의 함양이 중요함을 깨닫게 된 이후, 어느 날 묵상 중에 불현듯 진화론이든 창조과학론이든 간에 인간이 만든 어떤 과학적 이론을 바탕으로 내가 옳네 네가 옳네 하며 목소리를 높이는 것은 모두 다 허망한 일이라는 생각이 들었습니다.

우리가 눈으로 다 볼 수도 없고 갈 수도 없는 저 광활한 우주 전체를 이렇게 질서 정연하게 운행하시고 섭리하시는 그 위대하신 하나님을 우리 인간들이 어떻게 다 이해할 수 있을 것이며, 우리의 지식과 문자로 어떻게 다 표현할 수 있을까를 냉정히 생각하게 된 것입니다.

하나님이란 저의 이성과 지성으로 인식할 때 가장 합리적이신 존재보다도 더 합리적이실 뿐만 아니라, 제 마음으로 그려 볼 수 있는 가장 참된 사랑과 도덕심을 지니신 존재 그 이상이라고 저는 생각합니다.

그 하나님께서 저를 당신의 형상대로 지으셨으므로 하나님의 영의 형상은 비록 제 영의 형상과 같다고 하더라도, 그 크기와 깊이는 제 영과는 비교할 수가 없고, 제 두뇌로는 상상할 수도 없는 존재이십니다.

그러므로 제가 한정된 식견으로, 기독교 서적 몇 권을 남들보다 더 읽었다고 해서 그 지식을 잣대로 사람들의 신심의 크기를 재단하고, 과학서적 몇 권 읽은 것을 가지고 완전한 영을 갖고 계시는 초월적 존재이신 창조주 하나님을 이렇다 저렇다 판단한다는 것 자체가 바로 용서받지 못할 엄청난 교만이라고 할 수 있지 않겠습니까?

이제 저는 바람직한 신앙생활이란 성경 지식의 축적량에 따라 성적순으로 성패가 결정되는 것이 아니라, 영과 진리라는 양 수레바퀴를 견실하게 갖춘 참된 예배의 마차를 타고 하나님의 한량없는 은혜에 감사드리며 사랑이 많으신 하나님을 찬양하고 그 신실하신 하나님만 바라보며 나그네 인생길을 한 걸음 한 걸음 나아가는 순례의 기나긴 장정이라고 생각하게 되었습니다.

03 장

하나님의 날개 위에 앉아

"목사님! 하나님은 한 분 아니세요?"

하나님을 만나고 나서 지구촌교회에 등록을 하고, 초신자를 위한 새 생명 교육을 받으면서 강사 목사님께 했던 저의 첫 질문이었습니다.

처음 몇 달간 성경이나 기독교 서적을 읽어 나갈 때, 기독교 교리에 대한 설명이나 성경의 해석들이 기존의 제 생각과는 논리의 전개가 많이 달라서 일시에 그 모두를 소화하기는 쉽지 않았지만, 그래도 이야기들이 재미있었고 저에게는 신선한 충격으로 받아들여졌습니다.

그러다가 어느 날 창세기 1장 26절에 기록되어 있는 "하나님이 이르시되 우리의 형상을 따라 우리의 모양대로 우리가 사람을 만들고"라는 구절을 읽으면서, "창조주 하나님은 한 분이신 줄 알았는데, 하나님께서 '우리'라는 복수명사를 표현하고 계시다니 이게 어찌 된 일인가?" 하는 의문을 갖게 되었고, 머리가 갑자기 혼란스러워졌습니다.

구약성경에서뿐 아니라 신약성경에서도 "태초에 말씀이 계시니라 이 말씀이 하나님과 함께 계셨으니 이 말씀은 곧 하나님이시니라"(요 1:1)라는 성경 구절이 있음을 보면서 저는 더욱 헷갈리게 되었습니다.

말씀이 하나님과 함께 계셨다고 할 때는 말씀과 하나님은 별개의 존재인데, 그 말씀이 곧 하나님이라고 하면 그건 둘이 아니라 하나라는 이야기니까, 그게 무슨 말인지 이해가 되지 않았던 것입니다.

또 출애굽기 3장 2절에 모세가 떨기나무 가운데로부터 나오는 불꽃 안에서 여호와의 사자를 만났는데 4절에서는 그를 하나님이라고 표현하고 있고, 여호수아 5장 15절에서 여호수아가 여호와의 군대 대장을 만났는데 6장 2절에서 그를 여호와라고 지칭하는 성경 구절들을 읽으면서, 하나님께서는 우리 인간들과는 차원이 다른 존재이시기는 한 것 같은데 제 머리로는 도무지 명쾌하게 이해가 되지 않았습니다.

(출 3:2) 여호와의 사자가 떨기나무 가운데로부터 나오는 불꽃 안에서 그에게 나타나시니라 4) 여호와께서 그가 보려고 돌이켜 오는 것을 보신지라 하나님이 떨기나무 가운데서 그를 불러 이르시되

(수 5:15) 여호와의 군대 대장이 여호수아에게 이르되 6:2) 여호와께서 여호수아에게 이르시되

대학에서 전공이 법학이었고, 수십 년간 공무원 생활을 해 온 탓에 저는 개념을 중시하고 규정에 충실한 체질이 되어서 그런지 몰라도, 성경은 왜 하나님께서는 유일한 존재(요 17:3)라고 이야기하면서 또 이렇게 여러 하나님이 계신다고 하는지 도무지 이해할 수 없었던 것이 었습니다.

제 머리로는 선뜻 이해가 되지도 않았고 의문이 쉽사리 풀리지도 않아서, 그 후로 기독교 서적이나 성경을 읽거나 강의나 설교를 들어도 항상 그게 마음에 걸리고 찝찝한 기분을 떨쳐버릴 수가 없었습니다.

하나님이란 존재에 관해 근본적인 의문을 품게 되니까, 제 성경 공부가 마치 진수성찬을 보고서도 체증이 걸려 아무것도 못 먹는 형국이 되어 버렸는데, 그래서 끙끙 앓다가 그런 질문을 한 저에게 새생명 교육 강사 목사님은 그야말로 우문에 대한 현답을 해 주셨습니다.

"사람의 아들은 원숭이나 개가 아니죠? 사람의 아들을 사람이라 부르듯이 하나님의 아들은 하나님이라고 부릅니다."

그 대답을 듣는 순간, "맞아! 그렇지!" 하면서 그렇게도 풀리지 않던 제 마음속의 의문이 씻은 듯이 사라져 버렸습니다.

그 후 성경 공부를 해 가면서 창세기 1장 1절 "태초에 하나님이 천지를 창조하시니라"에서 '하나님'이 히브리어로 단수명사 '엘'이 아닌 '엘로힘'이라는 복수명사로 기록되어 있다는 것도 알게 되었고, 성부 성자 성령이라는 삼위일체 하나님에 대한 교리공부도 하게 되었습니다.

그러나 제가 그 후에 유일신과 단일신의 개념이 다르며 기독교는 유일신 사상을 취하고 있다는 것을 알게 되었고, 성부 성자 성령 세 분 하나님은 위격이 각각 완전한 하나님이시고 고유한 역할과 사역이 있지만, 본체상으로는 하나의 하나님이시라는 삼위일체론에 대해서 이론적으로 알게 되었다고 해서, 하나님 나라나 하나님과 관련된 실체적 진실에 대해서 제가 모든 것을 다 이해하고 알게 된 것은 결코 아닙니다.

제가 그 진실을 단지 지식으로 습득하여 순종하는 믿음으로 마음에 새겨 두고 있는 것이지, 아직도 저는 삼위일체 하나님을 자신 있게 증거할 신학적 실력도 부족하고, 여러 하나님께서 계시는 하나님 나라의 모습이 어떨지는 상상하지도 못합니다.

제가 그 목사님의 말씀을 듣고 의문이 해소되고 깨달음을 얻었다는 것은 성경말씀의 의미를 모두 통달하게 되었다는 뜻이 결코 아닙니다.

저는 그 목사님의 설명을 통해, 성경의 진리를 모르는 제가 문제인 것이지, 제가 모른다고 해서 성경의 말씀이 자의적이고 앞뒤가 맞지 않는 비논리적인 말씀들이라고 속단해서는 안 되고, 제 자신이 성경을 모른다는 전제하에 알려고 노력해야만 한다는 사실을 깨닫게 되었습니다.

성경말씀들이 틀린 말씀이 아니라 제가 미처 알지 못했다는 사실을 깨닫게 되자, 꽉 막혔던 제 사고의 체증이 뻥 뚫리게 되었던 것입니다.

목사님의 설명은, 제 마음속에 옮겨 붙어서 자리 잡으려 하던 하나님과 성경에 대한 불신의 불씨를 일거에 제거해 버렸던 것입니다.

그 후로 몇 년 동안 성경 공부를 고시공부 하듯이 하는 습관은 계속 유지되었고, 또 민정이 교통사고 이후에는 나름대로 기도도 자주 드리면서 제 영성도 하나님의 도우심을 받아 조금조금 쌓여 갔습니다.

이런 신앙생활의 과정에 저는 설교나 간증들을 통해 신실하시고 사랑과 은혜가 충만하신 하나님에 대해 전해 듣기도 했었고, 가끔씩 그런 하나님을 제 삶 가운데서 직접 경험하는 기회를 갖기도 하였지만, 그 당시 제게는 하나님이란 존재가 아직은 대하기 어렵기만 했습니다.

제겐 어린 손녀가 있는데, 걔는 가끔 만나는 저를 장난감 잘 사 주는 좋은 할아버지로는 생각하지만, 자주 보는 외할아버지에 비해 뭔가 어렵게 느껴지는지 만날 때마다 반갑게 달려와 와락 안기지는 못합니다.

그때 당시의 저도 하나님께서는 참 좋으신 분이시라 생각했고 때로는 베풀어 주시는 은혜에 감사의 눈물도 펑펑 흘렸지만, 아직 그분은 제가 격의 없이 다가서고 매달릴 수 있는 분이라기보다는, 왠지 엄하신 분이라는 생각이 들어서 눈치를 좀 살피는 편이었습니다.

그러다가 어느 날 목사님의 설교를 듣는 중에, 성경에 기록되어 있는 하나님을 안다(사 11:9, 호 4:1, 6:3)고 할 때의 '알다'라는 단어와 아담과 이브가 동침했다(창 4:1)고 할 때의 '동침하다'라는 단어는 히브리어 성경에서는 둘 다 똑같이 '야다'라는 단어로 표현되어 있다는 사실을 알게 되었고, 그 단어의 의미에 대해 크게 공감이 갔습니다.

사실 남녀가 동침하며 상대를 알아 가는 것은 편지나 이메일만 주고받으면서 펜팔로 사귀는 것과는 많이 다르지 않겠습니까?

저는 하나님을 과연 제대로 알고 있는지 스스로에게 물어보았습니다. 하나님을 제대로 알아야만 그것이 전제가 되어서 복음에 대한 믿음이 확고해질 것인데, 제가 그저 책이나 설교를 통해 하나님에 관한 지식을 단순히 머리에 주입시키고 간접경험을 하는 것만으로는 도저히 하나님을 제대로 안다고 할 수 없겠다는 생각이 들었습니다.

그래서 성경 공부와 묵상을 통해 하나님을 영적으로 느끼고 그분께 더 가까이 다가갈 수 있도록 애쓰기도 하였고, 삶 속에서 하나님을 인격적으로 늘 체험하고 사랑할 수 있도록 인도해 주실 것을 간절히 기도도 드렸습니다만, 그런 제 소망이 쉽게 실현되지는 않았습니다.

그러면서 몇 년이 지난 후, 신실하신 하나님 아버지께서는 제가 전혀 예상하지 못했던 일을 저로 하여금 겪도록 하시면서, 그 시련 가운데서 제가 사랑의 하나님을 영적 인격적으로 만날 수 있게 이끌어 주셨고, 그제야 저는 그 인도하심의 은혜에 의해 하나님 아버지와 끊으려야 끊을 수 없는 둘만의 깊은 사랑의 관계를 맺을 수 있게 되었습니다.

| 잃었던 생명 찾았고 광명을 얻었네 |

하나님을 만난 지 삼 년이 조금 지난 2009년 12월 초순이었습니다. 당시 정부가 여러 개로 분산되어 있던 산업기술에 대한 연구개발 관리 기관을 하나로 통합했는데, 그때는 제가 그 기관의 초대 원장으로 부임한 지 얼마 되지 않아서 연말까지 챙겨야 할 일이 무척 많았습니다.

너무 바쁘다 보니까 저는 직장에서 해마다 실시하는 종합검진을 그해에는 하지 않고 그냥 넘어갈까 생각하고 있던 참이었습니다.

그런데 하루는 담당 간부가 와서 그 기관이 지정한 종합검진센터는 최신 설비를 갖춘 곳이라면서, 제가 나이도 있으니 매년 정기적으로 건강진단을 받는 게 좋을 것 같다며 강권하는 바람에, 하는 수 없이 다음 날 아침 일찍 진단을 받으러 그 검진센터에 가게 되었습니다.

초음파실에 들어서니 영상진단을 전공하신 센터 원장님께서 직접 검사를 하시면서 목부터 허벅지까지 자세하게 보시는데, 참 건강하다고 칭찬을 하시기에 저는 매번 듣는 이야기라면서 우쭐해했습니다.

그런데 그분이 갑자기 옆으로 누우라고 하시고는 양쪽 옆구리 부위를 살피시더니 모니터를 좀 보라고 하시면서 제게 물으셨습니다.

"오른쪽 신장이 왼쪽 신장에 비해 이 부분이 조금 두껍지 않아요?" 얼핏 봐서는 별 차이가 없어 보였지만 설명을 듣고 보니 위쪽 테두리가 조금 두껍게 보여서 CT 촬영을 하게 되었습니다.

촬영 결과가 나오자 그분은 어두운 표정을 지으시면서, 신장에 종양이 있는데 물혹은 아닌 것 같다면서 정밀진단을 받으라고 하셨습니다.

정밀진단은 집에서 가까운 분당서울대병원에서 받게 되었습니다.

의사 선생님께서는 제가 가져간 CT 촬영 결과를 보시고는, 다시 검사할 필요도 없이 신장암이 확실하다고 말씀하셨습니다.

그러면서 그분은 저에게 암이 신장 뒷부분에 있어서 수술이 조금 복잡하겠지만, 너무 걱정하지는 말라고 안심시키면서 위로하셨습니다.

수술 전날 입원을 하고, 암세포가 뼈로 전이되었는지 검사를 마친 후, 그 다음 날 아침 일찍 수술실로 들어가게 되었습니다.

종양이 신장 뒤쪽에 자리 잡고 있어서 손쉬운 로봇수술은 안 되고 개복수술을 하는 수밖에 없었는데, 신장을 자르지 않고 밖으로 들어내 암 부위만을 제거하고 원상으로 돌려놓으려다 보니 어쩔 수 없이 갈비뼈 하나도 잘라 내는 큰 수술이 되었습니다.

당초 예상했던 것보다 수술이 어려웠던지, 아침에 수술실로 들어가면서 다섯 시간이면 마치고 나올 것이라던 사람이 열 시간이 지나도 나오지 않으니까 아내는 수술실 밖에서 안절부절못하고 있었습니다.

그런데 이상한 것은 수술 당사자인 저는 스스로도 믿기지 않을 정도로 어떠한 심경의 변화도 나타나지 않았고 아무런 걱정이 없었습니다.

신장에 종양이 있다는 이야기를 처음 들었을 때도, 신장암이라는 최종 진단을 받았을 때도, 의사 선생님께서 개복수술을 해야 한다는 이야기를 하셨을 때도, 수술 당일 날 가운으로 갈아입고 수술실에 들어갈 때도 저는 정말 거짓말처럼 아무런 걱정이나 염려를 느끼지 못했습니다.

오히려 불안해하는 아내에게 아무 걱정 하지 말라고, 정작 수술을 받아야 할 사람인 제가 안심을 시켰으니까 말입니다.

하나님을 만나고 나서 삼 년 동안 제 주변에서 일어났던 크고 작은 일들이 다 하나님의 섬세하신 개입과 배려로 해결되어지는 것을 자주 경험했기 때문이었던지, 저는 이번에는 암이라고 하는데도 제 마음을 약하게 할 어떤 근심 걱정이나 두려움을 느끼지 않았습니다.

종양이 있다는 이야기를 듣고도 막상 수술을 받을 때까지는, 저는 마치 밤에 예수님께서 바다 위를 걸어오시면서 이리 오라고 하실 때 물

위를 걸어서 예수님께로 가던 베드로처럼(마 14: 25-29), 하나님만 바라보고 인도하시는 대로 아무런 두려움 없이 나아갈 수 있었습니다.

그런데 수술 후 병실로 돌아와 마취가 풀리면서 생전 처음 느껴 보는 통증이 엄습해 올 때부터, 저는 물 위를 걸어오라는 예수님의 말씀에도 불구하고 휘몰아치는 바람을 보고 무서워서 물속으로 빠져 버렸던 베드로처럼(마 14:30) 소위 믿음이 작은 자(마 14:31)가 되어 버렸습니다.

(마 14:29) 오라 하시니 베드로가 배에서 내려 물 위로 걸어서 예수께로 가되 30) 바람을 보고 무서워 빠져 가는지라 소리 질러 이르되 주여 나를 구원하소서 하니 31) 예수께서 즉시 손을 내밀어 그를 붙잡으시며 이르시되 믿음이 작은 자여 왜 의심하였느냐 하시고

제가 너무 고통스러워하니까, 당직의사 선생님이나 간호사들도 수술 시간이 너무 길어서 그런 것 같다고 하면서 걱정스러워했습니다.

진통제를 계속 투여하는데도 온몸에 마치 쇠망치로 두들겨 맞는 것 같은 통증이 가시지 않아서, 도무지 잠을 잘 수가 없었습니다.

게다가 소변통을 옆구리에 차고 팔뚝에는 주삿바늘을 꽂고 있는 저의 초라한 행색을 거울을 통해 보면서, 육체적 고통뿐만 아니라 허탈해진 제 마음속에 참담함과 함께 막연한 두려움까지 밀려 왔습니다.

바람이 두려워 떨던 베드로처럼, 저도 수술 후에 하나님을 바라보지 않고, 제가 처한 상황을 보게 되면서 그만 물속에 빠져 버린 것입니다.

추가로 더 강력한 진통제를 맞았음에도, 다른 수술 환자들과는 달리 온몸에 계속 심한 통증이 오니까 뭔가 잘못된 게 아닌가 하는 불안한 생각이 자꾸 들었고, 간호사들도 의외라면서 걱정을 많이 하며 자주 와서 보곤 하니까, 도리어 죽음에 대한 공포마저 엄습해 왔습니다.

깊은 밤 병상에 누워 통증에 시달리면서 두려움까지 덮쳐 잠을 못 이루고 있자니, 문득 이미 세상을 떠나 버린 친구들 생각이 났습니다.

저는 절친했던 친구들을 안타깝게도 젊은 나이에 많이 사별했습니다. 같이 술도 많이 마셨고, 우정이 돈독했었던 열 명 가까운 친구들이 사고나 지병으로 너무 빨리 제 곁을 떠나가 버렸던 것입니다.

그런데 이제 그 친구들처럼 저도 이렇게 암이란 중병이 들어 수술까지 하게 되었구나 하고 생각하니까 마음이 더욱 서글퍼졌습니다.

캄캄한 밤의 정적 속에 통증에 신음하면서 먼저 세상을 떠난 옛 친구들 얼굴을 하나하나 떠올리다 보니, 사무치는 그리움과 이별에 대한 서러움이 제 가슴에 북받쳐 왔습니다. 한참을 혼자 흐느끼는데 불현듯 제 머릿속에 지금까지 살아온 일들이 주마등처럼 쭉 스쳐 갔습니다.

먼저 간 친구들에게 매일 술 마시자고 귀찮게 치근대고, 또 술자리에서도 마음에 상처받을 말을 많이 했던 일들이 미안하기만 했습니다.

특히, 예수님을 비난하고 예수님 믿는 사람들을 경멸하며, 겁나는 것 없이 교만하게 세상을 살아왔던 지난날들이 너무나 또렷하게 기억되면서 무거운 죄책감이 제 가슴을 세차게 내려치는 것이었습니다.

더구나 십 년 전 하나님의 찾아오심의 은혜를 받았고, 그 후 삼 년 동안 살아오면서 하나님의 크신 사랑과 풍성하신 은혜를 수없이 많이 받아 누렸으면서도, 저는 진정한 회개의 기회를 갖지 못했습니다.

회개의 기도 없이 자신들의 형통에만 급급해하던 로마교회에 대한 사도 바울의 책망(롬 2:4)이 마치 저를 두고 하시는 말씀 같았습니다.

"네가 하나님의 인자하심이 너를 인도하여 회개하게 하심을 알지 못하고, 그 인자하심과 용납하심과 길이 참으심이 풍성함을 멸시하느냐?"

하나님께서 제게 찾아오신 후로 삶 가운데서 은혜로운 경험을 많이 하면서도, 솔직히 저는 하나님께서 또 다음에 주실 은혜가 무엇일까 궁금했을 뿐, 하나님 말씀을 벗어났던 제 잘못을 진심으로 뉘우치고 하나님께로 되돌아가는 참된 회개를 제대로 하지 못했던 것입니다.

저는 원래 교만하기 짝이 없고 강퍅하기까지 한 죄인이었습니다.

그러나 하나님께서는 저의 교만과 완악함을 불쌍히 여기시고 저를 돌이키시기 위해 직접 찾아오셨고, 그 후 삼 년간 함께하심의 시간 속에서도 제가 진정으로 회개하고 돌아오기를 참고 기다리셨던 것입니다.

그런데 저는 그것도 모르고 그동안 하나님께 받았던 은혜만 챙기기에 급급하다가, 그날 밤 암 수술 뒤에 강한 육신의 통증과 찢어지는 듯한 마음의 아픔과 회한을 겪고 나서야, 비로소 제가 어떤 존재인지, 하나님께 저지른 저의 죄가 어떠한지에 대해 깨닫게 되었습니다.

캄캄한 병실에 누워서 가만히 생각해 보니, 인간이라는 존재가 대단한 것 같아도, 제아무리 밝고 화려하다고 뽐내 봐야 플러그를 뽑아 버리면

한순간에 꺼져 버리는 조명등처럼, 하나님 앞에서는 그야말로 별것 아닌 허망한 피조물에 불과하다는 것을 뼈저리게 느낄 수 있었습니다.

이처럼 약하고 보잘것없는 제가 그동안 아무것도 모르고 교만하게 천방지축으로 살아온 것이 너무나 부끄럽고 후회스러웠습니다.

제 자신이 하나님 앞에서 얼마나 큰 죄인이고 얼마나 불완전한 존재인지를 분명히 자각하게 되었을 때, 구약의 선지자 이사야와 예수님의 제자 베드로와 사도 바울이 자신의 실체를 보고서 울부짖었던 신앙고백들이 마치 제가 드리고 싶은 믿음의 고백처럼 여겨졌습니다.

(사 6:5) 화로다 나여 망하게 되었도다 나는 입술이 부정한 사람이요 나는 입술이 부정한 백성 중에 거주하면서 만군의 여호와이신 왕을 뵈었음이로다

(눅 5:8) 시몬 베드로가 이를 보고 예수의 무릎 아래에 엎드려 이르되 주여 나를 떠나소서 나는 죄인이로소이다 하니

(롬 7:21) 선을 행하기 원하는 나에게 악이 함께 있는 것이로다 24) 오호라 나는 곤고한 사람이로다 이 사망의 몸에서 누가 나를 건져 내랴

이렇게 제 자신에 대한 인간적 한계가 적나라하게 드러나면서, 하나님의 은혜 없이는 저는 아무것도 아니라는 심령의 가난함(마 5:3)과 하나님을 모르고 교만하기만 했던 지난날의 제 자신에 대한 애통함(마 5:4) 속에서 북받쳐 오르는 참회의 눈물이 하염없이 흘러내렸습니다.

뉘우침 속에서 가난하고 애통한 마음으로 하나님을 절절하게 찾으며

울고 기도하던 길고 긴 밤을 뜬눈으로 지새우고 새벽이 되자, 마침내 저의 영안이 뜨이면서 저는 하나님을 뵐 수 있게 되었습니다.

자비로우신 하나님께서는 두려움과 고통 속에 빠져서 신음하고 있던 연약한 저에게 다가오셔서 밝은 빛을 손수 비춰 주셨습니다.

하나님 품으로 온전히 되돌아갈 수 있기를 간구드리는 저를 어루만져 주시는 은혜로운 말씀(사 43:1,2)이 캄캄한 밤, 외로운 병상에서 잠 못 이루고 두려움에 떨던 제 여린 가슴을 파고들었습니다.

"사랑하는 자여! 너는 두려워하지 마라. 내가 너를 구속하였고 내가 너를 지명하여 불렀나니 너는 내 것이니라. 네가 물 가운데로 지날 때에 내가 너와 함께할 것이니라. 강을 건널 때에 물이 너를 침몰하지 못할 것이며, 네가 불 가운데로 지날 때에 타지도 아니할 것이요, 불꽃이 너를 사르지도 못하리니라."

동짓달 기나긴 밤을 심한 통증과 회한 속에서 뜬눈으로 하얗게 지새우고 아침이 가까워 오면서, 저는 미리 상속받은 재산을 허랑방탕하게 탕진한 후에 극심한 굶주림에 시달리다가 마침내 회심하고 돌아오는 탕자 아들을 맞이하기 위해서 이른 아침부터 대문 앞까지 나와서 기다리고 있던 그의 아버지(눅 15:20)의 모습을 상상할 수 있었습니다.

그 탕자의 아버지처럼 저의 신실하신 하나님께서도 밤새도록 뉘우치며 울고 있던 저에게 이른 새벽부터 다가오셔서, 아침 해가 환하게 병실 창을 비출 때까지 줄곧 저를 따뜻한 품속에 감싸 안고 계셨습니다.

하나님께서는 저같이 못난 탕자를 용서하시고, 다시 보게 되셨다고 기뻐하시면서, 지난날의 죄를 회개하며 흐느끼고 있던 저의 연약한 어깨를 껴안으시고 등을 가볍게 두드리시며 위로(사 41:10)하셨습니다.

"사랑하는 나의 아들아! 내가 너와 함께하리니 두려워하지 마라. 나는 네 하나님이니 놀라지 마라. 내가 너를 굳세게 하리라. 참으로 너를 도와주리라. 참으로 나의 의로운 오른손으로 너를 붙들리라."

| 임마누엘 하시는 사랑의 하나님 |

큰 수술을 하고 나니까, 사람이 제 아무리 잘났다 하더라도 하나님께서 거두어 가시면 그것으로 그냥 그만이라는 생각이 들었습니다.

우리의 인생 자체는 모두 천지만물을 창조하시고 세상만사를 관장하시는 전지전능하신 하나님의 전적인 주권하에 있다는 말이 실감이 났고, 그 하나님께서는 우리 인생의 처음부터 끝까지 그 모든 것을 다 아시고 모두 다 관장하고 계시는 분이심도 새삼 절감하게 되었습니다.

그 하나님께서는 제가 기쁠 때나, 고난 중에 있을 때나, 세상의 무관심으로 외롭고 험한 상황에 빠져 있을 때도 늘 저와 함께하셨는데, 다만 제가 하나님을 떠나 탕자로 살아가던 때에는 그 함께하심을 모르고, 홀로 불안스럽게 세상을 이리저리 헤매고 다녔던 것이었습니다.

메리 스티븐슨이 쓴 〈모래 위의 발자국(Footprints in the sand)〉이라는 시를 읽어 보신 분들이 많을 것입니다만, 저는 그 시를 읽을 때마다 거기에 등장하는 주인공이 저와 너무나 흡사하다는 느낌을 갖게 됩니다.

그는 하나님과 함께 해변을 걸을 때 두 쌍의 발자국을 보았는데 정작 자신이 가장 어려울 때는 한 쌍의 발자국밖에 보이지 않는 것을 보면 서, 의아하게 생각하고 하나님께 묻습니다.

"주님! 제가 주님을 가장 필요로 했던 시기에 모래 위에 발자국이 한 쌍밖에 없는데, 주님께서는 그때 왜 저를 버리셨습니까?"

그때 하나님께서 하신 은혜로운 말씀이 제 가슴을 고동치게 합니다.

"사랑하는 나의 아들아! 나는 너를 사랑하며, 결코 너를 떠난 적이 없단다. 네가 힘들고 고통스러웠을 때 모래 위에 발자국이 오직 한 쌍 밖에 없었던 것은 그때마다 내가 너를 등에 업고 갔었기 때문이란다."

그동안 저도 이 시의 주인공처럼 늘 저와 동행하시는 하나님을 제대 로 인식하지 못하고 살아왔는데, 암 수술 후에 고통으로 죽음까지 생 각하게 되었던 절박한 상황에서 지난날의 잘못을 진심으로 뉘우치던 저에게 다가오신 하나님께서는 늘 저와 함께 임마누엘(Immanuel)하 신다는(마 1:23) 사실을 새삼 깨닫게 해 주셨습니다.

(마 1:23) 보라 처녀가 잉태하여 아들을 낳을 것이요 그의 이름은 임마누엘 이라 하리라 하셨으니 이를 번역한즉 하나님이 우리와 함께 계시다 함이라

임마누엘 하나님께서는 수술 다음 날 이른 새벽에 다가오셔서 저를 사랑으로 품으시고 아침이 될 때까지 위로와 격려의 말씀(사 41:10, 43:1,2)을 해 주셨을 뿐만 아니라, 제가 신실하신 하나님께서 임마누엘 하심을 깨달은 뒤에는 그 후로 오늘까지 제 가슴에 살아서 인생의 길잡이로 작동되고 있는 귀한 말씀(수 1:9)을 그때 저에게 해 주셨습니다.

"강하고 담대하라. 두려워하지 말며 놀라지 말라. 네가 어디로 가든지 네 하나님 여호와가 너와 함께하느니라."

임마누엘 하나님께서 저에게 그렇게 가까이 다가오셔서 저를 사랑으로 품으시고 제 마음을 위로하시고 격려해 주셨던 것도 크나큰 은혜였지만, 그날 이후로는 감히 저 같은 죄인이 하나님께 평온히 안겨서 그분을 사랑하는 제 마음을 항상 전해 드릴 수 있게 되었다는 것이 얼마나 큰 축복인지 이루 말로 다 표현하기가 어려울 따름입니다.

| 하나님의 날개 위에 앉아 고난의 강을 건너며 |

몸과 마음의 통증을 다 씻어 주신 고마우신 하나님을 새삼 느끼며 맞이한 아침이 얼마 지나지 않아, 또 제 몸에 심각한 이상이 생겼습니다.

아침 식사를 마치고 나서 침대에 누워 있는데 갑자기 오른쪽 눈이 빠질 듯이 고통스러웠고 머리가 깨질 듯이 아파 왔습니다.

혈압이 180mmHg 이상으로 엄청 높아지자 놀란 간호사가 당직의사 선생님을 부르고 안과의사 선생님도 병실에 뛰어오셨습니다.

안과 정밀조사 후에 의사 선생님께서는 심하게 질책하셨습니다.

"아니, 눈이 이렇게 되도록 도대체 그동안 뭐 하셨어요?"

오른쪽 눈의 백내장이 심한데 너무 오래 방치해서 망막에까지 이상이 생겨 실명 직전의 상태라 수술이 어려울 지경이었던 것이었습니다.

실은 몇 년 전부터 오른쪽 눈이 잘 안 보여서 안경점에 가서 물어보니 노안이라며 대책이 없다고 하는 바람에, 많이 불편했지만 그쪽 눈에는 도수 없는 렌즈를 끼운 안경을 쓰고 그냥 지내고 있었습니다.

의사 선생님께서는 이 지경이 되도록 방치해 둔 저의 무지함에 대한 질책과 함께, 망막까지 너무 상했는데 수술이 잘 될까 하며 걱정을 많이 하셨지만, 신기하게 저는 이번에도 크게 걱정이 되지 않았습니다.

그러나 이번 상황은 지난번 암 수술 전에 평소 누려 왔던 형통함만 믿고 걱정되지 않았던 상황과는 판이한 것이었습니다. 그 평강은 회개 뒤에 찾아온 보다 강건해진 믿음 덕분이었습니다.

하나님께서는 이 두 번의 수술 과정을 통해, 저에게 만사형통 뒤에 오는 평강이 아니라, 몸에 칼을 대는 고통 속에서도 진실로 회개하고, 신실하신 하나님의 뜻을 생각하며 모든 염려와 근심을 내려놓을 수 있는 영적 담대함을 가지도록 은혜를 베풀어 주셨던 것입니다.

며칠 뒤 보통 백내장 수술보다는 복잡했지만 수술 결과가 좋았습니다.

저는 '나 같은 죄인 살리신'이란 찬송가 305장 1절 가사가 그대로 실현되는 한편의 드라마의 주인공이 되어, 하나님 아버지의 품에 안겨 성공적인 암 수술로 죽음에서 살아나고, 어렵다던 눈 수술까지 잘 받아서 시력도 되찾는 놀라운 은혜를 넘치도록 누릴 수 있었습니다.

나 같은 죄인 살리신 주 은혜 놀라워

난생 처음 대형 수술을 받았는데, 그것도 두 번씩이나 연거푸 하게 되면서 제 인생, 특히 제 신앙과 관련해서 제 자신을 되돌아보고 많은 반성과 깨달음을 얻는 귀중한 시간을 가질 수 있었습니다.

묵상 중에 저는 이번 수술 과정에서 마치 병들어 죽어 가는 어린 자식을 살리려고 품에 안고서 이 병원 저 병원을 찾아다니시는 부모님처럼 저를 챙기고 계셨던 은혜로운 하나님을 뵙게 되었습니다.

성경을 보면 출애굽 당시에 이스라엘 백성들은 광야 생활이 조금만 힘들면 그때마다 온갖 불평불만을 늘어놓지만, 사실 그 당시 실상은 그들 스스로의 힘으로는 도저히 애굽 땅 종 되었던 집을 떠나서 약속의 땅 가나안으로 쉽사리 돌아올 수가 없는 형편이었지 않습니까?

그들을 이끌고 출애굽할 지도자로 모세를 지명하시고, 이집트에 열 가지 재앙을 내리셔서 완악했던 이집트 왕 바로를 굴복시키고 이스라엘 백성들을 노예에서 풀어 주도록 하신 분이 과연 누구이셨습니까?

마음 변한 바로의 군사들의 추격 앞에서 홍해를 가르시고, 광야에서 낮에는 구름기둥을 그리고 밤에는 불기둥을 만들어 주시고, 마라의 쓴 물을 단물로 만드시고, 하늘에서 만나와 메추라기를 내려 주시고, 반석에서 물이 나게 하시고, 요단강 강물을 마르게 하시고, 여리고성을 저절로 무너지게 하신 그 수많은 기적을 과연 누가 행하셨습니까?

광야 생활 40년 여정에서 이스라엘 백성들이 자랑할 수 있을 정도로 스스로 한 일이 도대체 무엇이었습니까?

처음부터 하나님 등에 업혀 발에 물 한 방울 묻히지 않고, 홍해를 건너 광야를 지나 가나안 땅까지 그대로 입성한 것이 아니겠습니까?

그래서 사십 년간의 광야 생활에서도 이스라엘 백성들의 옷이 낡지 않았고 신발이 해어지지 않았다고 모세가 이야기하지 않았습니까?

(출 19:4) 내(여호와)가 애굽 사람에게 어떻게 행하였음과 내가 어떻게 독수리 날개로 너희를 업어 내게로 인도하였음을 너희가 보았느니라

(신 29:5) 주께서 사십 년 동안 너희를 광야에서 인도하게 하셨거니와 너희 몸의 옷이 낡아지지 아니하였고 너희 발의 신이 해어지지 아니하였으며

저는 그동안 숱한 고난의 강을 건너오면서 참 고생이 많았다고 스스로를 위로하고 있었는데, 제 삶을 뒤돌아보니까 칭얼대는 저를 업고 그 길을 헤쳐 오셨던 분이 바로 하나님이셨고, 여기까지 저를 데려다 주느라 에벤에셀(Ebenezer)하셨던 하나님(삼상 7:12)의 은혜가 없었다면, 오늘의 저는 결코 있을 수 없었음을 새삼 깨닫게 되었습니다.

| 나의 앞일을 늘 예비하시는 여호와이레 하나님 |

제 인생의 과정에서 때로는 아무것도 보이지 않는 캄캄한 밤과 같이 앞일을 도무지 예상할 수 없는 상황이 되어도, 길 잃어버릴 염려 없이 살아갈 수 있는 것은 하나님께서 제 갈 길을 미리 다 아시고, 환히 밝혀 주시면서 항상 바른 길로 저를 인도하여 주시기 때문입니다.

저를 사랑하사 독생자까지도 내놓으신 하나님께서 제 인생을 미리 다 꿰뚫어 보시고 친히 찾아오셔서 저와 함께하시면서 제 갈 길을 인도하고 계시는데 제가 무엇을 두려워하고 무서워할 것이 있겠습니까?

하나님께서 아브라함을 시험하시려고 그의 아들 이삭을 번제로 드리라고 명하시자, 아브라함이 백 세나 되어 얻게 된 귀하고 소중한 아들을 하나님의 명에 따라 모리아 산에서 결박하고 칼로 잡으려 할 때, 하나님께서 아브라함의 믿음을 확인하시고 급히 만류하시면서 수풀에 뿔이 걸려 있던, 미리 준비하신 숫양으로 대신 번제를 드리게 인도하심으로, 아브라함이 그 땅 이름을 "여호와의 산에서 준비되리라"는 뜻을 가진 여호와이레(Jehovah-jireh)라고 하였습니다(창 22:1-18).

그 여호와이레 하나님께서 제 인생에서도 모든 것을 예비하시고 준비하시고 도우신다는 것을 저는 늘 경험하고 있습니다.

제가 신장암 수술을 했던 그 과정 하나만을 봐도 그렇습니다.

하나님께서는 제가 당시 근무하던 연구원의 원장 임기가 1년이나 남았는데도, 저를 서울 강남에 있는 새로운 직장으로 옮기게 하셨습니다.

제가 애써 옮기려고 해서 옮긴 것도 아니고, 미리 예상하지도 않았던 갑작스런 결정에 따른 이동이었는데, 암 수술을 하고 난 후에야 그게 다 하나님의 예비하심이었다는 사실을 비로소 알게 되었습니다.

왜냐하면, 하나님께서는 그렇게 옮기게 된 그 직장에서 지정한 종합검진센터에서, 저에게 신장암을 여러 차례 발견한 경험이 있는 영상진단 전문의사인 센터 원장님을 만나게 해 주셨기 때문입니다.

전 직장에서 지정한 병원에서 종합검진을 할 때는 초음파 검사를 가슴과 배 앞부분만 하곤 했었는데, 그날 그 센터 원장님께서 검진을 할 때는 가슴과 배 앞쪽만이 아니라 옆으로 눕히시고 옆구리 부분까지 검사해 주셨고, 그 덕분에 신장 앞부분이 아니라 뒷부분에 있던 암 종양을 어렵사리 발견할 수 있었던 것입니다.

그리고 수술을 하면 집에서 가까운 곳이 편할 것 같다는 생각만으로 서울에 있는 유명한 병원들을 마다하고 분당에 있는 병원을 선택했는데, 그곳에서 제가 그전에는 누군지도 몰랐던 훌륭한 의사 선생님을 만날 수 있게 도와주신 분도 결국은 하나님이셨습니다.

수술 후에 정기 진단을 받으러 갔을 때, 그 의사 선생님이 환자들로부터 신의(神醫)라는 칭송을 받는 분이시라는 것을 우연히 진찰실 앞 게시판에 붙어 있는 유명 일간지 기사를 보고 알게 되었습니다.

그분은 서울 본원에 계시다가, 그 얼마 전 분당으로 옮겨 오셨더군요.

하나님께서는 미리 준비하신 그분을 통해 아무 탈 없이 수술을 받게 하시고, 곧이어 생각지도 않았던 백내장 수술까지 그 병원 안과에서

받게 하셔서 실명의 위기도 동시에 면하게 해 주셨던 것입니다.

제 성격상 그때 그렇게 눈이 아프지 않았다면 안과에 갈 생각은 추호도 하지 않았을 테니까, 지금쯤은 아마 그 안과 의사 선생님 말씀대로 시력을 잃어버린 채로 힘들게 살아가고 있을지도 모를 일입니다.

두 번의 수술 과정을 되돌아보면, 암이나 백내장이라는 병에 걸린 것은 불행이라 할 수 있지만, 치유하는 과정에서 하나님의 여호와이레하심은 도저히 예상치 못했던 은혜로운 축복이라고 할 수밖에 없습니다.

살다 보면 행과 불행이 동전의 앞뒤 면처럼 삶에 늘 찾아오지만, 분명한 것은 하나님께서는 저를 다 알고 계시고, 저의 먼 미래까지도 이미 모두 다 내다보시면서 하나님의 뜻에 따라 역사하신다는 사실입니다.

그 모든 시련 가운데 베풀어진 하나님의 은혜로운 보살피심은 그저 운 좋게 로또복권에 당첨된 것처럼, 제게 찾아온 단순한 개인적 행운이 아님을 그제야 저는 분명히 깨닫게 되었습니다.

저는 그 두 번의 수술 과정을 통해서 고난이 축복임을 온몸과 온 마음으로 경험하면서, 저를 고난 가운데서 회개토록 하시고 신실하게 다듬어 가시려는 하나님의 뜻하심이 계셨음을 비로소 알 수 있었습니다.

즐겁고 기쁠 때 만나는 하나님도 좋을 수밖에 없지만, 괴롭고 어려울 때 만나는 하나님은 저에게 있어서 더욱더 절실한 분이셨고, 고통 중에 빠진 저를 건지시는 그 크신 사랑과 은혜가 하나님께서 이처럼 못난 저를 위해 이미 여호와이레하신 역사하심이었음을 깨닫게 되면서, 마침내 저는 그 좋으신 하나님과 깊은 사랑에 빠져들게 되었습니다.

04 장

당신은 누구시길래

| 예수님은 누구신가? |

십 년 전 하나님을 만난 후로 교회를 다니게 되면서 제 스스로도 이제 기독교인이 되었다고 생각한 것은 물론이고, 남들로부터도 때로는 독실한 기독교인이라고 불리기도 했습니다만, 처음 몇 년 동안 제 마음속에 명쾌하게 정리되지 않은 문제가 하나 있었는데, 그것은 바로 하나님과 예수님을 어떻게 연결시킬 것이냐 하는 것이었습니다.

성경 공부를 하며 예수님에 관한 이야기를 많이 듣고 읽으면서 예수님께서는 나의 주님이시요 구세주이시고, 우리의 죄를 사해 주시기 위해 십자가에서 죽으시고 장사한 지 사흘 만에 부활하셔서 우리의 구원을 약속해 주신 하나님의 아들이심을 달달 외우다시피 해서 가끔씩 믿지 않는 다른 사람들에게 이야기도 해 주곤 했었는데, 정작 저는 진정으로 그런 예수님의 신성에 대해 실감하고 있지를 못했습니다.

성경적 지식에 의하면 암 수술을 하면서 만난 하나님은 바로 나의 주님이신 예수님이신데, 그때도 저는 그런 생각이 들지 않았습니다.

그때 만난 그분이 하나님이라고 생각하면 제게 베풀어 주신 은혜에 대한 가슴 벅찬 감동이 넘치다가도, 그 하나님이 바로 예수님이라고 생각하면 머릿속에서 연결이 잘 되지 않고 그만 혼란스러워졌습니다.

어려서부터 학교에서 예수님을 부처님, 공자님, 소크라테스와 함께 세계 4대 성인의 한 분이신 것으로 배워 왔고, 특히 대학 다닐 때는 니체의 사상에 심취해서 그 영향을 많이 받았기 때문에 예수님은 인류의 훌륭한 스승이실 수는 있을지 몰라도 신은 결코 아니라는 생각이 제 머릿속에 너무나 깊이 각인되어, 그것을 쉽게 지워 버릴 수 없었습니다.

그런데 이제 하나님의 넘치는 은혜도 누리고 자타가 공인하는 기독교인이 되었으니 예수님은 하나님이시라고 당연히 믿어야 함에도 불구하고, 기도를 해도 제 머릿속에 있는 그 생각은 바뀌지 않고, 마음처럼 안 되니 남들에게는 말도 못하고 혼자 가슴을 앓기만 했습니다.

한번은 저하고 같이 신앙생활을 시작한 아내에게 물어보았습니다.

"여보! 당신은 예수님이 하나님이시라는 말이 혼란스럽지 않아?"

그런데 놀랍게도 아내는 너무나 천연덕스럽게 대답했습니다.

"아뇨, 난 그건 전혀 혼란스럽지 않은데요. 당신이 가끔 이야기해 주는 기독교 교리나 성경 해석은 어려워서 이해가 안 될 때도 있지만, 예수님께서 하나님의 아들이신 건 당연한 것 아니에요?”

아내의 말을 듣는 순간, 저는 제 신심이 보잘것없는 것 같아 너무나 부끄러웠고, 제 신앙에 대해 심한 좌절감마저 느끼게 되었습니다.

“아! 나는 아내만큼 영성이 맑지를 못한 것 같아! 아내는 하나님 꿈도 잘 꾸고, 또 이런 믿음을 당연한 것으로 생각하는데. 나는 그동안 고시공부 하듯이 성경 공부를 열심히 했고, 요즈음은 기도도 많이 하는데 왜 하나님은 믿으면서 예수님에 대한 믿음은 이토록 확실하지가 못한 것일까? 이러니 나는 그저 지식적으로 알아서 남들에게는 떠들고 다니지만, 내 스스로 진정 십자가 복음을 믿는 것이 아니잖아? 내가 아직도 예수님을 잘 모르는 것 같아.”

이런 생각에 곧바로 ‘예수’라는 단어가 책 제목에 들어가 있는 국내외 유명 목사님이나 신학자들이 쓴 신앙서적을 열 권이나 구입했습니다. 이 책들을 읽고 묵상하면서 예수님의 사랑에 대해 더 깊이 느끼게는 되었지만, 그래도 제 머릿속의 예수님은 여전히 인간이셨습니다.

이런 과정에, 저는 예수님을 좀 더 피부로 느낄 수 있는 기회가 있어야 예수님에 대한 제 믿음이 돈독해질 수 있겠다는 생각에 해외 출장을 가면 틈나는 대로 그곳에 있는 교회들을 많이 찾아다녔습니다.

수년 전 이스라엘을 방문했을 때, 주일날 예루살렘에서 가까운 베들레헴에 세워져 있는 예수탄생교회를 찾아간 적이 있었습니다.

세계 각지에서 온 수많은 방문객들의 틈에 끼여 간신히 내려간 교회 지하 동굴에서 예수님께서 탄생하신 곳임을 알려주고 있는 14각의 은

빛 다윗별을 보면서, 하나님의 아들이신 예수님께서 인간의 몸을 입고 이 땅으로 오신 곳이라고 생각하니 잠시나마 거룩함을 느낄 수가 있었지만, 인파에 떠밀려 나오면서 그 감동이 오래가지는 못했습니다.

언젠가 어느 교수님의 동방박사에 대한 강의를 재미있게 들은 적이 있는데, 그분 말씀에 의하면 동방박사들은 신들의 왕을 상징하는 목성과 땅의 악한 왕을 상징하는 토성의 움직임을 보고서 메시아가 태어날 것이라는 예견을 했고, 그 별을 따라 이스라엘로 오게 되었답니다.

그들은 별을 관찰하다가 토성이 먼저 가는데 목성이 와서 만나 같이 뒤로 갔다가 목성이 앞지르는 현상을 보고서는 인간의 왕을 제압하는, 하늘에서 오실 왕이신 예수 그리스도의 탄생을 예감했던 것입니다.

그러나 다행스러운 것은 동방박사들이 본 별들의 움직임이 밤하늘에서는 쉽게 볼 수 있는 별의 움직임이 아닌 행성의 움직임이라서, 당시에 그들과 같은 전문지식을 갖춘 천문학자가 아닌 헤롯 왕이나 이스라엘 백성들은 이런 사실을 미리 알 수가 없었다고 합니다.

만일 이스라엘 백성 중 누군가가 그 사실을 알았더라면 메시아가 오신다는 소문이 퍼지면서 큰 소란이 일어나지 않았겠습니까?

뒤늦게 이 사실을 알게 된 헤롯 왕이 베들레헴에서 태어난 두 살 이하 사내아이를 모두 죽여 버렸는데, 그 전에 미리 천사가 요셉에게 현몽하여 이를 예언해 주었기 때문에, 아기 예수님께서는 이집트로 피신하셨고, 헤롯 왕이 죽을 때까지 그곳에서 사셨다(마 2:13-16)고 합니다.

수년 전 카이로를 방문했을 때, 헤롯 왕의 손아귀를 벗어나기 위해 예수님과 요셉, 마리아가 이집트로 피신해서 머무셨던 예수피난교회를 찾아가 보았는데, 예수님의 피난처는 그 교회 지하에 있었습니다.

베들레헴에 있는 예수탄생교회를 찾아갔을 때도 너무나 초라한 동굴 안을 보면서, 우리를 위해 십자가에서 죽으신 예수님께서는 처음 인간으로 태어나실 때부터 험한 고난을 겪으셨다고 생각하니까 마음이 절로 숙연해졌었는데, 그곳 예수피난교회에도 가 보니 당시에는 그저 지하 동굴이었을 따름인 이런 험하고 누추한 곳에까지 오셔서 힘들게 지내셨구나 하는 생각에 또 마음이 찡하면서 가슴이 먹먹해지더군요.

그러나 예수탄생교회나 예수피난교회를 찾아가 보고, 동방박사나 예수님 탄생과 피난에 대해 기록되어 있는 신약성경 마태복음(마 2:1-18)을 읽고 묵상하거나 강의를 들으면서도 예수님께서는 태어나실 때부터 특별한 점이 많은 분이셨다는 것을 실감할 수 있게는 되었지만, 예수님께서 하나님의 아들이시라면 이렇게 어렵게 이 땅에 오실 필요가 과연 있었을까 하는 생각에, 제 머릿속에서 예수님의 신성에 대한 의문부호를 여전히 지울 수가 없었습니다.

그 교회를 나와서 카이로 외곽에 있는 쓰레기 마을인 모카탐의 언덕 꼭대기에 세워진 동굴교회를 찾아갔을 때, 저는 그 교회 아래 달동네에 살고 있는 사람들을 보면서 예수님의 온기를 느낄 수가 있었습니다.

현재 이집트 정부가 기독교를 단속하지는 않지만, 국민의 85% 이상이 이슬람교를 믿고 있어서 사회적으로는 차별이 있을 수밖에 없습니다.

그래서 카이로에서 사는 기독교인들은 직장을 구하기가 어려워 주로 쓰레기를 모아 분리수거하는 일로 생계를 유지하고 있었습니다.

이집트 당국에서는 이들을 모카탐 언덕에 집단 이주를 시켜 쓰레기 마을을 형성토록 하였고 거기서 그 일을 하면서 살아가도록 했습니다.

좁은 산동네 길을 올라가면서, 가이드가 저에게 이 마을의 이런 내력을 한참 이야기하다가, 저를 보면서 불쑥 한 가지 제안을 했습니다.

"여기 올라가시면서 마을 사람들 표정이나 행색을 한번 보세요. 카이로 시내에서 보던 사람들하고는 조금 다른 점이 있을 겁니다. 한번 눈여겨보세요. 저하고 보는 눈이 같으시면 오늘 저녁식사는 제가 평소에 좋아하는 분위기 있는 레스토랑으로 모실게요."

무슨 말을 듣고 싶어서 저럴까 생각하면서 골목길마다 삼삼오오 모여서 이야기들을 나누고 있는 어른들이나, 또 떼를 지어 이리저리 뛰어놀고 있는 아이들의 모습을 바라보니까, 비록 쓰레기에서 나오는 악취가 코를 찌르는 마을의 환경이나 남루한 옷을 입은 그들의 모습에서 누추함은 느껴졌지만 이상하게도 비참하다는 느낌이 들지 않았습니다.

왜냐하면 그런 열악한 곳에서 사는 사람들치고는 어린아이 어른 할 것 없이 그 표정들이 너무나 밝고 평안하게 보였기 때문입니다.

저는 쓰레기 먼지더미 속에서도 그렇게 구김살 없이 살아가는 그들을 보면서, 참된 그리스도인들은 험난한 세상에서 믿음으로 고된 현실을 이겨내면서 영생을 소망하는 자들임을 새삼 깨닫게 되었습니다.

그 동네를 지나 모카탐 언덕 교회로 가는 길 암벽에 많은 성화들이 그려져 있었는데, 그중에서도 아기 예수님을 안고 있는 마리아와 요셉의 이집트 피난 시절 모습이 그려진 대형 성화가 눈길을 끌었습니다.

언덕 위에 이르러 커다란 돌산의 꼭대기 부분을 깎아 만들어 놓은 거대한 동굴교회를 바라보노라니 마음이 정말 숙연해지더군요.

가이드의 설명에 의하면, 이곳 사람들 사이에서는 10세기 말 이집트 왕이 당시 곱틱교회 수장이었던 아브라함이라는 사람을 불러다 놓고, 마태복음 17장 20절에 기록되어 있는 "이 산을 명하여 여기서 저기로 옮겨지라 하면 옮겨질 것이요"라는 말씀을 실행하지 못하면 교인들을 모두 다 죽이겠노라고 위협하자, 모든 교인이 성령의 도움을 받으면서 금식을 하고 기도한 결과 바위산이 옮겨져서 오늘의 모카탐 언덕이 만들어졌다는 전설 같은 이야기가 전해져 오고 있었습니다.

이집트 기독교인들이 7세기부터 이슬람에 의해 지배를 받게 되면서 지난 1,300여 년간 기나긴 박해에도 불구하고 이런 교회를 짓고, 오늘에 이르기까지 자신들의 신앙을 굳건히 지켜 오고 있는 것은 이 같은 숭고한 믿음의 역사가 대를 이어 면면히 이어져 오기 때문이었습니다.

이집트 기독교인들은 대부분 곱틱교회 신자들인데, 그 교회의 최초 수장은 마가복음을 쓴 마가입니다.

아시다시피 마가는 부유한 가정에서 태어나 외삼촌 바나바의 영향을 받아 어릴 때부터 예수님을 따라다녔으나, 예수님께서 십자가에 매달리실 때는 두려워 도망을 가기도 했던 사람입니다.

그러나 그는 베드로를 포함한 다른 제자들과 마찬가지로, 오순절 날 그의 집 다락방에서 성령세례를 받은 후 많이 변화되었습니다.

하지만 그 후에도 마가는 바울의 전도여행에서 중간에 포기하고 돌아서는 부잣집 도련님의 약한 의지를 엿보이게 하는 처신도 했습니다.

그럼에도 불구하고 그는 오랜 연단의 기간을 거치면서 믿음이 장성해져서 마침내 감옥에 있던 사도 바울을 곁에서 지키고, 마가복음이라는 최초의 복음서까지 썼을 뿐만 아니라, 말년에 알렉산드리아에 교회를 세우고 이집트 선교에 전념하다가 그곳에서 순교하였습니다.

비록 시작할 때는 약한 자였으나 종국에는 순교까지 하는 강한 신앙인이 되었던 마가를 대표로 하는 곱틱교회의 교인들은 그 영향을 받아서인지 기나긴 세월 동안의 핍박과 고난 속에서도 예수 그리스도를 놓치지 않고 살아왔을 뿐만 아니라, 오늘날도 그 험난한 세파에 시달리면서도 제가 본 것처럼 그렇게 밝게 마음의 평안을 유지하고 하나님을 바라보면서 신실한 그리스도인으로 살아가고 있는 것 같습니다.

비록 쓰레기 마을에 살면서도 신앙을 강하게 붙들고 있는 그들을 보면서, 저는 새삼 제 신앙에 대해 되돌아보게 되었습니다.

"이제 나는 과연 예수님을 나의 주님이시요 구세주이시라고 내 마음속에 확실하게 영접하였는가?"

저는 스스로 그 질문에 답하기 전에 우선 예수님께서 과연 하나님이신지, 그리고 예수님께서 어떤 일을 행하셨고, 어떤 말씀을 하셨는지를 제대로 알고 있는지를 자문해 보았습니다.

그동안 저는 예수님의 십자가 복음의 진리에 대해 어느 정도 믿음의 단계에 접근하다가도 제 이성과 이 세상에서 얻은 지식의 범위 내에서 이해되지 않는 부분에 다다르면, 그만 그동안 애써 쌓아 왔던 믿음의 탑이 와르르 무너져 버리고 마는 경험을 자주 해 왔습니다.

50년 넘도록 인본주의적 사고방식에 젖어 살아온 저에게 있어서 풀리지 않는 의문은 예수님께서는 정말 하나님이실까 하는 것이었습니다.

| 예수님은 하나님이신가? |

젊은 시절 대학을 다닐 때, 젊고 자신감 넘쳤던 저는 그 당시의 청년들이 좋아하던 실존주의 철학자 중에서도, 특히 강한 생명력을 강조한 니체라는 사상가에게 상당히 심취한 적이 있었습니다.

니체는 근대의 서구 사회가 병들고 유약하게 된 근본적 원인이 기독교사상에 있다고 보면서, 기독교인들은 세상을 허상으로 보고 내세만을 바라보며 자신의 가능성을 철저히 부정하고 신에게 절대적으로 복종하는 힘없는 노예와 다를 바 없다고 주장했던 철학자입니다.

그는 이렇게 인간 세상을 가치 없게 만들어 버린 신은 신이 아니라고 생각해서 "신은 없다", "신은 죽었다"라고 선언을 했던 것입니다.

이 말은 단순히 종교적으로 유신론을 지지하느냐 무신론을 지지하느냐의 문제가 아니라, 당시 서구 사회 전반에 깊이 뿌리내리고 있던 기독교 문화를 전면적으로 부인하고 뒤엎는 놀라운 말이었습니다.

그 당시 기독교를 믿는 사람들이 상당히 많았음에도 불구하고, 니체가 신은 죽었다고 목소리를 높일 수 있었던 배경에는 중세사회와 비교해서 사회적 상황과 인식에 많은 변화가 있었기 때문이었습니다.

중세시대 서양인들은 재해나 고난을 신에 의지해서 해결하려고 했었습니다. 그러나 근세에 와서 자연과학이 발달함에 따라 그동안 신이 진노한 결과라고 생각했던 천둥, 번개나 지진, 홍수, 태풍 같은 자연재해에 대해서 과학적인 이론으로 설명이 가능하게 되었습니다.

뿐만 아니라 자신들에게 닥친 고난과 고통은 모두 신을 믿지 않았기 때문인 줄만 알았는데, 사회과학이 발달하면서 사회구조적인 문제 때문에 그런 일이 발생하는 경우도 많다는 점을 인식하게 되었습니다.

그래서 사람들이 사회구조의 개혁을 통해 고질적인 부조리나 폐단을 상당 부분 개선해 나가는 성과를 얻게 되자, 삶의 문제 해결에 대해 점차 신보다는 인간 스스로에게 더욱 많은 기대를 걸게 되었습니다.

그 당시 이처럼 인본주의적 사고방식이 만연해 가면서, 니체 같은 철학자들이 종교는 신이 내려준 것이 아니라 인간이 만들어 낸 허구라는 주장을 강하게 피력해도 사회적으로 큰 저항이 없게 되었습니다.

당시 서구사회의 정신적 바탕이 되었던 기독교에 대해 극히 부정적이었던 니체는 그리스도인들이 구세주로 생각하던 예수님을 인간이 어떻게 살아야 하는가를 보여 주신 스승일 뿐이라고 평가절하했습니다.

그는 예수님의 이념 핵심을 무조건적인 사랑이라고 하면서도 이것을 숭고한 것으로만 보지 않고, 쇠약하고 병적인 정신 상태에서 비롯되었다고 폄하했고, 예수님을 믿는 그리스도인들을 경멸하였던 것입니다.

또한 그는 예수님의 십자가 죽음을 단순히 인간세상의 자존심과 용기의 대결장에서 쇠약하게 패배한 결과라고 생각했던 것 같습니다.

그래서 그는 기성 가치와 신앙을 뛰어넘는 인간상으로 예수님과 로마 황제 시저가 결합된 소위 강한 자에게는 강하고 약한 자에게는 자비를 베푸는 자의 모습을 갖춘 초인이라는 개념을 내세웠습니다.

니체가 주장하는 권력에의 의지나 힘의 추구를 지향하는 초인사상은 사람들에게 근세 기독교 사회의 무기력증을 씻어 내고 사회 전반에 활력을 불어넣을 수 있다는 점에서 각광을 받았습니다.

니체의 초인사상은 인간을 인과의 법칙을 따르는 수동적인 존재로 인식하지 않고, 인간의 낙관적이고 능동적인 본성을 부각시켜 인간의 자존심을 되찾게 하는 사상이었던 점에서 그 당시뿐만 아니라 지금까지도 패기 넘치는 젊은이들이 심취할 수밖에 없는 것 같습니다.

대학 시절 저는 친구들과 함께 사회적 약자라도 기죽지 않고 행복하게 살아갈 수 있는 소위 '울지 않는 사회'를 만들어 가자는 꿈을 공유하고 있었습니다.

그때 당시 그처럼 자신만만하고 꿈 많던 젊은 시절의 저에게 니체의 초인사상은 거부할 수 없는 매력으로 다가왔습니다.

이처럼 어려서부터 유교문화에 젖어 있었고, 철들어서는 니체 사상을 흠모하며, 불교신자로도 지내 온 생활 속에서 자연스럽게 형성된 저의 인본주의적 사고방식은 하나님을 알지 못하면서 열심과 열정만을 가지고 세상을 살았던 지난날의 저를 이끌어 간 원동력이었습니다.

살아오면서 세파에 시달리고 삶에서 숱한 실패와 좌절을 맛보면서 젊은 시절의 꿈은 많이 희석되어 갔지만, 인본주의적인 세계관과 가치관이 제 머릿속에 너무나 확연히 자리 잡고 있었기 때문에, 이제 만난 지 얼마 되지 않은 하나님 앞에서 "예수님은 하나님이시다"라고 마음에서 우러나오는 신앙고백을 자신 있게 하기가 참으로 어려웠습니다.

그런데 성경 공부를 해 오는 과정에서 예수님의 신성에 대한 의문은 이천 년 전 기독교 초기부터 논쟁이 되어 왔음을 알게 되었습니다.

초기 유대적 기독교 분파인 에비온파에서는 예수님을 하나님이 아니라, 전형적인 인간으로 보는 양자론(養子論)을 주장하였습니다.

예수님께서는 요셉과 마리아의 부부관계에 의해 출생하셨고, 세례 요한으로부터 세례를 받으실 때 하나님께서 양자로 택해 주셨다는 주장입니다. 그들은 인간 예수님께서 소명감으로 십자가에서 의로운 죽음을 당하셨고, 그 순종함을 보신 하나님께서 부활시키셨다고 말합니다.

그런데 성경의 필사 과정에서 일부 내용이 고쳐진 것을 연구하는 성경학자들의 주장에 따르면, 당시의 정통적 기독교인들은 예수님께서 하나님이시라는 자신들의 주장을 정당화하고, 혹시 인간일지 모른다는 오해의 소지를 없애기 위해 성경의 일부를 변경했다고 말합니다.

예를 들면, 누가복음에서 예수님의 출생과 관련된 '그의 아버지와 그의 어머니'라는 구절을 '요셉과 그의 어머니'(눅 2:33)라고 변경하여 예수님이 요셉의 자식이 아니라 동정녀 마리아에게서 탄생하신 하나님의 아들이심을 강조했다는 것입니다.

그리고 예수님께서 세례를 받으실 때 하늘에서 들려온 말씀이 초기 일부 사본들에서는 "너는 내 아들이라, 오늘 내가 너를 낳았노라"로 되어 있었지만 그 후 대다수 사본에서 "너는 내 사랑하는 아들이라, 내가 너를 기뻐하노라"(마 3:17, 눅 3:22)로 변개하여 양자론자들에게 빌미가 되는 소지를 없애려고 했다고도 이야기합니다.

반면에, 가현설(假現說)은 양자론과는 달리 예수님께서는 신이시고, 인간이 아니라는 주장입니다. 그들은 구약의 하나님은 진노와 심판의 하나님이시고, 신약의 하나님은 구원의 하나님이시라고 하면서, 신약의 하나님이 사람들을 구하기 위해 예수님을 보내셨다고 합니다.

그들은 예수님께서는 물질세계를 창조하신 구약의 하나님께 속하지 않아서 죽은 것처럼 보일 뿐이지, 근본적으로 태어날 수도, 육체를 가질 수도, 죽을 수도 없다고 했습니다. 그러나 죽은 것처럼 보였기 때문에 희생제사가 되었고, 구약의 하나님은 그 죽음을 죄의 대가로 받아들였으므로 그것을 믿으면 진노의 하나님으로부터 해방된다고 했습니다.

4대 복음서 중에서 누가복음이 십자가의 처형을 앞두고 너무나 침착하게 하나님 뜻만을 구한다든지 하는 식으로 예수님의 신성을 특히 많이 강조하였기 때문에, 가현설을 주장하는 자들은 여러 복음서 중에서 유일하게 누가복음을 자기들의 정경(正經)에 포함시켰다고 합니다.

그런데 성경학자들의 주장에 따르면, 정통적 기독교인들은 누가복음의 내용 중에 예수님께서 체포되시기 전 기도 장면에 "땀이 땅에 떨어지는 핏방울 같이 되더라"(눅 22:44)는 표현을 삽입하여 예수님을 인성과 육체를 갖추신 분으로 묘사하였다고 합니다.

그러나 성경학자들이 지적하는 구절들이 변개되었기 때문에 예수님의 신성이 결정되는 것은 아니라고 하겠습니다.

예수님의 신성에 대한 제 믿음은 논외로 하고, 논리적으로만 생각하면, 신약 성경 일부 구절이 문제가 아니라 전체 내용을 볼 때 "예수님께서는 완전한 인간이시자 완전한 하나님이시다"라는 주장을 정당시하는 데 아무런 오류가 없다고 할 수 있습니다.

4대 복음서 중에서 어떤 복음서는 예수님의 신성을 더 부각시키고, 또 어떤 복음서는 예수님의 인성을 더 부각시켰는데, 이런 4대 복음서 모두를 다 정경에 포함시켰다는 사실 그 자체가 예수님께서 완전한 신성과 인성을 갖추신 분임을 입증하는 것이라고 할 수 있지 않겠습니까?

성경에 보면 예수님께서는 인간의 몸으로 태어나셨고(눅 2:7), 슬프면 우시고(요 11:35), 화도 내실(마 21:12) 줄 아는 분이셨습니다.

또한 성경의 숱한 대목에서 예수님께서 사람들과 함께 식사하시고 주무시는 장면이 묘사되고 있는 데에서 볼 수 있듯이, 예수님께서는 우리 인간들과 다를 바 없는 완전한 인간이셨습니다.

그리고 성경은 예수님께서 완전한 하나님이시라는 사실을 입증하기 위하여 동정녀 마리아에 대한 천사의 수태고지(눅 1:26-38)나 동방박사 이야기(마 2:1-12) 외에도 예수님 세례 사건을 기록하고 있습니다.

양자론자들은 이 사건을 두고 예수님께서 만약 죄가 없으시다면 왜 죄인인 인간들처럼 세례를 받으셨느냐고 반문하기도 하였습니다.

성경에 기록되어 있는 세례 요한이 베푼 예수님 세례 사건은 죄 없는 예수님께서 죄 있는 우리들을 위하여 죄를 대신 지심으로써 복음을 믿는 사람들의 죄를 다 씻게 해 주겠다는 뜻을 보여주시고자 먼저 모범으로 받으신 것이라고 해석할 수 있습니다.

그래서 세례 요한이 자신은 하나님의 아들이신 예수님께 세례를 드릴 수 없다고 사양하자, 예수님께서는 그에게 그렇게 해서 모든 의를 이루는 것이 합당하다고 말씀하시면서(마 3:15) 세례를 받으셨는데, 이 세례 사건을 성경에서는 예수님께서 하나님의 뜻(고후 5:21)대로 우리를 구원코자 십자가에서 죽으시고 부활할 것임을 선포하신 것으로 기록함으로써, 예수님의 신성을 강조하고 있습니다.

또 성경은 창세전 하나님과 예수님께서 함께 만드신 구원계획에 따라(엡 1:3-14) 이 세상에 오신 예수님께서 세례를 받으실 때, 예수님의 신성을 입증하는 세 가지 영적 사건이 일어났다고 기록하고 있습니다.

먼저 하늘 문이 열림(마 3:16, 눅 3:21)으로 하나님의 허락에 의해서 예수님의 공생애, 바로 하나님의 구원섭리가 시작되었습니다.

그리고 하나님의 성령이 비둘기처럼 예수님 위에 강림하셨는데(마 3:16, 눅 3:22), 이는 아버지 하나님께서 이 땅에 보낸 아들 예수님을 찾아오신 것이었습니다. 성령으로 예수님께 찾아오셔서 하나님과 예수님의 연합이 이루어지는 굉장한 일이 생긴 것입니다. 예수님께서 하나님의 생명력과 능력으로 기적과 말씀 선포가 가능해진 것이니까요.

그러고는 하늘에서 말씀(마 3:17, 눅 3:22)이 들렸습니다.

"너는 내 사랑하는 아들이라 내가 너를 기뻐하노라."

하나님께서 예수님의 신성을 분명히 선포하셨던 것입니다.

예수님께서 참 하나님이시면서 참 인간이셨다는 사실은 교회가 예수님의 십자가 복음을 설명할 수 있는 필수적인 명제인데, 성경은 이것을 충실히 증거하기 위해 이렇게 여러 이야기를 하고 있는 것 같습니다.

만약 예수님께서 완전한 신성과 완전한 인성을 갖추신 존재가 아니었다면 십자가 죽음이 우리 인간들에게 무슨 의미가 있겠습니까?

예수님께서 하나님이실 뿐이라면 십자가 위에서 아무 고통도 없었을 것이니까, 우리를 속이는 쇼를 하신 것에 불과한 것이 아니겠습니까?

예수님께서 단지 사람이실 뿐이라면 그분도 우리처럼 아담의 후손인 죄인으로 태어나신 분에 지나지 않는데 그런 죄 많은 인간의 몸으로 어떻게 죄인인 다른 사람들을 구원하실 수 있다는 말입니까?

성경은 예수님의 죄 없으심을 주장하는데(벧전 2:22, 히 4:15), 이것은 예수님께서 성육신하셨다는 것을 강조하는 것이 아니겠습니까?

성경은 예수님께서 동정녀 마리아에게서 태어나신 사건, 동방박사의 경배, 공생애 때에 행하신 여러 가지 기적, 하나님 나라에 관해 선포하신 말씀들 그리고 우리의 죄를 대속하시기 위한 십자가 죽음, 부활과 승천 같은 복음의 내용들을 이야기하고 있으며, 그 외에도 예수님의 신성을 일관되게 강조하고 있는 많은 이야기들을 기록하고 있습니다.

이처럼 예수님께서 하나님의 아들이심을 이야기하는 성경말씀(마 3:17, 마 17:5, 눅 1:35, 눅 3:22, 요 8:54, 요 10:30-38, 요 11:27, 요 14:6-11, 요 20:31, 롬 1:3,4)이 성경의 여러 구절에 기록되어 있을 뿐 아니라, 특히 예수님 스스로도 자신을 하나님의 아들이라고 직접 밝히셨다는 사실까지도 성경에서는 이야기하고 있습니다.

그리고 성경은 하나님이신 예수님을 시인하지 않는 자들을 적(敵)그리스도(Antichrist)라고 규정지으면서, 그들의 양태에 대해서도 설명하고 있습니다.

오늘날 자유주의 신학자들이나 목회자들은 예수님의 신성을 부인하고, 예수님을 그저 사람들이 본받을 만한 훌륭한 사람 즉 위대한 스승이나 성인이라고 이야기하면서, 성경은 무오하지 않고 오류가 있을 수 있으며, 예수님의 동정녀 탄생은 거짓이라고 했을 뿐만 아니라 예수님께서 인간의 죄를 대속하신 것이나 부활하신 것도 모두 거짓이라고 주장하고 있습니다.

그런데 이런 적그리스도들은 언뜻 보기에는 보통의 기독교인들보다 훨씬 더 선하고 경건하고 겸손하고 지성적이고 이성적일 뿐만아니라 의롭고 합리적인 자들로 사람들의 눈에 비치기도 한다(고후 11:13-15)고 성경은 이야기하고 있습니다.

저는 비록 예수님의 하나님 되심을 확신하고 있지는 못했으나, 그럼에도 불구하고 결단코 이런 적그리스도가 되고 싶지는 않았습니다.

그러나 정말 곤혹스럽게도 저는 예수님께서 하나님의 아들이심을 증거하고 있는 성경이 대체로 논리적이라는 생각까지 하면서도, 제 마음속으로 그 말씀들을 온전히 다 믿지는 못하고 있었습니다.

기독교의 '기독'은 그리스도(Christ)의 영문명을 한자로 음역한 기리사독(基利斯督)의 준말이니까, 기독교의 요체는 하나님의 아들이신 예수님과 십자가 복음이라고 할 수 있습니다.

따라서 예수님의 신성을 부정하는 사람은 기독교인이라고 할 수가 없는데, 그때 저는 예수님의 신성에 대해 적극적인 부정을 하는 적그리스도도 아니었지만, 그렇다고 해서 예수님께서 하나님의 아들이시라고 적극적으로 시인하지도 못하는 어정쩡한 상태에 처해 있었던 것입니다.

"하나님께서 우리를 사랑하셔서 독생자를 이 땅에 보내셨다"는 요한복음 3장 16절 말씀도 예수님을 사후에 신격화하기 위해 제자들이 꾸민 말이라고 주장하는 적그리스도는 결코 되고 싶지 않았지만, 안타깝게도 믿고 싶으면서도 흔들리지 않는 신심이 그때 저에겐 없었습니다.

예수님보다 칠백 년 전에 살았던 이사야가 예수님의 십자가 죽음을 예언한 이사야서의 이 말씀을 보면서는, 예수님의 신성을 증거 하는 요한복음 3장 16절 말씀을 읽을 때보다 마음속으로 더 큰 공감이 느껴졌습니다만, 기나긴 세월 동안 제 마음을 붙들고 있던 인본주의 세계관은 제 사고방식을 이런 제 감정에 순응하도록 이끌지 않았습니다.

지금 와서 그 당시의 저를 생각해 보면, 마치 예수님을 3년 동안 따라다니면서 예수님 말씀을 직접 듣고 예수님께서 베푸신 기적을 실제로 보고 경험하면서, 어떤 때는 예수님을 주님이시요 구세주이시며 하나님의 아들이라고 신앙고백까지 하며(마 16:16) 예수님을 위해서 몸과 마음을 바치겠노라고 다짐하다가(마 26:33) 예수님께서 잡혀 가시던 그 밤에는 예수님께서 미리 예언하신 대로(마 26:34) 닭 울기 전에 세 번이나 예수님을 부인한 베드로와 비슷한 처지였습니다.

성경 공부와 기도를 통한 성경 묵상으로 저의 지성과 성령이 조화를 이루어 갈 때는 4대 복음서를 포함해서 신약성경 곳곳에 기록되어 있는 예수님에 관한 이야기에서 예수님의 하나님 되심이 심정적으로 깊이 공감되기도 하였고, 때로는 삶의 과정에서 기적 같은 은혜로 저를 도우시는 예수님을 직접 경험하면서 저절로 "예수님은 나의 주님이시라"는 고백과 함께 감사와 찬양이 넘쳐 나오기도 하였습니다.

그러나 어느 틈엔가 과학 지식이나 합리주의로 포장되어진 의문들이 제 마음속에 슬며시 자리를 잡으면, 예수님의 신성에 대한 제 믿음이 다시 식어 가면서 예전 상태로 되돌아가 버리고 마는 것이었습니다.

분명히 그때도 저는 적극적인 적그리스도는 결코 아니었습니다.

하지만 미처 성령께서 임하시지 않았던 때의 베드로처럼 예수님에 대한 저의 믿음은 늘 오락가락하였기 때문에 진정한 그리스도인으로 거듭나지도 못한 어정쩡한 상태에 있었던 것 같습니다.

숱한 기도를 통해 하나님께 완악한 제 마음을 바꾸어 달라고 애원하다시피 했지만, 제 마음속에서 문득문득 일어나는 의심을 말끔히 지워 버리는 것은 정말로 어렵고도 어려운 과제였습니다.

이처럼 답답하고 안타까운 나날들이 반복되어 가던 어느 날, 하나님께서 그 놀라우신 은혜로 연약한 저에게 "예수님은 하나님의 아들이시다"는 예수님의 신성에 대한 확실한 믿음을 주시면서, 십자가 복음에 대한 믿음은 결코 제 자력이 아닌 오로지 하나님의 은혜로 얻게 된다는 진리를 분명하게 깨닫게 하신 일이 일어났습니다.

| 예수 그리스도의 복음이 진리임을 깨닫게 해 주신 은혜 |

하나님을 만나고 수년이 흘렀음에도 여전히 예수님의 신성에 대한 확신 없이 갈등하며 괴로워하던 어느 날 저는 우리나라 설악산 울산바위를 연상케 하는 웅장한 바위산들이 수십 개가 모여서 장관을 이루고 있는 그리스 북부의 '메테오라'라는 지역에 갈 기회가 있었습니다.

신비스러움과 경건함을 가득히 품고 있는 자연 경관과 함께 가파른 산꼭대기마다 자리 잡고 있는 수도원들을 바라보고 있노라니, 중세 수도사들의 지극했던 신앙심이 실감나게 제 가슴에 와 닿았습니다.

그중에서 개방되어 있는 한 수도원을 방문했을 때, 저는 그곳에서 너무나도 귀하고 은혜로운 시간을 가질 수 있었습니다.

수도원 안 교회 본당에 들어서자 입구의 전체 벽면에 예수님의 제자들이 각각 순교하던 장면들을 담은 성화가 제 눈에 들어왔습니다.

십자가에 거꾸로 매달아서 죽이거나, 목을 칼로 내려치지 않고 천천히 톱으로 썰어서 오랜 고통 끝에 죽게 하거나, 사지를 묶어 찢어 죽이거나, 높은 성전에서 아래로 던져 죽이는 식의 악랄한 처형 장면들이 그려져 있는 성화는 그때의 참상을 생생하게 느낄 수 있게 하였습니다.

그런데 그 몇 폭의 성화를 바라보고 있던 제 마음에 너무나 큰 울림이 다가오면서 갑자기 탄성이 제 입에서 저절로 터져 나왔습니다.

"오! 하나님! 그렇군요! 이들은 하나님 나라를 분명히 보았군요!"

그동안 성경에 기록된 예수님의 공생애 이야기 중에서 특히 십자가에서 죽은 후 사흘 만에 부활하신 사실에 대해서 저는 기독교 서적을 통해 여러 가지 증거들을 알고 있으면서도, 예수님의 부활을 부인하는 학자들의 주장도 만만치 않다는 사실 또한 알고 있었습니다.

그런데 그 몇 폭의 성화를 보는 순간 제 마음속 한구석에 찌꺼기처럼 남아 있던 부활에 대한 일말의 의혹은 모두 사라져 버렸습니다.

사실 그 순교하던 제자들은 예수님과 공생애를 같이하고, 예수님의 죽음과 부활을 자기 눈으로 직접 다 본 사람들이었지 않습니까?

만일 부활의 사실들이 다 날조된 허위라면 그들은 도대체 무엇을 위해서 예수님 사후 하루 이틀도 아니고 몇 십 년간을 감옥살이를 포함해서 온갖 고생을 하고, 종국에는 그런 처참한 죽임까지 당했을까요?

거짓 사기극을 통해 부귀영화를 누리는 것도 아닌데, 어느 누가 그저 사람들을 속이는 재미로 죽을 고생을 하면서 고향을 떠나 이곳저곳 떠돌다가 하나밖에 없는 자신의 목숨을 그렇게 버릴 수 있단 말입니까? 세상에 어떤 사기꾼이 그처럼 의연하게 순교할 수 있겠습니까?

이 제자들은 하나님 나라와 예수 그리스도에 대한 확고한 믿음으로 자진해서 선교하다가 죽은 것이지, 사이비 종교 집단처럼 누가 어디에 감금해 놓고 환각 상태를 만들어서 죽인 것도 아니지 않습니까?

이처럼 예수님 제자들이 여러 지역에 흩어져서 수십 년을 온갖 고생을 다하면서 복음의 진리를 전파하다가 잡혀 죽어 가면서도 믿음을 버리지 않았던 것은 그들이 하나님께서는 살아 계시고 복음의 진리는 진실임을 예수님의 부활을 통해서, 성경에 기록된 대로 자신들의 눈으로 직접 확인하고 몸으로 경험했다는 증거가 아니겠습니까?

저는 신학자나 역사학자들이 말하는 예수님 부활의 진실성을 입증하는 많은 논거들을 설사 다 기억하지 못한다고 하더라도, 그날 그 수도원의 벽에 그려져 있던 그 성화만은 결코 잊어버릴 수가 없습니다.

그리고 저는 그날 이후로 세상의 어떤 신학자나, 어떤 역사학자나, 어떤 철학자들이 어떠한 부정의 논거를 내세우면서 부활을 포함한 예수님의 신성과 그리스도의 복음에 대해 설득력 있게 비판한다 하더라도, 그 모든 것을 한갓 잡설에 불과한 것으로 여기게 되었습니다.

예수님의 공생애와 십자가 죽음 그리고 부활은 분명한 역사적 사실이고, 그 제자들은 그것을 실제로 다 보았기 때문에, 예수 그리스도의 십자가 복음의 진리에 대하여 흔들리지 않는 확신을 가지게 된 것이 아니겠습니까?

저는 그 몇 폭의 성화를 바라보면서 예수님 제자들의 순교야말로 이와 같은 그들 자신의 확신에 대한 다른 어떤 증거보다도 강력한 설득력을 갖춘 명백한 증거라는 것을 분명히 인식하게 되었습니다.

(요 11:25) 예수께서 이르시되 나는 부활이요 생명이니 나를 믿는 자는 죽어

그제야 예수님의 신성과 복음, 그리고 구원의 진리에 대한 성경말씀
들이 제 마음속에서 한 점의 의심도 없이 믿음으로 확정되었습니다.

제자들의 순교를 성경에서 자주 읽어 보았으면서도, 확고한 믿음으
로까지 연결시키지 못하던 저를 하나님께서는 멀고먼 그리스 산간마을
에 있는 한 수도원으로 데리고 오셔서, 그 몇 폭의 성화 앞에서 제 눈
에 덮여 있던 두꺼운 비늘을 벗겨 주시고 저의 영안을 활짝 뜨게 해 주
셨던 것입니다.

은혜롭고 신실하신 하나님께서는 완악한 저를 이국 땅 먼 하늘 아래
까지 데려가셔서 그 성화를 보여주시면서, 지난날 제가 주인 삼고 사
랑했던 모든 생각을 다 내려놓고, 이제 주님만 사랑하도록 제 마음속
에 예수님의 십자가 복음에 대한 믿음을 확정시켜 주셨습니다.

예수님의 제자 도마는 부활하신 예수님을 만났을 때 손가락을 예수
님 옆구리에 넣어 보고서야 자신의 신앙고백(요 20:28)을 했습니다.

"예수님께서는 나의 주님이시요, 나의 하나님이시니이다!"

그러자 예수님께서는 도마에게 중요한 말씀(요 20:29)을 하셨습니다.

"너는 나를 본 고로 믿느냐? 보지 못하고 믿는 자들은 복되도다."

저도 그동안 믿는다고 하면서도 도마 못지않은 사람이었습니다.

믿음을 맹목적으로 하는 것은 믿지 않는 것보다 더 못하다고 자기 합

리화를 하면서, 실증적인 사고를 강조했던 사람이 바로 저였습니다.

그러나 저는 예수님의 부활 현장에는 없었지만, 이제는 예수님께서 부활하셨음을 이천 년 전에 직접 본 사람들처럼 믿게 되었습니다.

저는 그동안은 믿는다고 하면서도 마음 깊숙한 곳에 예수님의 부활에 대해 일말의 의문을 가지고 있었는데, 그런 저를 잘 아시는 하나님께서는 타임머신을 태워서 예수님의 부활 현장으로 데려가시는 기적을 베푸시듯이, 저를 그 경건한 수도원에 데려가셔서 제자들의 순교 장면을 그린 성화 몇 폭을 보여주시면서 성령의 도우심으로 십자가 복음의 진리를 깨닫게 하심으로써 저에게 흔들리지 않는 믿음을 주셨습니다.

예수님께서 도마에게 말씀하신 대로, 이제 저는 예수님의 부활의 현장이나 하나님 나라를 직접 가서 보지 않고서도 믿는 자(요 20:29)가 되었으므로 정녕 행복한 사람입니다.

여러분도 이런 행복을 누리고 싶지 않습니까?

우리를 구원하시는 하나님께서는 여러분을 기다리고 계십니다.

05 장

고아같이 너희를 버려두지 않으리

저는 하나님을 만나고 나서도 한참 동안에는 제 자신의 영적 변화가 생각보다 잘 이루어지지 않는다고 느껴질 때면, 간혹 이천 년 전 오순절 날에 마가의 다락방에서 일어났던 성령강림 사건을 떠올리면서 저도 그런 신비하고 엄청난 영적 경험을 해야만 하나님께로 더 가까이 다가갈 수 있을 것이 아닌가 하는 생각을 했던 적이 있습니다.

성경에서 보다시피, 이천 년 전 그날의 성령강림은 대단한 사건이었습니다. 예수님께서 부활하셔서 40일 동안 제자들과 함께하신 뒤에, 보혜사 성령께서 오실 것임을 말씀하시고(눅 24:49) 제자들이 보는 앞에서 승천하신 후, 열흘이 지나 그해의 첫 보리 수확을 감사하는 오순절 날, 마가의 다락방에서 초대교회 교인 120여 명이 한자리에 모여 기도드리고 있을 때, 홀연히 하늘로부터 급하고 강한 바람 같은 소리가 들리면서 마치 불의 혀처럼 갈라지는 것들이 그들 각자의 머리 위에 하나씩 임하여 있더니, 그들이 다 성령의 충만함을 받고 성령이 말하게 하심에 따라 다른 언어로 말하기 시작하였습니다(행 2:1-4).

저도 처음 하나님을 만날 때는 찬양 소리에 멈추지 않고 흘러내리는 눈물 속에서 성령 하나님의 찾아오심을 느끼는 은혜를 입었지만, 사도행전에서 묘사하고 있는 이 오순절 날의 성령강림 사건은 제가 경험했던 그 상황과는 비교가 되지 않을 정도로 거창했던 것이었습니다.

특히, 오순절 날 마가의 다락방에 모였던 120여 명의 초대교회 교인 중에서 저도 저 사람처럼 저런 경험을 한번 해 봤으면 하고 부러워하고 닮고 싶어했던 사람은 바로 예수님의 제자인 베드로였습니다.

잘 아시다시피, 그는 예수님 공생애 중에 수제자로서 예수님을 따라 다녔으나, 정작 예수님께서 체포되시자 다른 제자들과 마찬가지로 두려워서 도망쳐 버렸고(막 14:50), 예수님께서 예언하신 대로 십자가에서 죽으실 예수님을 새벽닭이 두 번 울기 전에 세 번이나 부인하는 약한 모습(막 14:72)을 보여주기도 했던 자이지 않았습니까?

그런 그가 오순절 날 마가의 다락방에서 그렇게 성령세례를 받은 후에는 믿음이 연약했던 과거의 그가 아니었습니다.

그는 성전 미문의 앉은뱅이도 치유하고(행 3:1-26), 중풍병자 에니아도 낫게 하였으며(행 9:34), 죽은 다비다도 일어나게 하는(행 9:36-

43) 숱한 이적을 행할 수 있게 되었습니다.

그리고 수차례 투옥되었으나 주의 사자나 천사의 도움으로 감옥에서 나오는(행 5:17-20, 행 12:5-10) 기적을 경험하였으며, 어부에 불과하던 그가 유대 지도자들 앞에서 담대히 예수님을 증거하고(행 4:5-22), 예루살렘에서 이방인 전도를 강조(행 11:1-18, 15:7-11)하면서 사마리아에서 복음을 전파(행 8:14-25)하였습니다.

그는 또한 베드로전서와 베드로후서를 기록함으로써 복음을 후세까지 전하게 되었고, AD 68년에 로마에서 순교하였습니다.

이처럼 베드로의 믿음은 성령세례를 받은 후 확연히 달라졌습니다.

그래서 지난 신앙생활 전반기의 저를 포함해서, 오늘날 믿는 사람들 중에서도 베드로에게 부어졌던 오순절 성령강림과 같은 강한 성령세례가 자신들에게도 임하기를 소망하는 사람이 많은 것 같습니다.

그런데 제가 영적으로 확연히 성장하기 위해서는, 이천 년 전 오순절 날의 기적 같은 성령강림 사건에서처럼 그렇게 신비롭고 강력하게 성령께서 저에게도 임하셔야 하는 것일까요?

과연 저도 베드로처럼 그렇게 강한 성령세례를 받는 경험을 해야만 하나님께서 기뻐하실 그런 사역을 행할 수 있는 것일까요?

그렇지 않습니다. 강한 성령세례를 부러워하던 제가 성경 공부와 묵상기도를 통해 얻게 되었던 답은 "아닙니다"라는 것이었습니다.

베드로가 예전과 달리 확연히 변할 수 있었던 이유는 부활하신 예수님께서 "내 어린 양을 먹이라"는 목양의 사명(요 21:15-18)을 주셨는데, 이를 실천해 나갈 수 있도록 도우실 성령께서 베드로에게 임하셨기 때문이지, 오순절 날 성령이 임하실 때의 신비로움이나 거창함에 영향을 받았기 때문은 결코 아니었습니다.

예수님께서 십자가 사역을 완성하시고 언약하신 대로, 성령께서는 이천 년 전 오순절 그날에 오셨습니다.

그 후 지금까지도 성령께서는 이 땅에 임하시면서, 창세전 선택하신 하나님의 자녀들을 찾으시고, 그들로 하여금 죄와 의와 심판에 대하여 깨닫게 하시고 구원에 이르도록 도우시는 성령사역을 하고 계십니다.

구약 시편에서도 성령에 대한 이야기가 많이 나오고, 신약 마태복음에서도 예수님께서 세례를 받으실 때 성령이 임하셨다고 기록된 구절에서 알 수 있듯이, 하나님의 영이신 성령이라는 존재가 오순절 성령 강림 사건 이전에도 특별한 경우에는 나타나셨습니다.

그런데 예수님께서 승천하시면서 성령께서 오셔서 영원토록 우리와 함께하실 것이라고 하신 말씀(요 14:16)은 이제 앞으로는 누구든 믿는 자에게는 성령의 도우심이 임하실 것이라는 언약이었던 것입니다.

오순절 날 마가의 다락방에 임하신 보혜사 성령님은 하나님께서 예수님의 이름으로 이 땅에 보내신 삼위일체 하나님(요 14:26)이십니다.

보혜사 성령께서는 오순절 그날 찾아오신 이후로 지금까지 늘 이 땅에 계시면서, 오늘도 예수님의 십자가 복음을 믿는 우리와 함께하시고, 앞으로도 영원토록 그리스도인들과 함께하실 것(요 14:16)입니다.

그러니까 우리가 지금도 자꾸 또 다른 강력한 성령께서 와 주시기를 기다린다는 것은 보혜사 성령님의 의미를 잘못 이해하는 것입니다.

그것은 마치 수시로 또 다른 동정녀를 통해 또 다른 예수님께서 태어나셔서 사역을 마치고 죽으신 후 또 다른 성령님을 보내 달라고 하는 것과 다를 바 없는 너무나 황당한 바람이라고 할 수 있겠습니다.

성령께서 마가의 다락방에서 기도하던 사람들에게 불의 혀같이 임하시고, 각자 다른 언어로 말하도록 하는 기적을 보이신 것은 예수님 승천 후에 보혜사 성령께서 오셔서 영원토록 우리와 함께 계실 것(요 14:16)을 처음으로 알리는 특별한 역사하심이었기 때문입니다.

이천여 년 전 오순절 그날 이후 이 땅에 와 계시는 성령께서는 오늘을 살아가는 우리들에게 나름대로의 감동은 있겠지만, 거창한 기적을 동반하고 찾아오시는 것이 아니라, 임의로 부는 바람처럼 찾아오십니다.

간혹 이미 믿는 사람이 부흥회에서 신비한 성령의 임재를 새롭게 느꼈다고 간증하는 것은 예배 분위기에 영향을 받아 그 사람 자신 안에 거하고 계시는 성령으로 충만함을 받는 감동의 시간을 가졌다는 것이지, 오순절 성령강림과 같은 불의 이적을 동반하면서 또 다른 성령 하나님께서 새로 오셨다는 것은 결코 아닌 것입니다.

진실로 하나님을 믿는다고 하려면 가시적 기적만을 기다리며 신유적인 기도나 우상에 대한 예배에 빠져 버리는 것은 반드시 경계해야 하며, 성경을 통해서 말씀을 듣고 묵상하며 기도하는, 그야말로 영과 진리로 예배드리는 삶을 살아가야 할 것(요 4:24)입니다.

특히, 감언이설에 속아서 이단 종교집단을 초대교회와 동일하게 생각하고 환상 속에서 자기 인생의 모든 것을 그곳에 다 걸고 살아가는 것은 하나님의 뜻을 몰라도 너무 모르는 어리석은 짓이라 하겠습니다.

그리고 저는 그렇게까지는 느껴 보지 않았습니다만, 교회에 다니는 사람들 중에는 방언의 능력을 굉장히 부러워하는 이들이 있습니다.

이런 사람들은 믿는다고 하면서도 방언의 능력이 없어서 허전함을 느끼기도 하고, 또 그런 자신의 믿음에 대해 스스로 의심도 하는 것 같습니다.

저는 방언의 은사를 받지 못했고, 또 주위에 영성이 뛰어나신 훌륭한 목사님들 중에도 방언의 능력이 없는 분들을 많이 봤습니다.

방언의 은사가 주어졌다고 해서 선택받은 사람처럼 우쭐대거나, 그 은사를 못 받았다고 해서 기죽는 사람들은 방언에 관련된 이야기들이 기록되어 있는 고린도전서 14장 중에서 특히 19절 말씀을 보십시오.

방언이 성령께서 우리에게 임하셨다는 것을 알리는 유일한 증거는 아닙니다. 방언은 믿는 자에게 부어지는 하나님의 여러 은사 중의 하나에 불과합니다. 누구에게든 하나의 은사는 다 주어져 있습니다.

방언하는 것을 하나님에 대한 신심의 평가기준으로 삼는 경우가 많아 방언을 가르치는 학원까지 생겨났다니까 정말 한심스러운 일입니다.

방언이 다 필요 없다는 말이 아니라, 너무 가시적 은사에 치우침으로써 자기 의나 우월의식에 사로잡히거나 자기 자랑에 연연하게 되면 그것은 성경적이지 못하고, 신앙심을 크게 훼손할 수도 있지 않겠습니까?

예수님께서도 남들에게 보이기 위한 예배나 율법 준수와 자기 의를 내세우기 위한 헌금이나 봉사활동을 겉으로 보기에는 일반인들보다 훨씬 열심히 했던 바리새인들을 외식하는 자들이라고 지적하시고, 심지어 독사의 새끼라고까지 질타(마 23:27,33)하지 않으셨습니까?

참된 믿음은 철저하게 저의 한계를 인정하면서 하나님께서 은혜로 베푸신 복음의 진리를 믿고, 그 하나님이시라면 제 모든 것을 다 맡겨도 된다는 확신과 순종하는 마음이 쌓여 가는 것이라고 생각합니다.

처음 성경을 읽을 때는, 제가 하나님 뵙기를 간절히 원하는 매순간마다 성령께서 제 마음속으로 찾아오시는 줄로 착각을 했습니다.

여러 성령들께서 때마다 한 분씩 찾아오셔서, 그 성령님들로 제 마음속이 가득 참을 느낄 때, 그것이 성령 충만인 줄 알았던 것입니다.

그러나 신앙생활이 해를 거듭하는 가운데 10년 전 만나교회 새벽기도회에서 저를 찾아오신 성령께서 그 이후로 제 삶 속에서 늘 함께하시면서 저를 붙들어 주시고 도우시고 저를 위해 일하시는 것을 숱하게 경험하면서, 성령 충만은 양적 개념이 아니라, 제가 성령의 도우심으로 이기적이고 세상 지향적인 삶을 버리고 성령을 좇는 순종과 사랑의 삶의 깊이를 더해 가는 질적 개념이란 것을 깨닫게 되었습니다.

(엡 5:16) 세월을 아끼라 때가 악하니라 17) 그러므로 어리석은 자가 되지 말고 오직 주의 뜻이 무엇인가 이해하라 18) 술 취하지 말라 이는 방탕한 것이니 오직 성령으로 충만함을 받으라

사도 바울은 우리가 한 번의 성령 체험에 만족해서 술 취한 자처럼 정신줄을 놓고 방탕하게 살아가지 말고, 온 맘 다해 말씀에 순종하며 하나님 뜻에 따른 예배의 삶을 확고한 믿음으로 살아갈 수 있도록 성령의 도우심을 넘치게 받는 성령 충만을 강조하고 있습니다.

저는 이 성경 구절을 묵상하면서, 성령으로 충만함을 받는다는 것이 삶에서 구체적으로 어떻게 하는 것인지를 곰곰이 생각해 보았습니다.

성령 충만이라고 하면, 신심이 남달라서 열악한 곳에 가서 선교 활동을 하는 것부터 먼저 머리에 떠올리기 쉬운데, 과연 그런 것일까요?

신약성경 에베소서를 읽으면서, 저는 성령 충만한 삶은 해외 선교 같은 종교 행위를 열심히 하는 것에 앞서, 무엇보다도 먼저 자기 자신의 믿음을 흔들림 없이 지켜 나가면서, 자기 주변에서부터 선한 삶을 제대로 살아 나가는 것을 의미한다는 것을 알 수 있었습니다.

예수님께서 제자들에게 "땅끝까지 이르러 내 증인이 되리라"(행 1:8)고 하신 말씀을 두고, 누군가 지구는 둥그니까 땅끝까지 가면 한 바퀴 돌아서 다시 자기가 서 있는 지점으로 돌아오게 된다는 이야기를 하던데, 농담 같지만 의미 있는 말이라는 생각이 들더군요.

성령 충만과 관련해서 사도 바울은 에베소서 5장 18절에서 "성령으로 충만함을 받으라"고 이야기하고, 이어서 5장 22절부터 6장 9절까지 세상 인간관계 중에서 부부, 부자, 상하 간에 각자가 해야 할 신앙적 삶에 대해서 길고 자세하게 권고의 말씀을 하고 있습니다.

(엡 5:22-24) 아내들이여 자기 남편에게 복종하기를 주께 하듯 하라 …

(엡 5:25-33) 남편들아 아내 사랑하기를 그리스도께서 교회를 사랑하시고 그 교회를 위하여 자신을 주심 같이 하라 …

(엡 6:1-3) 자녀들아 주 안에서 너희 부모에게 순종하라 …

가정이나 직장에서 옛사람의 생각과 행태를 그대로 답습하면서, 교회에 가서는 새사람이 된 것처럼 행세하는 것은 다 부질없는 짓입니다.

만약 교회를 핑계로 어린 자녀들을 돌보지 않고, 밖으로 나돌아 다닌다면 그 자녀들이 그런 부모에게서 어떤 하나님을 볼 수 있게 될까요?

저도 지난 10년간 하나님을 믿게 되면서 가족이나 직장 동료들에게 얼마나 하나님을 본받는 사람으로 처신해 왔는지를 되돌아보면 그저 모든 이에게 미안하고 부끄러울 따름입니다.

늘 통감하듯이, 저는 육신을 입고 있기 때문에 아직도 남아 있는 제 자신의 죄성이나 저를 유혹하는 마귀의 손아귀에서 벗어나지 못하고, 이런 스스로의 연약함 때문에 힘겨워하며 살아가고 있습니다.

이처럼 마귀와 대적하는 전쟁 같은 삶을 성령 충만으로 이겨 헤쳐 나갈 수 있도록, 항상 하나님의 전신갑주를 입고 악의 영들을 물리치고(엡 6:10-17), 이를 위해 성령 안에서 기도하고 깨어 구하기를 힘쓰라고(엡 6:18) 한 사도 바울의 말씀이 저에게는 큰 가르침이 됩니다.

그러나 사실 걸핏하면 제 자신의 유익을 따지고, 아직도 육신의 정욕, 안목의 정욕, 이생의 자랑에 연연하면서 제 자신을 온전히 내려놓지 못하는 제가 성령 충만과 관련된 에베소서의 이 말씀들을 자력으로 다 행한다는 것은 한마디로 불가능한 일입니다.

그러다 보니까 "작심삼일에 후회막급이라"는 말이 늘 현실이 되어서 답답하고, 그런 제 자신에게 실망스러운 때가 한두 번이 아닙니다.

그러나 비록 속도는 느려 터졌지만, 그래도 세월이 흐르면서 조금씩 바뀌어 가고 있음을 다른 이로부터 이야기 듣게도 되는 것은 오로지 성령의 도우심 때문임을 알기에 그 은혜에 감사드리며 살아가고 있습니다.

"오직 성령이 너희에게 임하시면 너희가 권능을 받고 예루살렘과 온 유대와 사마리아와 땅끝까지 이르러 내 증인이 되리라."

저는 예수님께서 승천하시기 전에 마지막으로 남기신 이 말씀(행 1:8)을 에베소서의 성령 충만에 관한 성경말씀들과 연결해서 묵상하면서 많은 생각을 하게 되었습니다.

저는 이 말씀을 선교 지역을 넓혀 나가라는 말씀으로 해석할 뿐만 아니라, 예루살렘은 가족, 온 유다는 교우, 사마리아는 배역자, 땅끝은 일반인을 상징하는 것으로 해석해서 자신이 현재 처한 곳에서 전도 대상을 넓혀 나가라는 뜻으로도 받아들이고 싶었습니다.

그리고 "내 증인이 되리라"에서 '되리라'를 한글로 해석하면 무슨 예언처럼 들리지만, 헬라어 '에세스데'는 '될 것이다'라는 뜻의 미래형 동사이면서, '되라'고 하는 명령형 동사라고 하니까 "너희는 나의 증인이 될 것이니까 그렇게 하도록 하라"는 의미로 해석할 수 있었습니다.

그러고 나니까 이런 예수님 예언을 성취하기 위해서는 무엇인가 해야겠다는 생각이 들었고 그걸 어떻게 해야 할까 고민하게 되었습니다.

그러나 그 말씀 앞에 "오직 성령이 너희에게 임하시면 너희가 권능을 받고"라는 말씀이 전제되어 있는 것을 보고서는, 그것은 결코 내 힘이 아닌 성령 충만으로 그렇게 될 수 있다는 생각이 들었습니다.

그리고 말씀 묵상 중에 성령이 임할 때 제가 받을 수 있는 '권능', 헬라어로 '두나미스'는 예수님의 전지전능하심을 의미하는 것이 아니라, 십자가에서 죽으시는 자기 헌신의 능력을 의미한다고 생각하니까, 예수님 제자들의 순교도 모두 다 이런 능력 때문에 가능했겠구나 하는 생각에 그리스도인으로서의 책임감과 사명감을 새삼 느끼게 되었습니다.

저도 예수님께서 말씀하신 그런 증인이 되고 싶어서, 지난 십 년간 신앙생활을 해 오면서 증거할 내용을 우선 바르게 알아야 하겠다는 생각에 성경 공부와 묵상기도를 게을리하지는 않았지만, 지금도 제가 성경말씀대로 자연스럽게 행함이 따름으로서 믿지 않는 사람들에게 예수님의 증인으로 비칠 수 있을까를 생각하면 부끄러울 따름입니다.

우리는 흔히 학창 시절에 학교 교훈을 매일 듣고 보고 하다 보니까, 그것이 훗날 살아가면서 자신의 인생관에 크게 영향을 주게도 됩니다.

제가 다닌 고등학교의 교훈은 "아는 사람, 생각하는 사람, 행하는 사람"이었는데, 지금 봐도 참으로 멋지고 소중한 가르침이었습니다.

이 교훈을 아침에 학교 정문을 들어서면서부터 교실에서까지 매일 보다 보니까 그것이 제 머리에 강하게 각인되어서 성인이 되어 세상을 살아가면서 갖가지 상황에서 처세의 지침으로 자리 잡게 되었습니다.

그래서 직장생활을 하면서도 이 가르침대로 제가 일을 파악해서 옳다고 생각되면 과단성 있게 당면 과제들을 처리해 나갔기 때문에, 그동안 소신 부족이라는 비난이나 질책을 받아 본 적이 별로 없었습니다.

그러나 세상 일은 합목적성, 합리성, 합법성을 추구하면서 자신의 의지와 판단력 그리고 열정과 결단력으로 해나가면 되겠지만, 성경에 기록된 말씀의 행함은 완전성과 거룩성을 지향하므로 자신의 의지와 능력이 아닌 '내려놓음'이 전제가 된 성령의 인도하심이 있어야 하기 때문에 결코 쉽지가 않습니다.

사람은 누구나 육신을 입고 있기에 물질적 욕심에서 자유로울 수 없고, 이기심과 아집을 버리지 못한 채 곤고한 삶을 살고 있기 때문에, 결국 참된 믿음과 사랑의 꽃을 피우게 되는 것은 하나님의 은혜에 의해 성령으로 충만함을 받을 때에만 가능하지 않겠습니까?

실족하지 않게 도우시는 성령

가끔 우리 주변에서 멀쩡한 사람들이 과음으로 인해 큰 과오를 범하거나, 심지어 자기 인생을 망치는 경우를 보게 되는데, 그런 사고는 술을 즐겨 마시는 사람에게는 반드시 남의 일만은 아니라고 생각합니다.

저는 원래 사회생활을 하면서 술을 꽤 많이 마시는 편이었습니다.

친구들과 어울리기를 워낙 좋아하는 성격인 데다가, 주량을 타고났는지 잘 취하지도 않고 몸이 부대끼지도 않아서, 학창 시절부터 친구들과 함께 술 마시기를 무척이나 즐겼고, 직장생활에서도 동료들과 같이 술을 마시면서 인간적 유대관계를 돈독히 해 나갈 수 있었습니다.

그런데 성경에도 술을 절대 마셔서는 안 된다는 말씀은 없지만, 평소에 술을 마셨다 하면 너무 많이 마시는 제 음주 습관이 하나님을 만나고 나서부터는 마음 한구석에 큰 부담으로 자리 잡기 시작했습니다.

아직까지 별 실수는 없었지만, 언제라도 술이 과하게 되면 취중에 언행에 있어서 예기치 못한 실족을 하게 될 수도 있는 것 아니겠습니까?

이런 생각을 하면서도 정작 직장의 대표직을 맡다 보니 대내외적으로 음주가 불가피한 경우도 있었고, 친구들과의 수십 년 우정을 유지하는 데 윤활유가 되는 술을 끊기가 현실적으로 무척 힘들었습니다.

그래서 혼자 묵상기도를 할 때나 교회에서 예배드릴 때도 늘 마음에 걸려, 하나님께 양해를 구하는 기도를 드리면서 계속 술을 마셨습니다.

"하나님! 사회생활하면서 불가피해서 마시니까 제발 좀 봐주세요."

십 년 넘게 고생해 온 통풍뿐만 아니라, 심지어 암이라는 신체의 중병조차도 이처럼 술을 즐겨 마시는 제 버릇을 멈추게 하지 못했습니다.

신장암 수술 후에 의사 선생님께 드린 첫 질문이 앞으로 술은 마셔도 괜찮으냐는 것이었고, 술을 마시면 안 된다는 법은 없지만 이제 좀 줄이라는 대답에 암 재발을 막기 위해서 반드시 금주를 해야 하는 것은 아니구나 싶어 다행이라고 생각했을 정도였으니까 말입니다.

양을 줄일까도 생각해 봤지만, 예전에 담배 끊을 때와 마찬가지로 단번에 끊어야지 양을 줄여 나가면서 끊는다는 것은 기대난망이었습니다.

그런데 암 수술 후 일 년쯤 지난 어느 날부터 한동안 정말 믿기지 않는 이상한 일을 경험하게 되었습니다. 매일 새벽 일어나 기도를 드리려고 성경책을 펴면 그때마다 에베소서 5장 18절 "술 취하지 말라. 이는 방탕한 것이니"라는 구절이 있는 페이지가 열리면서, 그 말씀이 눈에 확 들어와 저의 마음을 너무나 불편하게 만드는 것이었습니다.

무슨 표시를 해 두었거나 책갈피를 끼워 둔 것도 아닌데 거짓말처럼 하루 이틀도 아니고, 매일 새벽마다 성경만 열면 그 페이지가 계속 펼쳐지니까 신기한 것을 넘어 신령하기까지 했습니다.

"술 취하지 말라"는 말씀은 성령 충만을 강조하시는 말씀이라서 처음에는 술 마시는 것과 연관시키지 않았으나, 날마다 반복되니까 음주로 실족하는 것도 성령 충만을 그르치는 것이 아닌가 하고 생각하게 되었고, 제 안에 계시는 성령께서 이 말씀으로 음주의 폐해에 대해 깨닫고 회심하도록 저를 책망(요 16:8)하시는 것처럼 느끼게 되었습니다.

그러던 어느 날 새벽 마침내 저는 즐겨 마셔 온 술을 끊겠노라고 하나님께 약속드리면서, 성령의 도우심을 간구하는 기도를 드렸습니다.

그리고 며칠 되지 않아 장관께서 몇몇 기관장들과 저녁 식사를 같이 하는 자리에서 술을 권하시는데, 이유는 말하지 않고 못 마신다고 양해를 구하니까 억지로 마시지는 말라면서 흔쾌히 이해해 주셨습니다.

그 후 연이어 몇 분 선배님들과의 식사 자리가 서너 번 더 만들어졌는데, 그때마다 그분들도 술을 마시지 않는 저에 대해서 이유를 묻지도 않으시고 권하지도 않으셔서 아주 쉽게 넘어갈 수가 있었습니다.

하나님께서는 저의 음주를 양해하지 않으시고 새벽마다 말씀을 보여 주셨는데, 세상 사람들은 의외로 다들 저의 금주를 이해해 주었고, 만나는 자리의 분위기도 전혀 나쁘게 바뀌지 않았으니까, 제 마음만 흔들리지 않는다면 이제는 술을 끊을 수 있게 되어 버린 상황이 온 것입니다.

더욱더 신기한 것은 술 끊기 전에는 매일 어김없이 펼쳐지던 에베소서 5장 18절이 기록된 성경책의 그 페이지가 술을 끊겠다고 하나님께 다짐 드린 후에는 아무리 펼쳐도 펼쳐지지가 않았습니다.

금주를 결단하지 못하는 저의 우유부단함이 성령께서 근심하실 수준에 이르렀는데도, 제가 금주를 도와달라고 기도드리지 않고 빠져나갈 구멍만 찾기에 급급해하니까, 성령께서 친히 간구하신 것이었구나 하고 생각하니 부끄럽고도 감사한 마음에 고개가 저절로 숙여졌습니다.

당초 염려했던 사회생활에서의 애로는 거의 없었고, 예전처럼 술을 마시고 싶다는 간절한 생각이 사라진 지 벌써 6년이나 지났습니다.

"은혜 아니면 나 서지 못하네"라는 찬양 가사처럼, 제 의지만으로는 도저히 바꿀 수 없었던 음주 습관마저도 놀라우리만큼 구체적이고 집요하시기까지 했던 성령의 도우심을 받아 말끔히 치유할 수 있었습니다.

저는 이 일을 계기로 성령께서는 저에게 연약함과 우유부단함을 뛰어넘도록 놀라운 능력을 주시는 분이심을 더욱 실감하게 되었습니다.

| 성령을 근심케 하지 말라 |

저는 성령의 도우심을 늘 경험하면서 감동과 감사의 마음을 갖고는 있지만, 살아가면서 제 앞에 새로운 상황이 펼쳐질 때는 아직까지도 자신의 유익에 연연하는 원래의 모습을 쉽게 버리지 못하고 있습니다.

그래서 저는 여전히 하나님께 늘 부끄러운 죄인에 불과합니다.

세례 요한은 허리 굽혀 예수님의 신들메를 풀기도 감당하지 못하는 존재(마 3:11, 막 1:7, 눅 3:16)라고 했지만, 늘 맘속에 욕심이 꿈틀거리는 저는 신을 들려고 예수님께 가까이 다가서기는커녕, 제가 서 있는 자리에서조차 고개를 들기도 두렵고 죄송스러운 죄인일 따름입니다.

제가 진정으로 의롭고 선한 삶을 살려면 어떻게 하면 될까 고민도 많이 해 보았는데, 결국 그 답은 정말 실행하기가 어렵지만 성경말씀대로 예수 그리스도와 제가 하나가 되어 살아가는 것이라 하겠습니다.

저는 제 자신의 죄에 대한 자복과 회개 그리고 '내려놓음'을 통한 믿음으로 제가 예수님을 인격적으로 만나고, 그분의 십자가의 사랑에 의지하고 반응하는 '헌신'과 제 자신의 한계를 절감하면서, 이끄시는 대로 멍에를 같이 메는 '열심'으로 그분께 다가가야, 묵상 뒤에 얻은 답인 예수님의 영과 저의 영이 하나 됨을 이룰 수 있을 것이라고 생각합니다.

예수님과 하나 되어 살아간다는 것은 예수님의 영인 성령(롬 8:9)이 제 안으로 오셔서 저의 영을 지배함으로써, 제가 예수님 영 안의 지정의(知情意)에 의해서 생각하고 말하고 행동하는 의롭고 선한 삶을 살게 되는 것(갈 2:20)을 의미하는 것이 아니겠습니까?

그렇다고 하면, 예수님의 영이 제 영을 지배하는 동안 제가 제 영의 지정의로 할 수 있는 일은 오로지 하나님께서 제게 주시는 은혜에 기뻐하고 감사드리며, 동일한 은혜를 제 이웃에게도 베풀어 주실 것을 기도드리는 것과 하나님께서 그 은혜를 베푸시기 위해 역사하실 때 저를 도구 삼아 주시고 제가 그 일을 감당할 수 있도록 성령께서 도와주실 것을 간구드리는 것이라고 이야기할 수 있겠습니다.

그러니까 이웃에게 선행을 베풀 때 제 입이, 제 얼굴 표정이, 제 손과 발이 무엇인가를 하고 있다고 하더라도, 그것은 이제 제가 하는 것이 아니라 제 안에 계시는 예수 그리스도께서 하시는 것(갈 2:20)이고, 저는 오직 그분의 신실한 도구가 될 따름이라고 생각한다는 것입니다.

저는 이런 경험들이 쌓여 가면서 하나둘씩 맺히는 성령의 열매들은 결코 저의 신앙의 훈장들이 아니라, 예수님의 영이 제 영과 함께하면서 저를 이끌어 가시는 증거라는 사실을 깨닫게 되었습니다.

(갈 5:22) 오직 성령의 열매는 사랑과 희락과 화평과 오래 참음과 자비와 양선과 충성과 23) 온유와 절제니 이 같은 것을 금지할 법이 없느니라

이처럼 성령의 열매들은 제가 제 힘으로 가꾸어서 맺을 수 있는 것이 아니라, 제 안에 계시는 예수님께서 맺어 가시는 열매들입니다.

믿음으로 살아가면서 제가 할 수 있고, 해야 할 일은 사도 바울이

"나는 날마다 죽노라"(고전 15:31)고 한 신앙고백처럼 날마다 제 자신을 부인하면서, 늘 사그라질 줄 모르는 저의 탐심과 충동질하는 저의 죄성을 못 박아 놓은 제 자신의 십자가를 지고, 성령의 도우심으로 예수 그리스도를 바라보면서 살아가는 것(마 16:24)입니다.

그러나 제가 육신을 입고 있는 한, 이것은 말같이 쉽지가 않습니다.

저도 언제든지 성령을 훼방하고 성령께서 근심하시게 하거나, 심지어 성령소멸의 결과를 초래하는(살전 5:19) 잘못을 저지를 수 있습니다.

믿는 자들 가운데서도 성령을 훼방하는 일들이 심심찮게 일어나는 원인은 바로 호시탐탐 그들을 무너뜨리기 위해 노리는 마귀의 강한 위력과 집요하고 교묘한 유혹 때문이거나, 또는 스스로의 내면에 잠재되어 있는 원초적 죄성과 영적 둔감함 때문이라고 생각합니다.

어느 누구라도 영적 민감함과 영적 담대함을 잃어버리고 타락의 길로 다시 들어서면서, 스스로 성령을 모독하고 어깃장을 놓으며 옛사람으로 되돌아가고자 하면, 마침내 성령께서는 떠나 버리시고 말 것입니다.

이처럼 성령이 소멸되어 버리면, 그 누구든 구원의 경험만 있을 뿐이지, 구원받지 못할 처지로 다시 되돌아가 버리고 마는 것입니다.

창세전 선택된 자는 하나님의 은혜로 반드시 천국에 가게 된다고 주장하는 일부 사람들의 구원관은 그들에게 부어지는 하나님의 차고 넘치는 은혜에 대한 감사를 담은 신앙고백적인 해석일 수는 있습니다.

그러나 저는 그리스도인이라면 늘 고린도전서 10장 12절 말씀을 가슴에 품고, 실족하지 않는 삶을 살아야 할 것이라고 생각합니다.

"그런즉 선줄로 생각하는 자는 넘어질까 조심하라."

제가 인격적으로 알고 영적으로 믿고 있는 하나님께서는 제 자력으로 율법을 완성하기를 바라시지는 않지만, 제가 하나님의 자녀다움을 잃어버리지는 말 것을 간절히 바라신다는 것을 저는 알고 있습니다.

그러나 한편 저는 제가 너무나 연약한 자임을 스스로 알고 있기 때문에, 혹여나 잘못을 저지를지 모른다고 늘 걱정도 하고 있습니다.

늘 실수하는 사람인 제가 어쩌다 성령이 소멸되더라도 다시 회심하여 믿음으로 하나님 앞에 나아가면 하나님께서는 용서하실까요?

다행스럽게도 성경은 제가 하나님께 잘못을 자백하고 진심으로 회개하는 용기와 실천만 있으면 용서받고 죄에서 자유로울 수 있으며, 하나님과의 의의 관계도 깨뜨려지지는 않는다고 가르쳐 주고 있습니다.

(요일 1:8) 만일 우리가 죄가 없다고 말하면 스스로 속이고 또 진리가 우리 속에 있지 아니할 것이요 9) 만일 우리가 우리 죄를 자백하면 그는 미쁘시고 의로우사 우리 죄를 사하시며 우리를 모든 불의에서 깨끗하게 하실 것이요

하나님을 거역하고 멸시하는 사울왕을 버리시듯이(삼상 15:23), 하나님께서는 성령 소멸한 자들을 응징하시지만, 음욕을 못 이겨 밧세바를 간음하고, 그녀의 남편 우리야를 죽음으로 몰아넣은 다윗은 세상의 중한 죄는 물론이고, 하나님께도 성령훼방에 해당하는 죄를 지었지만(삼하 11:1-27), 선지자 나단의 책망을 받고 뉘우치며 하나님께 자복하고 회개함으로써 죄 사함(삼하 12:7-13)을 받게 되지 않았습니까?

늘 함께하시는 하나님께서는 날마다 죄를 짓고 살아가는 저를 제 자신보다 더 잘 알고 계십니다. 하나님께서는 제가 어떻게 죄 짓는지를 긍휼의 눈으로 지켜보시면서, 속히 돌아오기를 늘 기다리고 계십니다.

| 하나님을 기쁘시게 해 드릴 수 있는 영성 |

저는 가끔 제 신앙이 냉탕 온탕을 왔다 갔다 하면, "나는 도대체 어디쯤 가고 있는 것일까?" 하고 믿음의 깊이에 대해 되돌아보곤 합니다.

어떤 때는 연약한 제 자신에 대한 실망이 너무 커서, 살아생전에 흔들리지 않는 믿음의 생활이 가능하기는 할까 하고 고개를 갸우뚱하기도 합니다.

그러나 저는 제 믿음이 아직까지는 겨우 움이 돋는 새풀 같을지라도, 성령께서 물 주시고 가꾸시는 은혜에 힘입어 언젠가는 잎이 무성한 아름드리 나무처럼 자라서, 이웃에게 큰 그늘을 제공할 수 있기를 소망하고 있고, 또 그 소망이 이루어지기를 간절히 기도드리고 있습니다.

그때가 되면 저도 제 약한 믿음을 보시고 늘 근심하고 계시는 아버지 하나님의 심정을 헤아릴 수도 있을 것이고, 저로 인해 늘 마음 아파하시는 아버지 하나님의 눈물도 닦아 드릴 수 있을 뿐만 아니라, 아버지 하나님께서 저로 말미암아 기뻐하시는 모습도 뵐 수 있을 것입니다.

(습 3:17) 너의 하나님 여호와가 너의 가운데에 계시니 그는 구원을 베푸실 전능자이시라 그가 너로 말미암아 기쁨을 이기지 못하시며 너를 잠잠히 사랑하시며 너로 말미암아 즐거이 부르며 기뻐하시리라 하리라

그런데 사람들은 왜 하나님을 믿을까요? 인생의 무거운 짐을 맡기기 위해서일까요? 우리에게 주신 풍성한 은혜가 감사하기 때문일까요?

아니면 소위 바라봄의 법칙에 따라 하나님을 믿으면 부귀영화와 같은 세상적 성공을 이루어 주실 것으로 기대하기 때문일까요?

저는 간혹 자신의 세속적 꿈을 하나님께서 이루어 주실 것이라고 믿고, 긍정적이고 적극적으로 노력한 결과 바라던 세상적 성공을 이루었다는 식으로 간증하는 사람들과 그 이야기에 박수치는 사람들을 보면, 그게 바른 믿음의 길일까 하는 의문에 빠질 때가 있습니다.

저는 그런 간증을 하며 스스로 감격해 하는 사람들을 보면, 그들은 자기를 부인하면서 하나님을 믿고 사랑하는 것이 아니라, 자신의 유익에 집착하고 자신의 의지와 능력을 믿고 자신의 욕망을 채워 주는, 자신의 우상에 아부하는 사람이 아닌가 하는 생각을 하게 됩니다.

"너희가 하나님과 재물을 겸하여 섬기지 못하느니라."

예수님의 이 말씀(마 6:24)은 오늘날 만연된 세속적 출세나 부귀영화를 꾀하는 번영신학적 행태를 경계하는 가르침이라고 생각합니다.

성경에서도 "구하라, 그러면 얻을 것이라"고 하지 않느냐고 항변할지 모르겠지만, 예수님께서는 믿음이 적은 우리들에게 "무엇을 먹을까? 무엇을 마실까? 무엇을 입을까?" 하지 말라고 하시면서, 하나님 아버지께서 그 모든 것이 우리에게 있어야 할 줄을 아신다고 하셨습니다.

그리고 이어서 하신 마태복음 6장 33절 말씀은 제가 믿음을 갖고 살아가는 동안 절대로 잊지 말아야 할 말씀이라고 생각합니다.

"너희는 먼저 하나님의 나라와 그의 의를 구하라 그리하면 이 모든 것을 너희에게 더하시리라."

저의 의와 유익을 따지기에 앞서, 말로 다 표현은 못하지만 너무 하나님이 좋아서 그저 바라보기만 해도 행복한 그런 제가 되고 싶습니다.

부디 성령께서 도우셔서, 하나님께서도 저를 보시기만 하면 기뻐하실 수 있도록 저의 영성을 다듬어 주실 것을 간절히 소망해 봅니다.

chapter

02

믿음, 소망
그리고 사랑

06 장

네가 나를 믿느냐?

| 믿음으로 믿음에 이르게 하나니 |

말씀드린 대로 신앙생활 초기에는 저도 믿음을 잘못 이해해서 복음에 대한 지식적 이해를 제 자신의 믿음으로 착각했던 때가 있었습니다. 그러나 예수님의 하나님 아들 되심에 대한 믿음이 수년 동안의 성경 공부나 묵상기도만으로는 도무지 이루어지지 않다가, 하나님의 놀라운 은혜로 메테오라 수도원에서 성령의 도우심을 받고 나서야 해결되면서, '믿음'이란 시험공부 하듯이 제 능력이나 노력 여부에 의해서 얻어지는 그런 간단한 문제가 결코 아니라는 생각을 하게 되었습니다.

제가 성령의 도우심을 구하지 않고 그저 이론적으로 성경을 접하게 되면서 피상적인 신학 지식만 쌓아 가고 있을 때에는 사람들과 지적인 논쟁만 일삼거나, 제 자신의 성경에 대한 지식이 믿음의 강도를 결정하는 것으로 오인해서 교만과 위선에 사로잡힌 채 사랑과 지혜가 없는 지식의 칼로 다른 사람의 신심을 재단한 적도 간혹 있었습니다.

그렇다고 해서 제가 성경에 대한 바른 인식마저도 없이, 그저 방언을 구원받은 증거로 생각하고 방언을 가르치는 학원에 다니면서 방언하기에 집착했거나, 말기 암 환자가 부흥회에서 나음을 받았다는 간증을 맹신하고 병을 치유하는 신유은사만을 찾아다니게 되었더라면 그것 또한 낭패스러운 지경에 빠져 버리는 결과만 초래하지 않았겠습니까?

무지하고 맹목적인 신앙심만 가지고 거기에 몰두하다가 기복적 우상숭배나 이단에 빠져 허우적거리고 있는 신세가 되었을지도 모릅니다.

저는 믿음에 대해서 생각할 때마다 로마서 1장 17절에 기록된 "믿음으로 믿음에 이르게 하나니"라는 말씀이 너무나 가슴에 와 닿습니다.

저는 사도 바울의 이 로마서 말씀은 성경을 통해 예수 그리스도의 십자가 복음의 진리를 알게 되고 믿어지는 은혜 속에서, 그 객관적 믿음을 바탕으로 하나님과 영적, 인격적으로 사랑을 나누게 되는 주관적 믿음의 관계가 이루어지는 것을 의미하고 있다고 생각합니다.

예전에 제가 대학 다닐 때, 어느 날 어떤 남자가 저에게 전화를 해서 다짜고짜 종로 2가에 있는 YMCA 다방으로 나오라고 했습니다.

나오지 않으면 학교로 찾아가서 가만두지 않겠다고 으름장을 놓기에, 그 다방이 외진 골목 구석에 있는 것도 아니고 번화가 대로변에 있으므로 달리 걱정할 건 없을 것 같아서 무슨 일인가 하고 나가 보았습니다.

카운터에서 종업원이 저의 호명을 하며 찾아온 사람을 부르니까 한 여학생과 청년 몇 명이 우르르 다가왔는데, 그 여학생이 저를 보더니만 당황하면서 같이 온 남자들에게 "오빠, 이 사람이 아니야"라면서 울먹였습니다.

자초지종을 들어 보니까, 제가 그 일이 있기 몇 달 전에 시내버스를 타고 가다가 지갑을 잃어버린 적이 있었는데, 그때 그것을 훔쳐간 소매치기가 제 지갑 속에 있던 학생증 사진을 자기 사진으로 바꿔 붙이고, 제 행세를 하면서 그 여학생을 만나서 어떻게 한 것 같았습니다.

정말 사정은 딱했지만 그렇다고 제가 그 여학생을 저의 연인으로 받아들일 수는 없는 일이 아니겠습니까?

하나님을 믿는 것도 하나님을 바르게 알고 믿어야지, 그러지 못해서 심판의 날에 예수님께서 "나는 너를 도무지 모른다"(마 7:21-23)고 하시면, 마치 위의 사례처럼 얼마나 황당한 상황에 처하게 되겠습니까?

제가 처음부터 잘못된 믿음을 하나님에 대한 객관적 믿음으로 삼게 되면, 그 믿음을 바탕으로 하나님과 영적, 인격적 관계 속에서 맺어지는 저의 주관적 믿음이 죄다 헛된 것이 되어서, 결국 제가 이단에 빠지거나 제 믿음이 기복적 우상숭배로 흘러가 버리지 않겠습니까?

다방에서 만난 그녀는 제 지갑을 훔쳐 서울법대생 행세를 한 소매치기에게 속아서, 그가 공부 잘하는 착실한 사람이겠다는 객관적 믿음을 갖게 되었고, 그 잘못된 믿음이 바탕이 되어서 그런 사기꾼을 그녀만을 사랑하는 성실한 사람으로 오해하고 깊은 관계에 빠져 버리는, 바로 그 남자에 대한 주관적 믿음의 단계에까지 이르렀는데, 이것이 자신의 인생의 장밋빛 꿈을 여지없이 짓밟아 버리는 결과를 초래했듯이 말입니다.

그리고 하나님에 대한 객관적 믿음이 처음부터 너무 감상적으로 흐르게 되면 주관적 믿음도 얼핏 보기에는 뜨거운 것 같지만, 그런 믿음은 양은 냄비처럼 빨리 끓었다가 금방 식어 버리고 오래가지 못하는 사례들을 주위에서 가끔 보면서, 저는 제대로 바르게 믿으려면 어떻게 해야 할까를 고민한 적이 많았습니다.

저는 흔들리지 않는 바른 믿음의 대상을 찾는 것이 선결되어야 한다고 생각을 하게 되었는데, 그것을 위해서는 하나님을 제대로 알고자 하는 열정과 노력이 남달라야 한다고 스스로를 채찍질하기도 했습니다.

객관적인 믿음의 답은 다른 데 있는 것이 아니라 성경 속에 있다고 생각하면서, 성경 공부를 나름대로 열심히 했는데, 특히 수천 년 동안 신앙의 선배들이 한 고민과 깨달음에 대해서도 깊은 관심을 가져야겠다는 생각에 혼자서 신학 공부에 열중하기도 했습니다.

제아무리 똑똑하다고 해도 자기 혼자 A부터 Z까지를 다 해 내는 사람은 없으므로, 혼자 힘으로 해 보겠다고 무턱대고 덤비다가는 미혹하는 영에 사로잡혀 마귀를 하나님으로, 이단의 가르침을 하나님 말씀으로 잘못 알고 믿는 일이 생길지도 모른다는 생각에 신앙의 선배들이 쓴 서적들을 시간 나는 대로 열심히 읽고 깨우치는 데 힘써 왔습니다.

그러나 이렇게 교회를 다니고 성경 공부를 하면서 수년간을 보냈는데도 예수님의 신성을 객관적으로도 믿지 못하는 딜레마에 빠지면서, 저는 성경에 대한 지식만으로는 객관적 믿음을 얻지 못함은 물론이고 "내가 예수님 안에, 예수님께서 내 안에"라는 주관적 믿음의 관계는 아예 꿈도 꾸지 못한다는 사실을 분명히 인식하게 되었던 것이었습니다.

이런 경험을 통해, 저는 신앙생활에서 믿음의 큰 물꼬를 트는 데는 하나님의 은혜가 있어야 가능하며, 그런 은혜로운 도우심을 바탕으로 제가 성경을 바르게 읽고 참된 믿음을 쌓아 가면서 선한 삶을 살아가기 위해서는 반드시 전제가 되어야 할 것이 있다고 생각하게 되었습니다.

우리는 흔히 "믿습니까?" 하면 믿는다고 응답하는데, 무엇을 믿는다는 것이겠습니까? 예수님의 십자가 복음의 객관적 진리를 믿고 하나님께서 저와 함께하심을 영적, 인격적으로 믿는다는 것이 아니겠습니까?

그러나 제가 말로는 쉽게 믿는다고 하지만, 많은 경우에 복음의 진리를 그저 지식으로 안다는 수준이지, 진정 마음으로 믿고 순종하는 단계에 이르는 것은 결코 쉽지 않았는데, 왜 그랬을까요?

그것은 하나님의 은혜가 없었기 때문이라고 말할 수도 있지만, 더 냉정하고 정확하게 말하자면 제 마음속에 철저한 자기부정과 하나님께 절대적으로 의존하는 참된 겸손이 없었기 때문입니다.

제가 신앙적 겸손이 없이 지식 위주로 학문을 공부하듯이 신앙에 접근했을 때, 참 믿음이 아닌 그 성경 지식만으로는 제 자신의 삶을 하나님께 맡기고 뜻하심에 따라 살아가는 '내려놓음'의 단계로 저를 인도하지 못하였고, 오히려 저는 제 믿음 없음을 감추기 위해서거나 자기 의를 드러내고 강조하는 수단으로 이 지식을 활용하려고만 애썼습니다.

예수님의 하나님 되심을 믿지 못하면서도 적그리스도는 되기 싫어서 제 자신의 성경 지식으로 저를 변호하면서, 하나님께 때로는 왜 이렇게 힘들게 하시냐고 따지듯이 기도만 했지, 제가 주인 삼고 있던 사고방식을 내려놓는 자기부정을 스스로 하지도 못했고, 그렇게 내려놓을 수 있도록 도와달라고 진정으로 성령의 도우심을 간구하지도 않았습니다.

그런 답답한 상황이 이어져 가는 과정에, 늘 넘어지고 연약하기만 한 약한 영성을 가지고 허우적거리고 있는 저를 불쌍히 여기신 하나님께서 저를 메테오라 수도원으로 데리고 가셔서 성령에 의해 제가 지난날 주인 삼고 있던 세계관과 가치관을 일시에 무장해제시킴으로써, 은혜에 의한 '피동적 내려놓음'의 순간에 하나님 나라와 예수 그리스도의 복음의 진리에 대한 깨달음과 믿음을 가질 수 있게 되었던 것입니다.

이 과정을 거치면서 저는 이렇게 얻어진 예수님의 신성에 대한 이 객관적 믿음이 저의 주관적 믿음으로 이어지고, 이것이 복음의 진리에 대한 객관적 믿음은 물론이고 저를 구원하시려는 하나님에 대한 주관적 믿음으로까지 이어지기 위해서는 늘 성령의 이끄심에 따른 '자발적 내려놓음'이라는 저의 순종적 반응이 필요하다고 생각하게 되었습니다.

철저한 자기부정과 하나님에 대한 절대의존을 바탕으로 한 온전한 내려놓음이 이루어져야 지난날의 제 가치관과 세계관이 성경적 인생관으로 확연히 바뀌게 되고, 그런 과정을 통해 참된 믿음이 생기게 되며, 그런 믿음이 있어야 참된 선행의 삶을 이루게 되지 않겠습니까?

이제 저는 "나는 매일 죽노라"(고전 15:31)라는 사도 바울의 고백을 제 신앙고백으로 삼아, 예수님께서 제자들에게 하신 마태복음 16장 24절 말씀을 저에게 하신 말씀으로 생각하고, 말씀대로 예수님을 따라가는 것이 바로 참된 믿음의 길로 가는 것이라고 믿어 의심치 않습니다.

'나'라는 사람은 하나님의 은혜와 예수님의 십자가 사랑이 제게 임하지 않았으면 아무것도 아닌 존재라는 자아에 대한 바른 인식이 없으면, 제가 그동안 갖고 있던 가치관과 세계관이 바뀌지 않는 것은 물론이고, 지난 세월 동안 쌓아 온 한정된 지식을 바탕으로 한 제 이성에 따라 매사를 재단하는 인간적 한계에서 벗어나지 못하기 때문에 하나님의 말씀을 제대로 이해하지도 못하고 믿지도 못하게 되는 것입니다.

창세기에는 하나님께서 태양을 만드시기 전에 낮과 밤을 구분하셨고(창 1:5), 태양 없이도 풀과 씨 맺는 채소와 과일 나무를 자라게 하셨다고(창1: 11,12) 기록되어 있는데, 인간이 과학적으로 이론화한 광합성의 원리를 제가 진리로 믿고 있는 한 이 말씀이 이해되겠습니까?

하나님께서 창세기에 이 사실을 기록되게 하셨을 때에는 우리로 하여금 하나님의 전지전능하신 능력은 피조세계에서 통용되는 자연법칙을 넘어선다는 사실을 깨닫도록 해 주시려고 그렇게 하셨는데, 제 자신을 온전히 내려놓지 못하면 저는 결국 믿음 없는 자가 될 뿐입니다.

요한복음에 기록된 대로 예수님께서 가나의 혼인잔치에서 물로 포도주를 만드신 일(요 2:7-10)을 우리 인간이 과학적 법칙의 하나로 정립해 놓은 화학반응의 법칙에 대입해 보면 물과 포도주 두 물질의 분자 구조가 엄연히 다른데 어떻게 설명이 가능한 일이겠습니까?

보리떡 다섯 개와 물고기 두 마리로 오천 명을 배불리 먹이고도 남은 떡이 열두 바구니에 찼었다고 하는 예수님의 오병이어의 기적(요 6:9-13)은 질량불변의 법칙에 의하면 가당하기나 한 이야기입니까?

하나님의 아들이신 예수님께서 하신 이런 일들은 우리 인간이 축적해 놓은 지식체계로는 설명이 가능하지 않습니다.

그런데 제가 이런 것들을 인간이 갖고 있는 지식으로 설명할 수 없으니까, 성경에 있는 말씀이라 할지라도 그것은 모두 다 거짓말이라고 이야기한다면, 그건 무식하고 교만한 억지 주장에 불과하지 않겠습니까?

만약 복음서의 기적들이 다 허위의 사실이라면, 예수님의 제자들도 다 헛것을 보고 믿고 따라다녔거나, 희대의 사기극을 예수님과 같이 공모해서 연출한 것이란 말밖에 더 되겠습니까?

만약 그렇다면 그 황당한 사기극을 통해 그들이 얻은 것이 과연 무엇일까요? 그들이 돈을 얻었습니까? 벼슬을 얻었습니까? 그들은 이 세상에서는 아무 대가도 없었는데도 목숨까지 버렸습니다.

이처럼 성경에 기록된 말씀들이 거짓이 아닌데도, 만약 제가 못 믿는다면 그 이유는 온전한 내려놓음이 되지 않기 때문이라고 생각합니다.

그렇게 내려놓지 못하는 것은 제가 자기부정을 못하기 때문입니다. 자기부정을 못하는 이유는 자기 말고는 믿을 것이 없기 때문입니다.

그러니까 철저한 자기부정과 함께 하나님께 절대 의존함이 없으면, 참된 믿음을 얻는다는 것은 불가능하다는 사실을 절감하게 됩니다.

어린아이와 같지 않으면 천국에 들어가지 못한다는 예수님 말씀은 어린아이처럼 순진무구해야 된다는 뜻은 아니라고 생각합니다.

왜냐하면 어린아이는 미숙할 뿐이지, 순수하지는 않으니까 말입니다. 오히려 어린아이는 인격적으로 아직 미성숙 단계에 있기 때문에 이기심, 시기심, 욕심 따위를 남 눈치 보지 않고 너무나 원색적으로 적나라하게 표현하는데, 이걸 순수하다고 할 수는 없지 않겠습니까?

어린아이가 제 힘으로 안 되니까 부모에게 모든 것을 의지하고 살 듯이, 결국 이 말씀은 하나님께 무조건 의지하라는 뜻으로 여겨집니다.

그러니까 우리가 하나님을 믿는다면 그분께 전적으로 의존하고 살면 되는데, 말로는 믿는다면서도, 실제로는 하나님께 다 맡기지 않기 때문에 근심과 걱정이 떠나지 않는 염려의 삶을 살 수밖에 없는 것 같습니다.

믿음과 내려놓음의 상관관계에 대한 저의 이런 생각을 확정시켜 주시기 위해, 어느 날 신실하신 하나님께서는 고통과 시련 속에서도 하나님의 뜻을 찾고, 자신의 모든 것을 내려놓고 참된 믿음으로 살아가는 어느 여인의 간증을 듣는 소중한 기회를 허락하셨습니다.

| 어느 여인의 믿음 이야기 |

몇 년 전 새벽에 홀로 기도를 마친 후, 그날따라 왠지 기독교 관련 방송을 시청하고 싶어져서 켰던 TV 채널에서 저는 담대한 믿음의 삶을 살아가는 한 여인의 너무나 감동적인 간증을 시청하게 되었습니다.

간증의 주인공은 20여 년 전 독일에 성악 공부를 하러 가, 그곳에서 첼로를 전공하는 분과 만나 결혼을 한 세 아이의 어머니였습니다.

그녀는 독실한 신자였는데, 둘째 아이를 가지면서부터 환난이 시작되었답니다. 그 아이는 선천적으로 근육의 결합조직이 너무 유연해서, 특히 심장이 언제 터질지도 모르는 희귀병을 갖고 태어났던 것입니다.

이들 부부는 충격과 슬픔에 빠졌지만, 신앙의 힘으로 시련을 잘 이겨내면서 세 번째 아이를 갖게 되었습니다. 이번에는 사전에 병원에 가서 진단을 철저히 받아 가면서 나름대로 대비를 꼼꼼히 했었답니다.

그런데 철석같이 믿었던 선진 독일의 의료기관에서 아무 문제가 없다고 했던 진단 결과를 무색하게 만든 일이 또 벌어지고 말았습니다. 셋째 아이도 둘째 아이와 마찬가지로 똑같은 희귀병에 걸린 채로 태어났던 것입니다. 너무나 큰 시련의 아픔으로 인해 그녀는 처음에는 "하나님께서 내게 이러시면 안 되는데……" 하는 섭섭함마저 있었답니다.

그러나 그녀는 예수님께서 죽은 나사로를 살리시는 요한복음 11장 말씀에 관한 설교를 듣고서, 고난이 축복임을 새삼 깨닫게 되었답니다.

그녀는 살아 있는 동안 이렇게 고난을 주심은 모두 하나님의 영광을 드러내기 위함일 것이라고 생각하게 되었던 것입니다.

평소 그녀는 자신이 살고 있는 독일이 물질적으로는 부유한 나라이지만 사람들이 영적으로 황폐해져 가고 있어서 늘 걱정스러웠답니다.

그녀는 하나님께서 자신의 그런 염려를 살피시고, 그 이웃들을 살리시기 위해 역사하심에 있어서 자기를 도구 삼기로 하셨다고 생각하게 되었고, 하나님의 일을 감당하기 위해서는 내려놓음과 낮아짐이 필요하기 때문에 하나님께서 자신에게 이런 고난을 주셨구나 하면서 자기 앞에 닥친 숱한 시련을 하나님의 뜻으로 받아들이게 되었답니다.

"신실하신 하나님께서 셋째 아이까지 이렇게 주시는 것은 분명히 약한 우리를 강하게 사용하시려는 그분의 계획이 있으실 거야."

그녀는 이런 생각으로 첼로 연주자인 남편을 믿음의 동역자로 삼아, 부부가 같이 독일에 사는 사람들의 회심을 위하여 하나님의 영광을 찬양하는 일을 시작하게 되었고, 흔들리지 않는 믿음을 바탕으로 하나님께 의지하면서 아이들도 십 년 동안 잘 키워 왔다고 했습니다.

그런데 이번에는 야속하게도 그녀에게 엄청난 병마가 닥쳐왔습니다. 배가 너무 아파서 병원을 찾은 그녀는 대장암 말기라는 진단을 받았답니다. 그녀는 그 뜻밖의 환난 앞에서 어쩔 수 없는 좌절과 죽음에 대한 두려움으로 번민과 고통의 나날을 보내지 않을 수 없었을 것입니다. 그러나 너무나 놀랍게도 그녀는 얼마 가지 않아서, 이런 모든 환난을 믿음 앞에서 새롭게 해석하게 되었답니다.

"내가 비록 죽을병에 걸렸지만, 나는 죽어도 살 것으로 이미 창세전에 계획되었고, 십자가로 이미 죄 사함 받은 후 예수님의 부활로 이미 구원받았고, 이미 나음을 받았어."

이런 믿음이 바로 복음의 능력이고, 이 복음의 능력으로 그녀는 그 힘든 고난을 감당할 수 있는 힘을 얻게 되었던 것입니다.

이처럼 복음을 확신하게 된 그녀에게는 자신과 아이들에게 닥친 병마와 같은 어떤 어려운 상황에도 휘둘리지 않는 평강이 찾아왔습니다.

그녀는 도리어 자신의 약함을 통해서 하나님께서 일하신다는 것을 보여줄 수 있는 것이 너무나 큰 축복이라고 생각하게 되었답니다.

"강하고 담대하라! 두려워하지 말며 놀라지 말라! 네가 어디로 가든지 네 하나님 여호와가 너와 함께하느니라."

그녀는 여호수아 1장 9절 말씀을 붙잡고 영적 담대함을 얻게 되었고, 자신에게 주어진 고난이 약한 자기를 강한 자녀로 만드시려는 하나님의 뜻하심에서 비롯된 것이라는 생각을 하게 되었던 것입니다.

그녀는 날마다 자신에게 또 하루를 허락하신 하나님과 만났습니다. 병원에 가서 자신의 병에 대해서는 물론이고 아이들에 대해서도 비관적인 말을 들을 때마다, 다시 하루가 열리는 새벽에 그녀는 하나님과 만나서 자신과 아이들의 병에 대한 이야기를 나누곤 했습니다.

그때마다 하나님께서는 늘 그녀에게 아버지로서 위로하시는 말씀을 들려주시며 지혜와 용기로 하루를 시작하도록 은혜로운 손길로 그녀를 인도하셨습니다.

"사랑하는 내 딸아! 네 짐을 내게 믿고 맡겨라, 내가 다 이루리라!"

믿음으로 영적 담대함을 갖게 된 그녀 앞에는 거칠 것이 없었습니다. 그래서 엄청난 시련 앞에서도 꺾이지 않고 오히려 더 열심히 사역하다가, 암 치료를 위해 귀국해서 남편과 함께 교회에서 찬양 사역을 하고 있었는데, 이날 마침 간증을 하는 것을 제가 듣게 되었던 것입니다.

저는 병마에 시달려 가냘픈 몸매로 인공변기까지 차고 나와서 울고 웃으며 간증하고 찬양하는 중에, 고난이라는 말보다 은혜라는 말을 훨씬 더 많이 하는 그녀를 보면서 너무나 진한 감동을 받았습니다.

신실하고 선하게 보이는 남편의 첼로 연주에 따라, 그녀는 자신의 신앙고백과도 같은 '하나님의 은혜'라는 찬양을 부르기 시작했습니다.

험난한 현실과 강한 믿음 사이에서 교차되는 감정과 감격이 북받쳐 노래를 잇지 못하고 잠시 울먹이던 그녀는 마음을 추스르고, 말기 암 환자의 야윈 체구에서 나오는 소리라고는 도저히 믿기지 않는 우렁찬 목소리로 그 은혜로운 찬양을 끝까지 이어 갔습니다.

그녀가 혼신을 다해 부르는 찬양의 뒤를 따라 마무리되는 첼로의 음률에 이어서, 교회를 가득 메운 신도들의 박수가 쏟아졌습니다.

육체적으로는 너무나 힘든 상태임에도 불구하고, 원망과 한탄을 넘어 하나님에 대한 감사와 사랑의 충만함이 그대로 전달되는 그녀의 찬양을 들으면서, 제 마음은 온통 감동 그 자체로 가득 채워졌습니다.

자신에게 닥친 엄청난 환난 중에도 흔들리지 않고 하나님께서 기뻐하실 선한 일을 펼쳐 나가는 그녀를 보면서, 저는 "나의 나 된 것은 다 하나님 은혜라"는 철저한 자기부정과 하나님에 대한 절대의존이 바탕이 된 참된 믿음의 힘을 뜨거운 가슴으로 실감할 수 있었습니다.

연약한 여인의 몸으로 감당하기에는 너무나 벅찬 인간적 고통 앞에서도 복음에 대한 믿음과 영적 담대함으로 주님의 살아 계심을 간증하고 하나님의 은혜를 찬양하는 그녀를 바라보면서, 저는 감격스러운 그 장면에서 자신을 온전히 내려놓고 믿음으로 살아가는 그녀를 기뻐하시며 위로하고 계시는 신실하신 하나님을 강하게 느낄 수 있었습니다.

예배 마지막에 "고통이 하나님의 본심이 아니라 변장하고 찾아오는 축복임을 알게 하소서!" 하시는 담임목사님의 축도를 들으면서, 저도 두 손을 모으고 신실하신 하나님께 간절한 기도를 드렸습니다.

"하나님 아버지! 아버지께 모든 것을 맡기고, 약할 때 강함 되는 삶을 살아가면서, 복음이 능력임을 증명하고 있는 저 여인을 부디 지켜 주시고 도와주시옵소서! 고난과 시련의 아픔을 애써 참고 살아가는 저 여인의 남편과 아이들을 불쌍히 여기시고, 그들이 이 땅에서 하늘의 평강을 누리도록 은혜 베풀어 주시옵소서! 그리고 육체는 멀쩡할지 몰라도 영은 상한 갈대에 불과한 저희들 모두도 부디 불쌍히 여겨 주시옵소서!"

나를 살리는 선한 삶은 무엇인가?

제 주변을 보면, 기독교인들뿐만 아니라 믿지 않는 사람들도 마찬가지로, 오늘을 살아가는 우리들 대부분은 소위 선행(善行) 콤플렉스라는 심리적 강박관념에 시달리고 있는 것 같습니다.

그래서 자선행위든 봉사행위든 뭔가를 하고 나면 임무를 다한 것 같고, 그렇지 못하면 하나님을 믿는 사람들은 자기 자신의 믿음이 약하다고 자책하게 되고, 하나님을 믿지 않는 사람들은 자기 자신의 양심이 불량한 것이 아닌가 하고 내심 부끄러워하기도 합니다.

사실 저도 하나님을 만나고서도 오래도록 "하늘은 스스로 돕는 자를 돕는다"라는 인본주의적 격언을 마음속으로 무시하기가 어려웠습니다. 그래서 "믿음으로 선을 행하라"는 말씀을 수없이 반복하고 있는(시 37:3,27, 잠 3:27, 롬 12:21, 15:2, 갈 6:9, 엡 2:10, 딤전 2:10, 6:18, 딤후 3:17, 히 13:16, 약 4:17) 성경을 읽을 때마다 저도 뭔가 해야 하지 않겠는가 하는 생각이 마음을 짓누르고 있었습니다. 그러면서 자연스럽게 성경에서 이야기하는 선행이란 도대체 구체적으로 어떤 것을 행하는 것을 말하는 것일까를 자문하게 되었습니다.

저도 하나님을 믿기 전까지는 선이란 법과 양심에 따라 인간의 도덕적이고 윤리적인 가치를 실현시키는 것이라는 국어사전적 해석을 했었는데, 성경을 보면 볼수록 단순히 그런 의미는 아닌 것 같다는 생각이 들었습니다.

성경에서 선하다든지 착하다는 표현이 들어간 성경 구절들(롬 8:28, 빌 1:6, 요 10:32, 딛 1:16눅 18:19)을 묵상해 보고 신앙서적들을 읽으면서, 성경에서의 선(善)은 하나님의 뜻에 따라 그 목적하신 대로 완성되어 존재하는 상태를 의미하는 것이고, 성경에서 이야기하는 선한 삶이란 피조물에 불과한 자기 자신의 자력구원 능력이나 가능성을 철저히 부정하고, 하나님의 창조와 구원 목적을 깨닫고 하나님의 뜻에 따라 살아가는 믿음과 순종의 삶을 말하는 것이라고 이해하게 되었습니다.

앞에서 본 여성 성악가의 삶처럼, 자신에게는 암이란 중병을 그리고 아이들에게는 희귀병을 주셨는데도, 하나님의 영광을 드러내는 찬양 사역이 하나님의 뜻하심임을 깨닫고, 흔들리지 않는 믿음으로 그 뜻에 순종하는 삶이 바로 성경적으로는 선한 삶이라고 할 수 있을 것입니다.

그녀의 육체는 점점 더 쇠약해져 갔지만, 약한 그녀의 강한 믿음으로 하나님의 영광이 더 확연히 드러나게 되었고, 성령께서 이끄시는 그녀의 사역은 하나님께서 더욱 기뻐하시는 선한 일이 되었던 것입니다.

그러니까 세상적으로 선행이라 할지라도 그것이 하나님의 뜻에 따른 행위가 아니라, 자기 의를 나타내는 행위일 경우에는 아무리 선한 행위라 해도 성경에서는 그것을 오히려 죄짓는 행위로 보는 것입니다.

세상을 살아가면서 제 잘못으로 사람들에게 하나님을 욕보이거나 제 자신이 남들에게 손가락질 받지 않도록 도덕 윤리적인 삶을 살겠다는 의지의 표현을 제 자신의 신앙고백으로 할 수는 있다고 생각합니다.

그러나 저는 성경을 공부해 오는 과정에 기독교 자체가 세상에서 도덕 윤리적으로 볼 때 합당한 사람으로 만드는 것을 목적으로 하는 신앙은 아니고, 세상의 도덕과 윤리가 구원의 근거가 되는 것도 결코 아니라는 사실을 분명히 알게 되었습니다.

그렇다고 해서 기독교가 세상적으로 악한 삶을 살아가는 것을 옹호

하는 것은 당연히 아닌 것이고, 결국 믿음으로 성경적 선한 삶을 살아 가라고 하는 것이 하나님의 말씀인 성경의 가르침인 것입니다. 그런데 성경은 선과 악을 분별하는 기준이 세상과 다릅니다.

세상적 선과 악은 법, 도덕, 윤리의 잣대에 의해 구분되지만, 성경에 기록된 이야기들을 보면 성경적 선과 악은 잃어버린 하나님의 형상을 회복해서 하나님을 찬양하고, 하나님의 영광을 드러내며, 하나님의 뜻 을 이루기를 소망하고, 그 뜻에 순종하는 하나님의 신실한 도구가 되 는 삶을 사느냐 그렇지 않느냐를 잣대로 구분하고 있습니다.

결국, 세상적으로는 역사에서 승자는 선이고 패자는 악으로 간주되는 부조리한 경우도 가끔 있지만, 대체로 사람들이 합의한 법이나 도덕 윤 리적 기준으로 선과 악을 구분하고, 선악의 경중을 따지게 됩니다.

그러나 성경적으로는 선악과 과일 하나 잘못 먹었다가 에덴동산에서 쫓겨나 버리고, 마음으로 음욕을 품었다고 간음죄로 심판받기도 하듯이 하나님 뜻에 순종하지 않는 것은 경중을 따지지 않고 모두 악으로 보지 만, 또 한편으로 다윗처럼 끔찍한 살인죄와 간음죄를 범한 자라도 자신 의 죄를 회개하고 돌아오면 선한 자의 표본으로 세우시기도 합니다.

그런데 하나님을 믿지 않는 사람들은, 기독교인들에게 확인되지도 않 는 하나님의 뜻을 내세우면서, 자신들의 선한 의지에 따른 행위를 도리 어 자기 의를 나타내는 악이라고 말하는 것을 인정하려 하지 않습니다. 그들은 자진해서 험한 곳이나 어려운 사람들을 찾아가서 가진 것을 서 로 나누며 따뜻하고 살맛 나는 세상으로 만들어 가고 있다고 자부하는 자신들에게 그런 기독교 교리가 먹혀들겠느냐고 오히려 반문합니다.

사람이 주체가 되는 모든 세상적 선행은 외견상, 더불어 사는 삶을 풍성하게 만드는 요체가 되는 실로 아름답고 품격이 넘치는 행위이며, 행하는 자나 도움을 받는 이웃에게 모두 유익한 행위라고 하겠습니다.

그러나 저는 선행의 내면에 하나님의 뜻과 사랑은 없고, 오로지 자기 의를 드러냄으로써 자기만족을 얻거나 자기과시나 체면치레로 하는 선행은 겉으로는 비록 감동적으로 보인다 하더라도, 반드시 박수칠 일만은 아니라는 것을 성경을 통해 알게 되었습니다.

동기가 순수하거나 하나님을 생각하면서 행하는 선행이라 하더라도, 성령의 이끄심 없이 자기가 주체가 되어 그 행위를 계속하게 될 때는 인간의 나약함으로 인해 초심을 잃고 변질되어 버리는 사례를 우리는 세상에서뿐만 아니라 교회 안에서도 종종 볼 수 있지 않습니까?

대부분 사람들의 경우에는 자신의 선행에 대한 세상의 박수가 더해지면, 인간으로서 타고난 교만한 죄성이 다시 되살아나고, 마귀의 유혹과 공격도 더욱 거세지기 때문에, 사랑이신 하나님(요일 4:8)이 없는 선행은 자칫 잘못하면 자기만족이 넘쳐서 독선으로 흘러 버리거나, 자기과시가 도를 넘어서 자선이 위선으로 변해 버리게 되기가 쉽습니다.

그래서 성경에는 "오른손이 하는 것을 왼손이 모르게 하라"는 말씀(마 6:1-4)이 있지만, 성령의 도우심이 없으면 인간은 자기 의, 자기과시 같은 하나님께 죄가 되는 심성을 좀처럼 내려놓을 수가 없기 때문에, 이 세상에는 밖으로 공공연하게 알려지지 않고, 남들에게 완전히 감추어진 귀한 선행이 드물 수밖에 없구나 하는 생각을 하게 됩니다. 그러나 이처럼 선악에 대한 성경적 해석을 제 나름대로 하게는 되었지만, 선행에 대한 저의 강박관념이 금방 없어지지는 않았습니다.

제 마음속에 자리 잡고 있는 인본주의적 가치관이 완전히 성경적으로 바뀌지 못했기 때문에, 무엇을 해야 할까 하는 고심은 여전했습니다. 그래서 저는 멍에를 메라거나, 좁은 문으로 들어가라는 성경말씀을 접하게 되면, 믿는다면 행함이 있어야 한다는 생각과 무엇을 해야 할까 하는 마음의 부담을 한참 동안 떨쳐 버릴 수가 없었습니다.

그러나 성경의 "좁은 문으로 들어가라"는 말씀과 관련되는 구절들을 묵상하면서 그게 그런 의미가 아니라는 것을 깨닫게 되었습니다.

(마 7:13) 좁은 문으로 들어가라 멸망으로 인도하는 문은 크고 그 길이 넓어 그리로 들어가는 자가 많고 14) 생명으로 인도하는 문은 좁고 길이 협착하여 찾는 자가 적음이라

(요 10:9) 내가 문이니 누구든지 나로 말미암아 들어가면 구원을 받고 또는 들어가며 나오며 꼴을 얻으리라

(눅 13:24) 좁은 문으로 들어가기를 힘쓰라 내가 너희에게 이르노니 들어가기를 구하여도 못하는 자가 많으리라

마태복음 7장 13절 말씀을 보고 좁은 문으로 들어가라는 것은 자진해서 그 행위를 하라는 것으로 생각을 했는데, 요한복음 10장 9절 말

씀을 보고 나니까 좁은 문이란 바로 예수 그리스도를 의미하고, 그 문
으로는 예수님으로 말미암아 들어간다는 사실을 알게 되었던 것입니
다. 결국 좁은 문으로 들어간다는 것은 예수님을 믿게 된다는 것인데.
그것이 바로 하나님의 일(요 6:28)이라고 성경은 말하고 있습니다.

저도 하나님을 만나고서도 예수님의 신성을 오랫동안 믿지 못했다시
피, 예수님을 믿는 것은 참으로 어렵고 좁은 길로 들어가는 것입니다.
또 "문에 들어가려고 해도 못하는 자가 많다"(눅 13:24)는 것은 예수
님을 믿는 것도 하나님 은혜 없이는 불가능하다는 것을 알려줍니다.
사도 바울도 에베소서(엡 2:8,9)에서 그 은혜를 강조했지 않습니까?
"너희는 은혜에 의하여 믿음으로 말미암아 구원을 받았으니 이것은
너희에게서 난 것이 아니요, 하나님의 선물이다. 행위에서 난 것이 아
니니까 누구든지 자력으로 구원받았다고 자랑하지 못하는 것이다."
저는 메테오라 수도원에서 예수님을 진실로 믿게 되는 경험을 하면
서 하나님의 은혜가 없으면 믿음은 불가능함을 절실히 깨달았고, 지금
도 믿음의 전제가 되는 '내려놓음'이 성령의 도우심 없이 제 의지만으
로는 절대로 이루어질 수 없음을 제 삶 속에서 절감하고 있습니다.
그런데 교인들과 이야기를 나누다 보면, 그분들 중에는 말로는 에베

소서 2장 8절 말씀처럼 은혜로 구원받는다고 하면서도, 자신들의 머릿속으로는 "내 의지와 노력으로 지키고 행하지 않으면 벌 받는다"는 율법적 사고에서 벗어나지 못한 분들이 의외로 많습니다.

그들에게 십자가 복음의 은혜를 이야기하면. 그것은 당연히 알고 있는 사항이고 신앙의 초보자들에게나 이야기할 기초 상식이라면서, 신앙의 깊이는 결국 세상에서 남들 보기에 부끄럽지 않고 도덕적으로 모범이 되는 행실을 얼마나 많이 행하느냐에 달려 있다고 말하기도 합니다. 그래서 그들은 자선봉사 같은 행사에 빠지지 않고 참여하는 것이 강한 믿음을 보여주는 것이라고 생각하고서는 마음이 내키지 않는데도 남들의 눈을 의식하면서 억지로 참여하고 있는 경우도 적지 않습니다.

이런 사람들은 야고보서에 "믿음이 있다고 하면서 행함이 없으면 무슨 유익이 있겠는가?" 하는 말씀(약 2:14)에 많이 묶이는 것 같습니다.

그러나 '오직 믿음', '오직 성경', '오직 은혜'를 강조한 종교개혁가 루터는 야고보가 믿음보다 행함을 너무 강조했다고 평가하면서, 성경 중에서 야고보서를 지푸라기 같은 서신서라고 혹평하기도 했습니다.

하지만 저는 야고보서의 "자유롭게 하는 온전한 율법(약 1:25)을 실천하라"거나, "자유의 율법(약 2:12)을 말하고 행하라"는 말씀은 복음이 바탕이 되어 있지 않은 가시적 행위로 믿음을 증명해 보이라는 것이 아니라, 우리를 죄에서 자유롭게 하는 십자가 복음을 바로 믿고 전하며, 그 크신 사랑에 반응할 것을 강조한 것이라고 이해하고 싶습니다.

저는 믿음과 행위에 대해 묵상하면서 제가 예수님을 믿는다는 것이 결국 무엇을 의미하는 것일까를 자문해 보았습니다.

제가 예수님을 믿는다는 것은 예수님의 십자가 복음의 진리를 믿는다는 것인데, 그 십자가 복음은 제 스스로의 힘으로는 하나님께서 말씀하신 율법을 도저히 완성시킬 수 없다는 사실을 전제로 하는 것입니다. 제가 자력으로 율법을 모두 지켜서 구원받아 하나님 나라의 백성이 될 수 있다면, 하나님의 아들이신 예수님께서 무얼 하시려고 인간의 몸을 입고 이 땅에 오셔서 십자가에서 죽임까지 당하셨겠습니까?

사도 바울도 율법을 모두 지켜 구원받는 것은 불가능하며, 구원은 하나님 은혜에 의한 믿음으로 받는다(갈 3:11)고 강조하고 있습니다.

그러니까 야고보가 이야기하는 믿음에 따른 행함(약 2:14)이란 것은 율법을 법규상 의무조항처럼 실천하는 것을 의미하는 것이 아니라, 하나님 말씀을 업신여기거나 거역하지 않으려고 애를 쓴다든지, 선행이 자력으로 안 될 때는 성령의 도우심을 구하는 기도를 드린다든지 하는 순종하기 위한 노력의 표현을 의미하고 있다고 말할 수 있겠습니다.

제 생각으로는 우리가 하나님의 은혜에 의하여 마음속에 믿음을 가지게 되었다고 해서, 곧바로 뭔가 가시적이고 적극적인 행동으로 우리가 믿음이 있음을 나타내 보이려고 하는 것은 자칫하면 자기 의를 나타내는 결과를 초래하는 굉장히 위험한 발상일 수도 있다고 생각합니다.

하나님을 진정으로 믿는다면, 선행에 대한 강박관념과 자기 의로 어설픈 외식에 흐름으로써 도리어 하나님께 죄만 더 짓게 되는 잘못을 저지르지 말고, 자신의 한계에 대해 분명한 인식과 함께 지금도 저지르고 있는 자신의 악행에 대한 자복과 진정한 회개가 무엇보다 우선되어야 할 것입니다. 이것이 우선되지 못하니까 교인들이 열심히 하느라고 하는데도 사람들로부터 위선자라고 비난받게 되는 것이 아니겠습니까?

행위는 무엇인가를 의식적으로 행하는 적극적 행위인 '작위'와 의식적으로 행하지 않는 '부작위'라는 두 가지 형태로 구분할 수 있습니다.

흔히 세상적으로 선한 사람들을 "법 없이도 살 사람"이라고 말하는데, 여기서의 법은 형법처럼 대부분 금지 법규를 말한다고 하겠습니다. 그러니까 법 없이 살 사람은 우선 금지사항을 절대 행하지 않는 사람을 말하는 것입니다. 이 경우 작위는 적극적인 범죄행위가 되니까요.

그런데 수시로 임금체불을 하고 불공정거래를 하고 사기나 협박까지 자행하면서, 그렇게 모은 돈으로 이웃돕기 성금을 낸다고 설치고 다니는 사람을 누가 법 없이도 살 수 있을 사람이라고 칭찬하겠습니까?

저는 선한 사람으로 거듭나기 위해서는 새로운 선행거리를 찾기에 앞서, 우선 이미 저지르고 있는 악을 행하지 않는 '부작위'라는 형태의 행위부터 성령의 도우심을 받아 실천할 필요가 있다고 생각했습니다.

그러지 않고, 제가 선행에 대한 강박관념으로 조급하게 가시적인 뭔가를 해야겠다면서 세상적인 선을 추구하는 작위적 행위에 몰두하다 보면, 자기 의를 내세우는 죄만 더 짓게 될 소지가 많지 않겠습니까?

그래서 저는 믿음이 쌓여 가면서, 성령께서 제 안에 부어 주신 사랑과 긍휼과 겸손의 마음이 자연스럽게 흘러나와 하나님을 사랑하고 이웃을 사랑하는(빌 2:1-4) 참된 예배의 삶을 살아가도록 저를 이끄시는 것을 가끔 경험하면서, 성령께 제 자신을 맡겨 보기로 작정하였습니다.

제 자신을 온전히 맡기게만 되면, 하나님과의 영적 인격적 사랑의 관계가 형성되고, 그 사랑이 깊어지면 깊어질수록 제 속에서 하나님의 은혜가 왕 노릇 하심(롬 5:21)으로써, 성령께서 의롭고 선한 하나님의 신실한 도구 되는 삶을 살아가도록 저를 인도하실 것이니까 말입니다.

그런 과정에서, 성령께서는 때때로 제 마음속에 예수님의 사랑 계명을 이루려는 소망을 품게 하시고, 때가 차면 그 소망을 기뻐하며 실행하도록 저를 이끄시면서(빌 2:13), 그런 저를 보고 기뻐하십니다.

이 땅에서 우리가 성령의 이끄심을 받으면서 행할 수 있는 선행의 일감은 도처에 널려 있다고 해도 과언이 아닙니다.

주위를 둘러보면 제 친척이나 친구, 직장 동료들 중에서도 제가 복음의 진리에 대해 전도하고 싶은 이가 많고, 제 주변에도 물질적이거나 심적인 도움의 손길을 기다리는 이웃들이 수두룩하기 때문에 굳이 애써 해외나 먼 곳으로 찾아 나설 필요가 없다고 하겠습니다.

굶주림 속에서 질병과 폭력에 시달리는 아프리카 아이들이나 동남아의 빈민촌이라든지 전쟁으로 인해 생겨나는 난민촌의 고아나 병자들을 돕는 일을 하나님께서 이끄시면 달려갈 수밖에 없겠지만, 그저 유행처럼 그곳을 찾는다면 성경적으로 무슨 의미를 찾을 수 있겠습니까?

우리들 주변에도, "우리 사회에 아직도 이런 곳이 있는가?" 하면서 놀랄 정도로 기막힌 고난을 당하고 살아가는 힘든 이웃들이 있습니다.

이제 우리나라가 잘살게 되었다고는 하지만, 아직 우리 사회에는 의지할 데 없는 소년소녀 가장, 성폭행에 희생된 미혼모나 그들이 버린 고아, 독거 빈곤 노인, 생리대 살 돈도 없는 극빈 가정의 청소년, 다문화 가정의 버림받은 아이들이나 여성, 열악한 복지시설에서 고통 받는 장애인이나 노인 환자들뿐만 아니라 심지어 영양실조로 고생하는 어린 이들같이 누군가의 도움을 절실히 기다리는 사람들이 적지 않습니다.

그러나 제가 참된 믿음과 순종하는 그리스도인이라면 그런 어려운 이웃들에 대해 제가 판단하고 선택해서 제 의지로 그들을 돕겠다고 나서기에 앞서, 우선 그런 이웃에 대해 하나님께서 긍휼히 여겨 도움을 베푸시도록 기도드리고, 제가 긍휼을 베푸시는 하나님의 역사에 도구로 삼아지는 은혜를 받을 수 있기를 간구해야 할 것입니다.

그런데 우리 주변에는 선행 콤플렉스에 빠져 뭔가를 해야 한다고 초조해하는 사람도 많지만, 어쩌다 자신이 생각할 때 선행을 했다고 여겨지면 그것을 알리고 싶어 안달하는 사람도 의외로 많습니다.

그런 이들은 묻지도 않는데 만나는 사람들마다에게 자신이 누군가에게 베푼 자선을 침이 마르도록 자랑하고 스스로 뿌듯해합니다.

사회적으로 이름이 알려져 있는 사람들 중에도 자신의 활약상을 언론매체를 통해서까지 홍보하는 데 전혀 주저함이 없고, 선행을 베푸는 분위기를 확산하기 위해서라는 명분하에 떠들썩하게 선행상이나 감사패를 주고받고 하는 것을 주변에서 심심찮게 볼 수 있습니다.

(마 6:1) 사람에게 보이려고 그들 앞에서 너희 의를 행하지 않도록 주의하라 그리하지 아니하면 하늘에 계신 너희 아버지께 상을 받지 못하느니라 2) 그리므로 구제할 때에 외식하는 자가 사람에게서 영광을 받으려고 회당과 거리에서 하는 것 같이 너희 앞에 나팔을 불지 말라 진실로 너희에게 이르노니 그들은 자기 상을 이미 받았느니라 3) 너는 구제할 때에 오른손이 하는 것을 왼손이 모르게 하여 4) 네 구제함을 은밀하게 하라 은밀한 중에 보시는 너의 아버지께서 갚으시리라

자신의 선행을 자랑하는 사람들은 자기 의로 하나님께 상 받고 구원을 이루리라고 생각할지 모르지만, 예수님께서는 스스로 자랑하는 선행은 이미 선행이 아니라는 뜻에서 이렇게 말씀하신 것입니다.

참된 그리스도인은 하나님께서 이웃을 도우시는 역사하심의 신실한 도구가 되어, 하나님의 뜻에 묵묵히 순종하며 이끄심을 받을 것입니다.

| 믿음에 걸림돌이 되는 세 가지 의문 |

전도를 하다 보면, 성경 내용이나 기독교 교리가 자신들의 가치관이나 세계관으로는 도저히 이해가 되지 않는다는 사람들을 종종 만나게 됩니다.

특히, 흔히들 이야기하는 다음과 같은 세 가지 의문이 있습니다.

첫째, 인간에게 원죄가 있다는 말이 과연 설득력이 있느냐?

둘째, 하나님께서 선택하신 자만이 구원받는다니 말이 되느냐?

셋째, 예수님을 통하지 않고는 구원받을 길이 정말 없느냐?

저도 믿지 않았을 때는 이 세 가지 이야기가 너무나 비합리적이거나 배타적인 주장이라고 비판해 왔기 때문에, 교회를 다니기 시작하면서부터 이 문제에 대한 답을 찾으려고 책도 많이 보았고, 다양한 설교를 듣는 것은 물론이고 혼자서 성경을 묵상하는 시간도 많이 가졌습니다.

① 인간은 원래 선한 존재인가?

세상은 무엇이고 그 속에 살고 있는 인간이란 어떤 존재냐 하는 문제를 동서고금의 철학이나 종교에서는 늘 다양하게 해석해 왔습니다. 특히, 인간 본성에 대해서 유가의 대표적 사상가 중에 공자나 맹자는 성선설을 주장했지만, 순자는 성악설을 주장했다고 배웠습니다.

저는 어려서부터 공자 사상에 영향을 많이 받아서 인간의 본성은 선하다고 생각했으며, 그 인간의 선한 본성은 맑고 밝은 세상을 만들어 가는 동력이 되고, 그런 본성이 빚어낸 긍정적, 인본주의적인 사고를 토대로 인간은 그동안 세상을 발전시켜 왔다고 생각하고 있었습니다.

그러면서도 다른 한편으로는 인간들이 자기 의나 자기 유익을 위해 갖가지 사악하고 무자비한 일들을 자행해 왔던 사실을 역사를 통해서 알게도 되었고, 현실에서도 적지 않게 보거나 듣기도 하였습니다.

그래서 기독교 교리에 대해서 듣고 공부하는 과정에 인간의 본성이나 '원죄'라는 것에 대해서 진지하게 생각을 하게 되었습니다.

사실 믿지 않는 사람들은 원죄를 황당한 이야기라고 생각하지만, 기독교인들 중에서도 원죄를 인정하느냐에 대해서 의견이 갈립니다.

로마제국이 기독교를 국교로 삼은 이후에 교리에 대한 신학 논쟁이 극심했는데, 특히 5세기에 있었던 어거스틴과 펠라기우스의 인간의 자유의지를 중심으로 한 신학 논쟁은 오늘날에 이르기까지 여전히 칼뱅주의와 아르미니우스주의라는 양 진영으로 갈라져 계속되고 있습니다. 그 논쟁 중에는 원죄 교리에 대한 논쟁도 포함되어 있습니다.

로마 카톨릭교회의 존경받는 교부였던 어거스틴은 독실한 그리스도인이었던 어머니의 기대를 저버리고 젊어서 마니교를 믿고, 십대에 벌써 여성과 동거생활도 했지만, 훗날 회심하여 자신의 신앙적 체험을 바탕으로 인간은 자유의지가 아닌 하나님의 은혜로 구원받는다는 '은혜론'을 주창하였습니다.

그는 인간은 원래는 죄를 범할 능력과 죄를 짓지 않을 능력을 다 갖추고 있는 존재였으나, 아담이 죄를 범한 후에 죄와 사망이 세상에 들어와서 그 원죄로 말미암아 후손들이 모두 오염되어 육적으로는 살아 있어도 영적으로는 죽은 자로 살아갈 수밖에 없다고 이야기했습니다.

그는 사도 바울이 인간의 죄와 하나님의 은혜에 대해 이야기한 성경

말씀들을 토대로, 아담으로 말미암아 죄가 세상에 들어오고 이것이 원죄가 되어 모든 사람에게 사망이 주어졌으며, 그렇게 태어날 때부터 죄인이었던 인간은 하나님과 예수 그리스도의 은혜로 말미암아 의롭다 하심을 얻고 생명에 이를 수 있게 되었다고 이해했던 것 같습니다.

(롬 5:12) 한 사람으로 말미암아 죄가 세상에 들어오고 죄로 말미암아 사망이 들어왔나니 이와 같이 모든 사람이 죄를 지었으므로 사망이 모든 사람에게 이르렀느니라 17) 한 사람의 범죄로 말미암아 사망이 그 한 사람을 통하여 왕 노릇 하였은즉 더욱 은혜와 의의 선물을 넘치게 받는 자들은 한 분 예수 그리스도를 통하여 생명 안에서 왕 노릇 하리로다 18) 그런즉 한 범죄로 많은 사람이 정죄에 이른 것같이 한 의로운 행위로 말미암아 많은 사람이 의롭다 하심을 받아 생명에 이르렀느니라

반면에 영국의 수도사였던 펠라기우스는 도덕적 완전을 추구하기 위해 스스로 남성을 거세하기까지 했던 사람인데, 그런 그는 선하고 공의로우신 하나님께서 지으신 인간은 원래부터 선한 존재이며, 하나님께서는 인간이 실행하지 못할 일을 결코 명하지 않으신다는 믿음하에 인간의 원죄의 전가(轉嫁)를 부정하면서, 그 교리는 어거스틴이 과거 몰입해 있었던 마니교에 뿌리를 둔 신성모독적 이론이라고 비난했습니다.

그는 인간이 본성적으로 악한 존재라면, 하나님께서 악의 조성자가 되시는 꼴이 된다고 어거스틴의 주장을 비판하면서, 인간은 아담의 죄 때문에 죽게 되거나 그리스도의 부활로 다시 사는 존재가 아니라, 항상 선한 본성대로 살면서 하나님의 말씀을 지켜 나감으로써 구원받게 된다고 주장하였습니다. 그의 주장은 종교회의에서 자력구원론이라고 비판받고 정죄당했으나, 오늘날까지도 이 주장이 맥을 이어 오고 있습니다. 그래서 교회를 다니면서도 원죄 교리를 부인하는 사람들은 인간이 본질적으로 죄 없는 상태로 태어난 뒤에 사회의 부패와 부도덕의 영향을 받아 타락한다고 이야기하고 있습니다.

그러나 예수님께서 밤중에 찾아온 유대 지도자 니고데모에게 인간은 죄의 지배를 받는 육신의 상태에 있으므로, 거듭나지 않으면 하나님 나라를 볼 수가 없는 존재(요 3:3)라고 하신 말씀을 묵상하면서, 인간이라는 존재는 원죄를 타고났든 아니든 간에, 이 땅에 사는 한 누구라도 성경적인 죄에서 자유롭지 못하다고 저는 생각하게 되었습니다.

만약 인간이 대체로 다 선하고, 악함은 어쩌다 생기는 우연의 소산이라고 생각한다면, 왜 대세이고 본질인 선함이 악함을 제대로 억누르지 못하고, 그처럼 죄 없는 사람들끼리 모여 사는 인간사회가 왜 이렇게 죄의 각축장처럼 보일 만큼 전반적으로 타락하게 되었을까요?

음행 중에 붙잡힌 여인을 정죄하는 무리들에게 너희 중에 죄 없는 자가 먼저 돌로 치라고 예수님께서 말씀하시자, 성전을 다 떠나 버린 그 사람들이 바로 성경적 죄인인 오늘날 우리들의 모습이 아닐까요?

"욕심이 잉태한즉 죄를 낳고 죄가 장성한즉 사망을 낳는다"는 말씀(약 1:15)대로 자신의 유익에 집착하고 이기적인 탐욕에서 자유롭지 못한 우리 인간은 성경적으로는 누구나 다 죄인에 불과하다 하겠습니다.

사도 바울이 다메섹에서 예수님을 만난 후 30여 년이 지나서도 자신을 죄인 중에 괴수라고 자인했듯이(딤전 1:15), 저도 하나님의 법을 즐거워하고 선을 행하고자 원하지만, 죄의 법에 사로잡혀 원하지 아니하는 바 악을 행하게 되는 곤고한 사람임(롬 7:19-24)을 자복합니다.

이처럼 저는 인간은 모두 죄인이라는 사실에 대해 동의할 뿐만 아니라, 어거스틴의 주장이 앞서 언급한 사도 바울의 말씀(롬 5:12,17,18)을 제대로 해석한 것 같다고 생각하기 때문에, 아담으로부터 유전되어 온 원죄가 있다는 교리에 대해 제 스스로는 믿고 있습니다.

그러나 원죄가 있다는 교리를 반대하는 사람들은 신명기 24장 16절이나, 에스겔 18장 20절 말씀을 인용하면서 아버지의 죄를 자식이 물려받지 않듯이 아담의 죄가 우리에게 전가되지 않는다고 주장합니다.

(신 24:16) 아버지는 그 자식들로 말미암아 죽임을 당하지 않을 것이요 자식들은 그 아버지로 말미암아 죽임을 당하지 않을 것이니 각 사람은 자기 죄로 말미암아 죽임을 당할 것이니라

(겔 18:20) 범죄하는 그 영혼은 죽을지라 아들은 아버지의 죄악을 담당하지 아니할 것이요 아버지는 아들의 죄악을 담당하지 아니하리니 의인의 공의도 자기에게로 돌아가고 악인의 악도 자기에게로 돌아가리라

저는 인류의 조상인 아담이 불순종의 죄를 저질러서 인간의 본성이 바뀌어 버리고 에덴동산에서 추방된 사건과 세상 삶을 살면서 우리가 짓게 되는 죄가 자손에게 연좌되지 않는다는 사실은 차원을 달리하는 이야기가 아닐까 하는 생각을 하지만, 그런 제 생각을 믿지 않는 사람들에게 설득력 있게 설명한다는 것은 쉽지 않은 일이고, 결국은 믿음이란 지성으로가 아니라 성령의 도우심으로 얻게 됨을 실감하게 됩니다.

세상 이치로는 이해하기 어려운 원죄교리에 대해서 저는 백 세 나이에 폐경한 지 오래되는 구십 세의 아내 사라를 통해 아들을 낳을 것이라는 하나님의 말씀을 믿고 따르는 아브라함의 믿음, 소위 '그럼에도 불구하고의 믿음'(롬 4:18)을 가지고 있습니다.

그런데 저는 예수 그리스도의 복음을 믿는 데 있어서 우리가 원죄를 인정하느냐는 것이 결정적인 요건이 되지는 않는다고 생각합니다.

왜냐하면 철없는 어린아이들도 자기중심적, 이기적 반응을 하듯이, 육신을 입고 있는 한 이 세상 누구 할 것 없이 인간은 모두 성경적으로는 죄를 지을 수밖에 없으며, 죄인인 인간은 자신의 행위로는 구원받지 못하고, 하나님의 은혜를 받아 믿음으로 말미암아 거듭나야만 영생을 얻게 된다는 진리(엡 2:8)는 변함이 없기 때문입니다.

그러니까 은혜에 의하여 믿는 자는 그리스도의 피로 말미암아 죄 사함을 받는다(엡 1:7)는 십자가 복음은 예수님 사후에 사람들이 만든 원죄교리를 인정하면 더 이해하기가 쉽겠지만, 원죄교리가 없다 하더라도 복음이 진리라고 믿는 데는 아무런 문제가 없습니다.

원죄라는 개념은 어거스틴과 펠라기우스의 신학논쟁 전인 2세기에

리옹의 주교였던 이레니우스가 아담의 후손들인 인간은 죄와 죽음의 포로로 태어난다고 이야기했던 데서 유래했다고 하지만, 죄의 기원을 이처럼 교리화하지 않았던 초대교회에서도 사람들은 복음의 진리를 믿었고 사도들은 순교로써 그 진리를 증언하지 않았습니까?

따라서 원죄가 믿기지 않아서 십자가 복음을 믿지 못하겠다는 것은 반대를 위한 반대가 될 수 있으며, 살아가면서 성경적인 죄를 짓지 않는 사람은 없다(롬 3:10)는 것을 누구도 부정할 수는 없을 것입니다.

② 하나님의 창세전 선택하심

기독교를 믿지 않는 사람들뿐만 아니라, 교회를 열심히 다니는 사람들 중에도 어떤 이는 "사랑이신 하나님께서 어떻게 특정 사람들만 선택하여 구원하기로 계획하셨겠느냐?"고 의문을 제기하면서, 이 '하나님의 선택하심'이라는 진리에 대해서 동의하기를 주저하기도 합니다.

그러나 성경에 하나님께서 창세전에 구원할 자를 이미 택하셨다고 수차례 기록되어(엡 1:4, 살후 2:13, 벧전 1:2, 롬 8:29) 있고, 저는 그러한 선택하심은 창조주이신 하나님의 주권이라고 믿고 있습니다. 그런데 왜 하나님께서는 세상 사람들 중에서 일부 사람만 구원의 대상으로 택하셨느냐고 묻는다면, 그 이유는 저도 잘 모르겠습니다.

선택과 관련해서 제가 알고 있는 것은 성경에 기록된 대로 하나님께서 그 기쁘신 뜻대로 우리를 예정하셨다(엡 1:5)고 하는 사실입니다.

그런데 성경에 하나님께서 택하셨다고 했으니까 선택된 사람이 백

퍼센트가 아닌 것은 확실하지만, 그게 10퍼센트인지 99퍼센트인지 도 대체 몇 퍼센트인지는 저를 포함해서 그 누구도 모르지 않겠습니까?

다만, 모든 사람이 다 택함을 받지는 못한다는 사실이 확실해졌으니, 모든 사람이 구원받을 수 있다는 '보편적 구원론'은 듣기에는 좋을지 모르지만, 성경에 의하면 설득력이 없다고 하겠습니다.

"그런 게 어디 있느냐? 선택의 기준이 뭐냐?" 하는 사람들의 항변은 하나님께서 보실 때는 교만하고 어리석은 질문에 불과할 것입니다.

왜냐하면 하나님을 믿는 제가 보기에 소위 창세전 선택은 창조주이 시자 주권자이신 하나님께서 하신 선택이기 때문이니까 말입니다.

믿지 않는 많은 자는 하나님의 주권과 초월적 능력이 일관성이나 기 준이 없이 하나님 좋을 대로 하시는 것처럼 보인다고 비난하기도 하지 만, 하나님께서 하시는 일은 한갓 피조물에 불과한 우리들로서는 이해 되지 않는 경우(사 55:8)가 있을 수밖에 없지 않겠습니까?

그런데 어거스틴과 펠라기우스 두 사람 다 이 문제에 대해서는 창세 전 선택을 인정하면서도, 서로 주장을 달리하였습니다.

어거스틴은 우리가 믿기 때문에 선택을 받는 것이 아니라, 우리로 하 여금 믿을 수 있게 하시기 위해 창세전에 하나님의 주권에 따라 그 기 쁘신 뜻대로 우리를 선택하셨고, 선택하신 우리에게 믿을 수 있는 능 력을 가지도록 은혜를 주셨다고 이야기했습니다.

반면에 펠라기우스는 하나님께서 흠 없고 거룩해질 사람이 누구인지 를 미리 아셨고, 그 예지 가운데서 창세전에 그런 가능성이 있는 자들을 택하셨다고 주장하였습니다.

하지만 하나님께서 사람마다 믿음의 능력을 처음부터 차별되게 만드셨다고 하는 펠라기우스의 주장은 결국 자력으로 믿을 수 있는 자라야만 선택받을 수 있다는 자력구원론이 되기 때문에, 당시 종교회의에서 비판받고 정죄를 당할 수밖에 없었습니다.

그런데 하나님의 창세전 선택을 믿는 이들 사이에서의 이런 신학적 논쟁은 차치하고, 저는 아예 선택교리 자체를 배타적이라고 비난하는 사람들에게 지금처럼 막연한 피해의식을 갖고 기독교를 바라보지 말고, 자기 자신도 하나님께 선택받은 자일 수 있다는 긍정적이고 적극적인 생각으로 예수 그리스도의 복음을 묵상해 보라고 권하고 싶습니다.

사실 성경을 보면, 설사 지금 교회를 다니는 사람들이라고 할지라도 그들이 모두 창세전 택함을 받은 자라는 증거는 아무 데도 없습니다.

반대로 지금 믿지 않는 자라고 해서 창세전 하나님께서 선택하신 구원의 대상에서 아예 제외된 자로 단정지을 수도 없는 노릇입니다.

예수님께서 십자가에서 죽으실 때 옆 십자가에 매달려 회개한 행악자는 죽기 바로 직전에 믿음으로 구원받지(눅 23:40-43) 않았습니까?

외형적 종교행위를 열심히 하거나, 목사나 장로, 권사, 집사 같은 직분을 받았거나, 집안에서 몇 대에 걸쳐 교회를 다니는 모태신앙을 가졌다고 해서 모두 선택된 자라고 단정할 수는 없다고 생각합니다.

남들 보기에 기도와 자선봉사를 열심히 하고 헌금을 많이 해도, 자기 과시나 세상 복을 받기 위해서라면 그건 죄밖에 되지 않을 것입니다.

예수님께서는 마음속으로는 하나님의 영광이 아닌 자기 의를 내세우는 데 급급하면서, 겉으로는 남들 보기에 율법 잘 지키는 사람으로 인정받기 위해서 형식적인 종교행위에만 애쓰는 바리새인들에게 독사의 새끼들(막 12:33, 마 12:34)이라고 꾸짖지 않으셨습니까?

이처럼 택함을 받은 자가 누구인지는 택하신 하나님께서만 아시는 것이지, 자기 자신을 포함한 다른 그 누구도 모르는 일인데, 무턱대고 택하시는 하나님을 비난하거나, 누구를 택하심 받았다고 지레짐작해서 시기하는 것은 그야말로 어리석기 그지없는 일이지 않겠습니까?

사실 우리가 자신의 지성과 이성으로 자신의 믿음이 참 믿음이라고 판정내릴 수도 없는 것이고, 자기 생각이나 의지만으로 막연히 구원의 확신을 가진다고 해서 구원을 받는 것도 아니지 않겠습니까?

그런데 저는 자신이 선택되었다는 착각 속에서 우월주의에 빠져 있으면 그것도 문제지만, 반대로 한번 믿으려고 시도도 해 보지 않고 기독교는 배타적이라고 비판만 하고 있는 것도 큰 문제라고 봅니다.

피해의식에 사로잡혀 있는 사람들은 자신에게 부어지는 하늘의 복을 차 버리는 어리석고 교만한 사람이라고 말할 수밖에 없지 않겠습니까?

지금 믿지 않는 사람들은 불평이나 비난을 하기 전에, 먼저 자신이 누구인가를 진지하게 생각해 보고, 하나님께서 어떤 분이시고 예수님께서 누구신지를 알려고 한번 애써 볼 수 있기를 진심으로 기도드립니다. 그런 여러분의 진정 어린 관심을 사랑과 은혜가 충만하신 하나님께서는 결코 외면하지 않으시고, 반드시 놀라운 응답을 하실 것입니다.

③ 예수 그리스도만이 구원의 길인가?

예수님을 믿지 않는 친구들에게 이 말씀을 전하면, 기독교는 너무나 비합리적이고 독선적이라는 비난을 거세게 퍼붓는 경우가 많습니다.

"내가 보기에 평생 착하고 선하게 살아온 우리 부모님이 예수 알지 못한다고 해서 모두 다 지옥으로 간다는 것이 도대체 말이 되느냐?"

"불교 신자들도 자선을 많이 베풀고, 무신론자들 중에도 양심적인 사람이 많은데, 예수 믿지 않으면 모두 지옥으로 간다니 이건 너무 독선적이지 않으냐?"

"성경을 보면 예수 이전에 구약시대에도 신실했던 사람들이 많이 소개되던데, 그 사람들도 예수를 몰랐으니까 모두 지옥에 갔겠네?"

성경에서는 예수 그리스도를 믿는 자는 구원을 받는다고 천명하고 있지만, 반면에 성경 어디에서도 믿음을 갖지 않은 사람들이나 믿기를 거부하는 사람들을 구원하신다는 약속은 찾아볼 수가 없습니다.

그러나 제가 상식적으로 생각해도 하나님께서 만약 이 세상에서 정말 선하고 의로운 삶을 살아온 사람을 단지 예수님을 모른다는 이유만으로 구원하지 않는다고 하신다면, 그런 주장은 공의로우신 하나님을 욕되게 하는 것이 아니겠는가 하는 의문을 갖지 않을 수 없었습니다.

그래서 친구들이나 친지들을 전도하면서, 이런 비난성 질문을 받았을 때 처음에는 무척 난감했습니다만, 신앙생활 과정에 성경을 공부해가면서 차츰 그런 의문에 대한 답을 찾을 수 있게 되었습니다.

(롬 2:14) 율법 없는 이방인이 본성으로 율법의 일을 행할 때에는 이 사람은 율법이 없어도 자기가 자기에게 율법이 되나니 15) 이런 이들은 그 양심이 증거가 되어 그 생각들이 서로 혹은 고발하며 혹은 변명하여 그 마음에 새긴 율법의 행위를 나타내느니라

그렇습니다. 이처럼 사도 바울은 예수님을 모르는 사람들은 인간의 본성인 자신의 양심에 의해 심판을 받게 된다고 이야기하고 있습니다. 믿지 않는 자에게는 자신의 양심이 자기 율법이 된다는 말씀입니다.

성경에 보면 양심이라는 단어가 자주 나오는데, 인간의 본성이라는 의미의 양심(롬 2:15, 요 8:9, 고전 8:7, 딤전 4:2, 딛 1:15, 히 10:22)이란 단어뿐만 아니라, 예수 그리스도와 연합되어 성령의 인도하심을 받는 그리스도인으로서 갖는 선한 양심(행 23:1, 24:16, 롬 9:1, 고전

10:25, 고후 1:12, 딤전 1:19, 딤후 1:3, 히 13:18, 벧전 3:16, 21)이란 의미로 쓰이는 양심이란 단어가 여러 구절에서 언급되고 있습니다.

예수님을 몰랐던 사람들의 심판에 적용되는 양심은 전자의 양심인데, 유교사회였던 조선시대를 예로 들면 인의예지(仁義禮智)로 발현되는 인간 본성인 어려운 이웃을 불쌍히 여기는 측은지심(惻隱之心), 의롭지 못함을 부끄러워하는 수오지심(羞惡之心), 겸손하고 양보하는 사양지심(辭讓之心), 옳고 그름을 아는 시비지심(是非之心)이 바로 여기에 해당되는 양심이라고 할 수 있지 않겠습니까?

그러니까 만약 조선시대 누군가가 예수님의 십자가 복음을 몰랐어도, 매사에 있어서 자신의 율법인 이 네 가지 양심을 모두 어김없이 지킨 의인이었다면, 그는 구원을 받을 수 있었을지도 모릅니다. 그러나 은혜에 의한 믿음이 없이 자력으로 율법을 다 지켜 구원받는 의인은 한 사람도 없다(롬 3:10)는 성경말씀에서의 율법에는 믿지 않는 사람들의 율법인 양심도 포함(롬 2:15)되어 있다고 하겠습니다.

사도 바울의 이와 같은 가르침을 종합적으로 생각해 볼 때, 양심이 자신의 율법이 되는 자들 중에서 그 양심을 다 지켜서 구원을 받을 수 있는 의인은 한 사람도 있을 수 없고, 그들도 역시 은혜에 의하여 예수 그리스도의 십자가 복음의 진리를 믿어야만 의롭다고 칭함을 받아 구원에 이를 수 있다는 결론에 도달할 수 있지 않겠습니까?

세상 사람들이 볼 때 너무나 양심적이고, 누가 보더라도 도덕적이고 윤리적인 삶을 살아가는 사람이라 하더라도, 하나님 앞에 자신이 죄인임을 자백하지 못하고 자기 의에 의한 자아실현의 가능성을 믿고 있는 사람을 성경은 화인(火印) 맞은 양심(딤전 4:2)을 가진 자라고 합니다.

이처럼 겉으로 보기에는 양심적인 사람이라도 철저한 자기부정과 하나님께 절대 의존하는 '내려놓음'이 없으면 예수님의 십자가 복음에 대한 참된 믿음이 없는 자이므로 구원받을 수 없다고 하는 것입니다.

사도 바울은 십자가 복음의 진리는 영세 전부터 감추어졌다가 이제 세상에 나타내신 바(롬 16:25, 26) 된 그리스도의 비밀(엡 3:4)이라고 하면서, 그 복음은 유대인들만을 위한 것이 아니라, 이방인들도 이 복음으로 말미암아 예수 그리스도 안에서 함께 상속자가 되고, 함께 지체가 되고, 함께 약속에 참여하는 자가 된다(엡 3:6)고 선언했습니다.

사도 바울은 죄를 짓고 타락한 인간이 하나님과 화해할 수 있도록 중보자로 오신 분이 예수님이시고, 이 예수님께서는 특정 부류의 사람들을 위해서 중보하신 것이 아니라, 이 세상의 모든 사람을 위하여 자신을 대속물로 주셨다(딤전 2:5, 6)고 이야기했습니다.

특히, 십자가에서 죽은 지 사흘 만에 부활하신 예수님께서는 승천하시기 전에 제자들에게 세상 끝 날까지 온 천하 모든 민족, 모든 사람에게 이러한 십자가 복음을 전파하여 믿음으로 구원받도록 하라고 말씀(마 28:18-20, 막 16:15-18, 눅 24:46-48, 행 1:6-8)하셨습니다.

결국 예수님께서도 말씀하셨고, 사도 바울도 말씀을 이론화하였듯이, 예수님의 십자가 복음의 진리는 이제 세상 모든 사람에게 적용되며, 성경에서는 우리가 복음을 믿음으로 구원을 받게 될 뿐이고, 그 외에 다른 어떤 행위로도 구원받지 못함을 천명하고 있는 것입니다.

저는 이와 같은 성경말씀을 토대로 "예수님을 믿지 않는 자는 구원이 없다"는 기독교 진리에 대한 논리를 정리해서, 기독교의 배타성에 대해 비난하는 친구들에게 이야기해 주었는데, 십자가복음을 믿지않는 그들은 이런 제 말을 기독교인들만의 궤변이라면서 구약시대 사람들의 구원에 대해 재차 묻곤 하였습니다.

"백번을 양보해서 예수 부활 후에는 사람들이 십자가 복음을 믿어서 구원받을 수 있게 되었다 하더라도, 예수가 이 땅에 오기 전에 살았던 이스라엘 백성들은 율법주의에 얽매여서 오로지 율법만을 구원의 방편으로 삼다가 그것을 다 못 지키고 모두 지옥으로 갔다는 말이니?"

"십계명이 주어지기 전에는 율법이 없었으니까, 그 이전에 살았던 자들은 오로지 양심만을 구원의 방편으로 여기다가 다 지옥으로 갔니?"

저는 구원받은 사람 수는 훨씬 적겠지만, 예수님 이전 시대의 사람들이라고 해서 아무도 구원받지 못했다고는 절대로 생각하지 않습니다.

구약성경에 기록되어 있는 유명한 신앙의 영웅들뿐만 아니라, 이름도 나오지 않는 구약시대의 사람들 중에도 자신의 실체를 바로 앎으로써 자기를 부정하고 하나님의 은혜를 갈급하면서 하나님과 화평하고 하나님께 순종하며 살다 간 사람들은 어느 누구라도 율법이나 양심에 의한 행위로서가 아니라, 하나님의 은혜로운 인도하심에 따라 믿음으로 말미암아 구원을 받았을 것이라고 저는 확신하고 있습니다.

그 예로 창세기에 나오는 에녹을 한번 보십시오.

에녹은 아들 이름을 창던지는 사람이라는 뜻으로 ‘므두셀라’라고 지었는데(창 5:21), 고대 히브리 사회에서는 창던지는 자가 죽는다는 것은 전쟁이 끝난다는 의미를 갖고 있었다고 합니다.

성경을 보면, 므두셀라는 자기 이름이 의미하는 대로, 노아가 대홍수를 피해 방주로 들어가던 그해에 죽었습니다(창 5:27).

그러니까 에녹은 낳을 아들이 죽을 때 대홍수로 인한 멸망이 온다는 계시를 받고서는 자기 아들의 이름을 므두셀라라고 지었고, 멸망의 예언을 자손들에게 가르치면서, 자신은 하나님의 뜻에 따라 살았기 때문에 살아있는 채로 하나님께서 데리고 가셨습니다(창 5:24).

그리고 하나님께서는 예언에 순종하며 방주를 만들었던 에녹의 증손자 노아의 가족에게도 은혜를 베푸셔서 예수님을 예표하는 방주 속에서 대홍수의 환란을 피하고 살아 나오게 하셨던(창 8:16) 것이었습니다.

07 장

구하라 찾으라 두드리라

| 너의 소망이 무엇이냐 |

십 년 전 영문도 모르고 주체할 수 없이 흘러내리던 눈물 속에서 하나님을 처음 만난 이후로 오늘에 이르기까지 저는 삶 가운데서 기쁠 때는 감사하는 마음에서, 슬플 때는 위로 받고 싶은 마음에서, 헤쳐 나가기 힘든 고난이나 고통스러운 시련이 덮칠 때는 도움을 바라는 마음에서, 생소한 일을 맡아 낯설고 두려울 때는 인도하심을 바라는 마음에서 늘 하나님을 간절히 찾고 기도하게 되었습니다.

하나님을 모르고 살아왔던 지난날에는 남들보다 더 열심히 공부하고, 남들보다 더 열심히 일하면 못 이룰 것이 없다는 생각에 제 자신의 의지와 노력으로 세상적 성취를 이루어 보겠다고 동분서주했습니다.

그런데 세상살이는 남들보다 더한 열심으로 더 나은 결과를 얻게 될 확률이 높다고 할 수 있겠지만, 반드시 제가 생각한 그 바람이 다 이루어지는 것은 결코 아니라는 것도 살아오면서 많이 경험했습니다.

학창 시절에나 사회생활에서 저에게도 미처 예상치 못한 크고 작은 실패와 시련이 있었지만, 예전에는 제가 하나님을 몰랐으니까 그것을 하나님의 뜻하심이라고는 도저히 생각할 수가 없었습니다.

흔히 사람들은 고난을 운명으로 받아들이기도 하지만, 저는 그렇게 하기보다는 제 노력과 정성이 부족했다고 자책하고, "운명아 비켜라, 내가 간다"면서 새롭게 도전을 했고, 그러다 다시 성취를 맛보는 경험을 하게 되면서, 제 생각과 행동이 옳다고 여기며 살아왔던 것입니다.

그러나 지금 생각해 보면 그땐 인생의 의미를 몰랐던 시절이었습니다. 하나님을 만나고 처음 삼 년 사이에 암 수술과 딸의 대형 교통사고 외에 갑자기 공무원에서 퇴직하는 일도 겪었는데, 예전 같았으면 굉장히 낙담했을지 모르겠지만, 믿고 나서는 이제 하나님의 뜻을 생각하게 되었고 그 뜻에 따라 순종하는 것이 믿음임을 깨닫게 되었습니다.

그런 믿음의 삶을 살아가다 보니까 암 수술 후에 저는 건강에 더 신경 쓰게 되었고, 공무원 퇴직 후에도 오래도록 여러 분야에서 보람 있는 일을 해 왔으며, 민정이도 끔찍한 교통사고를 당했었지만 빠른 회복 후에 지금은 결혼해서 아기 낳고 건강하게 잘살고 있습니다.

그러면서 지금은 제가 지난날 하나님을 몰랐을 때와는 달리 그 모든 것을 제 노력과 능력이나 운으로 이루었다고 생각하는 것이 아니라,

오직 하나님의 은혜에 의하여 이루어졌음을 절감하고 있습니다.

"지성이면 감천"이라거나 "하늘은 스스로 돕는 자를 돕는다"는 인본주의적 가르침을 가슴에 새기면서 어떤 어려운 일이 닥쳐도 제 자신을 격려하고 채찍질하면서 살아오다가, 나이 50이 넘어서 하나님을 만나고 나서야 인생은 제가 계획한 대로 다 되는 것이 아니라, 그 모든 것이 하나님의 인도하심이라는 사실을 실감하게 되었던 것입니다.

(잠 16:9) 사람이 마음으로 자기의 길을 계획할지라도 그의 걸음을 인도하시는 이는 여호와시니라

그래서 이제는 삶의 과정에서 늘 소망하는 바를 전능하신 하나님께 기도드리게 되지만 그때도 반드시 경계해야 할 것이 있습니다.

오늘날 국내나 해외 일부 교회에서, 영육 간의 문제 해결을 하나님께서 반드시 도와주신다는 긍정적이고 적극적인 생각을 가지고 기도드리면, 그 긍정의 힘으로 영적 구원은 물론이고 이 세상의 육적 행복도 모두 누릴 수 있다고 설교하는 목회자들을 종종 볼 수 있습니다.

하지만 단언하건대, 예수 그리스도의 십자가 복음을 믿고 헌신하고 희생하는 참 제자도를 가르치는 데는 소홀하고, 그저 기독교를 우리에게 부귀와 출세 같은 세상적 성취를 가져다주는 종교라고 주장하면서, 그런 신앙이 인생을 성공으로 이끄는 긍정의 힘이 된다고 설교하는 것은 예수님의 가르침을 바르게 전달하는 것이 결코 아닙니다.

만약 기독교가 그들이 주장하는 그런 종교라고 한다면, 십자가 복음을 믿고 순교까지 한 예수님 제자들이나 구한말 순교한 우리 신앙의 선배들은 모두 살아생전에 예수님 덕분에 세상의 부귀영화를 누구보다 더 누리고 살았어야 맞는 것인데, 과연 그들이 그렇게 살았습니까?

그들은 세상적 성취와 물질적 풍요를 누리고 산 것이 아니라, 영적 담대함을 가지고 하늘의 평강을 누리는 삶을 살다 간 사람들이었습니다.

누가복음에 보면, 유대 서기관들과 대제사장들이 예수님을 총독의 다스림과 권세 아래에 넘기려고 정탐들을 의인인 체 꾸며서 보냈습니다. 그들은 예수님께 먼저 입에 발린 칭송을 늘어놓은 후에, 가이사에게 세를 바치는 것이 옳은 일인가 아닌가 하는 유도성 질문을 했는데, 그때 예수님께서 하신 말씀(눅 20:25)에서 저는 큰 가르침을 얻습니다.

"가이사의 것은 가이사에게, 하나님의 것은 하나님께 바치라."

유대 지도자들이 보낸 정탐들은 이 말씀을 정부에 세금 잘 내고, 교회에 헌금 잘 바치라는 식의 이야기로 받아들여서 책잡지 못하고 침묵했다고 성경은 기록(눅 20:26)하고 있는데, 저는 예수님의 말씀은 그런 말씀이 아니라는 것을 신앙생활을 해 오면서 깨닫게 되었습니다.

예수님께서 이 말씀을 하시기 전에 유대 지도자들이 보낸 정탐들에게 데나리온 동전에 있는 형상과 글을 보라고 하셨는데, 거기에는 로마 황제의 초상과 그가 신(神)이라는 글이 적혀 있었습니다(눅 20:24).

그러니까 '가이사의 것'은 사람들이 신처럼 떠받들고 사는 세상의 권력, 돈, 명예 같은 것들을 의미한다고 하겠습니다.

따라서 저는 이 말씀을, 그리스도인들은 하나님 나라와 그의 의를 구하며 살고 믿음으로 구원받을 것이지만, 세상의 힘을 탐닉하는 자들은 그것에 집착해서 구원받지 못할 것이라고 경고하신 것으로 받아들입니다. 과거에 저도 익히 경험했습니다만, 인생의 목표를 '가이사의 것'에 두고, 자신의 힘으로 그것을 이루겠다는 사람들은 때때로 성취 뒤의 순간적 희열은 맛볼 수 있어도 삶의 평강이 없고, 또다시 더 큰 성취에 연연하여 허겁지겁 살아가면서 번민과 염려에 시달릴 뿐입니다.

그런 사람들 중에 어떤 이들은 세속적 삶의 방편으로 종교를 갖고, 금식기도니 철야기도니 하면서 쫓아다니기도 하지만, 결국 실현 가능성 없는 허욕이 주는 허탈함과 허망함만이 남게 되는 것입니다. 그러나 삶의 목표를 '하나님의 것'에 두고 사는 사람들은 '가이사의 것'에 집착하는 사람들이 누리지 못하는 값진 은혜를 누리게 됩니다.

똑같은 돈을 구하더라도 욕심이나 자기 과시욕으로 하는 기도는 하나님께서 응답하시지 않지만, 하나님의 일을 하기 위해 금전적 도움을 간구하는 기도는 하나님께서 놀랍도록 정확히 응답하신다고 합니다.

교회가 목회활동을 하기 어려울 정도로 가난해서 하나님께 도움을 구하는 기도를 간절히 드렸는데, 그때마다 미처 생각지도 않았던 사람들이 나타나서 한 푼도 틀림이 없이 꼭 필요한 최소한의 금전을 헌금하더라는 간증을 개척교회 목사님들이 많이 하시지 않습니까?

사실 저뿐만 아니라 오늘날 교회를 다니고 있는 대부분의 교인들은 이런 간증을 들으면서 기독교는 물질적인 부와 탐욕을 추구하는 맘몬주의적 종교가 아니라는 사실을 이미 머리로는 다 알고 있을 것입니다.

그러나 우리는 육신을 입고 힘든 세상을 살아가고 있기 때문에, 물질적 욕망에서 완전히 자유로울 수가 없다는 것도 부인할 수 없습니다.

성령의 도우심으로 자신의 한계와 복음의 진리를 깨닫고 이 땅에서 하나님 나라를 경험하는 은혜를 누리다가도, 눈을 돌리면 쉽게 세상적 가치에 얽매여 버리는 것이 우리의 숨길 수 없는 실상이라 하겠습니다. 그래서 저도 신앙을 세상적 성공의 수단으로 삼지 않아야 한다고 말하면서도, 기도하다 보면 제 자신도 모르게 어느새 제 입술이 육적 소망을 간구하는 쪽으로 흘러가 버려서 답답하기만 할 때가 가끔 있습니다.

특히, 우리는 너나 할 것 없이, 살면서 흔히 남들과 비교하여 자신이 행복하다거나 불행하다고 느끼게 되는 경우가 많은 것 같습니다. 그러나 남들과의 비교에서 느끼는 세상적 행복은 상대적인 것이라서, 아무리 많이 누리는 사람도 백 퍼센트 모두 다 만족할 수는 없습니다.

무인도에서 혼자 살면 비교할 대상이 없으니까, 남보다 돈이나 벼슬이나 미모가 모자란다고 불행하게 생각할 여지가 없겠습니다만, 함께 사는 세상에서는 누구나 상대적 빈곤감에 시달리기 쉽습니다.

그런데 맘몬주의적 사고방식을 갖고 상대적 행복에 집착해서 살면 항상 목마르고 배고플 수밖에 없고, 그것이 참 행복은 아니라는 것도 이미 알고 있지만, 그 집착에서 스스로 벗어나기가 쉽지는 않습니다.

예수님을 믿는다는 저도 세상 사람들과 부대끼며 살아가다 보니까, 예전에는 이런 집착에 대해서 예외가 되지 못할 때가 없지 않았습니다. 이럴 때 저도 처음에는 하나님께 그런 행복을 누리게 해 달라고 기도하곤 했습니다만, 하나님과의 영적 인격적 관계가 친밀해질수록 차라리 그런 욕심을 버리게 해 달라는 기도가 제 마음을 편하게 했습니다. 그래서 요즈음은 육신의 정욕, 안목의 정욕, 이생의 자랑에 연연한 거짓과 탐욕이 제 마음에 스멀스멀 다가올 때면, 늘 이런 일을 경계하고 영혼의 강건함을 청하는 아굴의 잠언을 묵상하게 됩니다.

(잠 30:7) 내가 두 가지 일을 주께 구하였사오니 내가 죽기 전에 내게 거절하지 마시옵소서 8) 곧 헛된 것과 거짓말을 내게서 멀리하옵시며 나를 가난하게도 마옵시고 부하게도 마옵시고 오직 필요한 양식으로 나를 먹이시옵소서 9) 혹 내가 배불러서 하나님을 모른다 할까 하오며 혹 내가 가난하여 도둑질하고 내 하나님의 이름을 욕되게 할까 두려워함이니이다

그런데 기복적이고 번영신학적인 사고는 경계해야 마땅하지만, 그렇다고 해서 우리가 기도할 때마다 이런 것을 말씀드려도 될까 안 될까 하고 너무 헤아리는 것도 동시에 경계해야 할 일이라고 하겠습니다.

만약 기도가 그렇게 위축되어 버리면 진정성을 담은 기도가 아니라, 오히려 형식에 치우친 위선적인 기도가 되고 말지 않겠습니까?

"다듬지 않은 돌로 네 하나님 여호와의 제단을 쌓아라."

하나님께서 모세를 통해 이스라엘 민족에게 하신 이 말씀(신 27:6)에는 자신의 마음을 꾸밈없이 전하는 기도를 하라는 뜻이 담겨 있습니다.

누가 보더라도 탐욕스럽기만 한 투정이 아닌 다음에야, 아들인 제가 하나님 아버지께 무슨 말이든 드리지 못할 이야기가 어디 있겠습니까?

제 경험상 어쩌다 제가 잘못된 것을 구해도, 하나님 아버지께서는 꾸짖으시기보다는 제 소원을 포기할 수 있도록 깨달음을 주셨습니다. 제가 기복신앙에 빠지지 않는 것도 제 의지나 노력으로 되는 것이 아니라, 저의 무지함과 부족함을 일깨워 주시는 성령의 도우심 덕분임을 알게 되었고, 그동안 기도를 생활화해 오는 가운데서 제 자신도 모르게 기도의 내용이 점점 바뀌어져 가는 것을 스스로 체험하고 있습니다.

그러면서 지난날의 제 기도 중에 수많은 기도들을 하나님께서 들으면서 과연 어떻게 느끼셨을까 생각하면 부끄럽기가 그지없습니다. 그래서 요즈음은 기도를 드릴 때마다 제 기도가 하나님께서 들으신다고 해도 결코 부끄럽지 않은 기도가 되도록 성령께서 저를 이끌어 주실 것을 간절히 구하는 기도도 늘 함께 드리게 됩니다. 그것이 바로 하나님 나라와 그의 의를 구하는 기도의 전단계가 되지 않겠습니까?

또 저는 신앙생활을 하면서 우리가 설사 믿음이 있더라도 하나님께 구하지 않으면 얻지 못한다는 사실을 여러 경험을 통해 알게 되었습니다. 예수님께서는 우리들에게 구하라고 하시면서 우리가 그렇게 하면 우리들에게 주실 것이라고 말씀(마 7:7)하셨고, 야고보는 우리가 얻지 못함은 구하지 아니하기 때문이라(약 4:2)고 이야기하였습니다.

그러니까 우리가 기도로 구하지 않으면, 우리 일에 임하실 하나님의 은혜와 능력을 받기를 그냥 포기해 버리는 꼴이 되고 마는 것입니다.

그래서 제 딸 민정이가 교통사고를 당할 때도 여호와이레 하나님께서는 미리 저희 부부에게 피할 길이 되는 기도를 원하셨던 것입니다.

그날 저희가 기도를 드리지 않았으면, 하나님께서는 저희에게 가르침을 주시기 위해 그 사고를 달리 진행하셨을 수도 있었을 것입니다.

하나님은 전지전능한 분이시고 사랑과 은혜가 충만한 분이신데, 왜 제가 기도하면 응답하시고 그러지 않으면 침묵하실까요?

루터는 하나님께서는 우연히 일어나는 모든 세상일을 미리 알고 계시지만, 우연히 아시는 것은 하나도 없는 전지성(全知性)과 우리에게 무슨 일이 일어날지 다 알고 계시고, 그 일이 일어나게 하시거나 못 일어나게 하실 수 있는 전능성(全能性)을 갖고 계신다고 강조했습니다.

그러면서 그는 하나님께서는 당신의 의지를 따르도록 우리를 결코 강요하지 않으시며, 우리의 강요되지 않은 선택을 통해 당신의 의지를 반드시 실현시키신다는 소위 강요되지 않은 필연성을 이야기했습니다.

전지전능하신 하나님께서는 제가 하나님만 의지하고, 전심으로 간절히 기도드릴 때, 제 믿음과 순종을 보시고 기쁨을 참지 못하고 즐거워하시며(습 3:17) 뜻한 대로 하나님의 의지를 실현시키실 것입니다.

| 감사할 줄 모른다면 |

누구에게나 그렇겠지만, 평소 제 기도에 대한 하나님의 응답은 저의 간구대로 이루어 주시거나, 그렇지 않고 응답이 없으시거나, 다른 것으로 해 주시거나, 때로는 더 기다리게도 하시는 식으로 다양합니다.

제 신앙생활의 경험으로 보면, 하나님을 처음 만나고 나서 상당 기간 동안 저는 기도할 때 제 자신에게 닥친 고난을 하루속히 벗어나게 해 달라거나, 남들과 비교해서 제 자신에게 결핍되었다고 생각되는 재물, 명예, 건강 따위를 더 풍성히 채워 주실 것을 늘 간구하고 있었습니다.

그러나 제가 그런 기도를 아무리 열정적이고 적극적으로 드려도, 하나님의 뜻하심이 있는 응답은 무조건 제 간구대로 들어주시는 것이 아니라, 여느 때와 마찬가지로 다양한 형태로 나타났을 뿐이었습니다.

그런데 때로는 간절히 기도드렸는데도 불구하고 원하는 대로 들어주시는 응답이 없으면, 크게 낙심하게 되거나 무심하신 하나님에 대한 원망마저 생기기도 하면서 하나님에 대한 기대감이 약해지기도 했습니다. 그러다가 어쩌다 제 자신이 원하는 방향으로 일이 풀리면, 하나님께 형식적으로는 감사함을 표현하지만, 마음속으로는 그 결과를 제 자신의 노력에 대한 응답으로 생각하고 스스로 놀라거나 대견스러워하면서, 남들 앞에서 자신감에 찬 간증을 하기도 했습니다.

그러나 이제 와서 생각해 보면, 간구를 들어주시지 않는다고 서운해했던 것이 제가 하나님을 무슨 우상으로 여겼던 것 같아 부끄럽고, 이루어 주시는 응답을 저의 공으로 생각하고 제 의를 내세우는 간증을 자랑스럽게 했던 일들은 방향 잃은 제 신앙을 고백한 것에 불과했습니다.

저는 기도를 드릴 때 하나님 나라와 그 의를 먼저 구하면, 당면하는 일마다 하나님의 뜻이 계심을 깨달을 수 있게 된다는 성경의 가르침을 따르기 위해, 신앙생활을 해 오면서 점차 매사에 있어서 제 의나 제 유익을 억누르고 제 소망과 간구도 하나님의 뜻에 합당하게 맞추어 가려고 애를 쓰게 되었는데, 이렇게 해 오는 과정에서 예전에 미처 느껴 보지도 못했고 누려 보지도 못했던 큰 은혜를 경험할 수 있었습니다.

제가 경험한 가장 큰 은혜는 제가 처한 힘든 상황이 당장 좋게 바뀌지지 않았을 때라도, 저의 간절한 기도를 들으신 하나님께서는 제가 그 고난과 결핍 속에서도 절망하지 않고 마음의 평안을 누릴 수 있도록 영적 담대함을 제 마음속에 넘치도록 부어 주셨던 것이었습니다.

이런 기도응답의 경험이 하나둘씩 쌓여 가면서, 저는 제 기도에 대한 응답이 설사 제가 원하는 것과 다르거나, 만족스럽지 못해도 거기에는 다 하나님의 선하신 뜻이 있다는 사실을 점차 깨닫게 되었습니다.

시간이 지나면서, 저를 사랑하시는 하나님께서는 제 간구대로 들어주시는 것이 저에게 독이 될 때는 절대로 그 일을 하지 않으신다는 사실을 피부로 느낄 수 있는 경우가 많았습니다.

예전에는 당장에 제 생각대로 이루어 주시지 않는 하나님께 서운한 마음이 들기도 했었지만, 지나고 나서 곰곰이 생각해 보면 그때 하나님께서 제 간구를 들어주시지 않았던 것이 얼마나 은혜로운 일이었던가를 뒤늦게 깨닫고 새삼 감사드리는 일이 적지 않았습니다. 그래서 성경은 당장 우리의 간구를 들어주시든 안 들어주시든 그 모든 것이 예수 그리스도 안에서 우리를 향하신 하나님의 뜻이니, 범사에 감사하라(살전 5:18)고 이야기하고 있구나 하고 생각하게 되었습니다.

특히 저는 기도할 때마다 하나님께서 이미 주신 복에 대한 감사함을 잊지 말아야 한다는 점을 성경에서 강조하고 있는 것을 주목합니다.

저는 이 말씀을 읽을 때마다, 누구든 예수님의 은혜로 영적 육적 치유를 받고서도, 그 모든 것에 감사드리고 하나님께 영광을 돌리지 않는 사람은 곧 시들어 버리고 말 순간적 만족은 누릴지 몰라도, 정작 하나님 나라에서 영생을 누리는 구원은 절대로 이루지 못한다는 것을 예수님께서 엄중히 가르치시는 말씀으로 받아들이고 있습니다.

히스기야가 죽을병에 걸려 눈물로 기도하자 하나님께서 15년의 생명 연장의 은혜를 베푸셨는데도 불구하고, 건강을 되찾자마자 교만해져서 하나님의 말씀을 잊어버림으로써 지난날의 신실함도 다 잃어버리고, 그 아들 므낫세는 패역한 왕이 되어 버린 것(왕하 20:1~21:18)도 감사함을 모르는 자에 대한 하나님의 징계라고 할 수 있지 않겠습니까?

저는 살아가면서 하나님께 받은 복에 대해 감사드리는 마음이 없으면, 하나님의 은혜에 대한 감동도 제 마음속에 남아 있지 못하기 때문에, 영적으로 연약함에서 절대로 벗어날 수 없을 거라고 생각합니다.

감사하는 삶을 살아가면 제 믿음과 영적 담대함이 더욱 커져 가게 될 것이기 때문에, 제 인생에 어떤 고난과 시련이 닥쳐도 흔들리지 않고, 확신 가운데서 하나님께로 나아갈 수 있게 되는 것이 아니겠습니까?

그런데 실제로 살아가면서 겪게 되는 일들에서 하나님의 은혜가 넘쳐 나는 것을 자인하면서 하나님께 진심으로 감사드리다 보면, 제 자신이 영적으로 강해지면서 흔들리지 않는 믿음을 얻게 되는 것은 물론이고, 한걸음 더 나아가 저를 바라보고 계시는 하나님의 심정을 헤아리는 마음까지도 자연스럽게 일어나는 것을 저는 경험할 수 있었습니다.

"내 삶의 과정에서 나 자신의 교만함과 우둔함이나 욕심 때문에 하나님께서 혹시 마음 상하고 아파하실 일은 없었을까?"

매번 하나님께 뭘 달라고 바라기만 하기보다는, 하나님께 제 사랑의 마음을 드리려 하다 보면 저는 하나님을 더 가까이서 만나게 됩니다.

이처럼 저로 하여금 하나님과 인격적으로 깊은 사랑을 나누며 친밀하게 만날 수 있게 하는 것은 다름 아니라 바로 제 안에 충만해 있는 하나님께 감사드리는 마음이라고 하겠습니다.

그 감사의 마음이 있어야 제가 하나님의 마음을 제대로 알게 되고, 제 자신의 모든 것을 신실하신 하나님께 다 맡길 수 있지 않겠습니까?

| 하나님도 감복하실 정도로 끈질기게 |

그동안 신앙생활을 해 오면서 기도와 관련해서 경험한 중요한 가르침은 하나님의 뜻을 알 때까지 기도하고, 그 기도 가운데서 제 소망에 대한 하나님의 응답을 받을 때까지 끈질기게 기도해야 한다는 것입니다.

예수님께서는 하나님과 함께 창세전에 이미 우리를 택하신 이유가 우리로 하여금 성령의 열매를 맺게 하시기 위함과 우리의 기도를 다 들어주시기 위함이라(요 15:16)고 말씀하셨습니다.

"너희가 나를 택한 것이 아니요 내가 너희를 택하여 세웠나니 이는 너희로 가서 열매를 맺게 하고 또 너희 열매가 항상 있게 하여 내 이름으로 아버지께 무엇을 구하든지 다 받게 하려 함이라."

하나님께서는 제가 구하는 기도에 응답하기를 늘 기뻐하십니다.

그리고 제가 그 기도를 하나님께서도 감동하실 만큼 간절한 마음을 담아 끈질기게 계속 드릴 때 더욱 기뻐하시는 것 같습니다.

예수님께서는 이방인인 가나안 여인의 기도에 다소 무정하게 반응하시다가, 기도의 끈질김을 보시고 그녀의 믿음을 크게 여기셔서 그녀의 귀신 들린 딸을 낫게(마 15:25-28) 해 주시지 않았습니까?

그런데 끈질긴 기도에 대해서 저는 신앙생활 초기에는 지금과는 조금 달리 생각한 적도 있었습니다.

예수님께서 십자가에서 죽으시기 전날 밤 겟세마네 동산에서 세 번의 기도를 드리셨고, 사도 바울이 몸의 가시를 없애 달라고 기도한 것도 세 번에 그쳤던 것을 성경에서 보면서, 세 번 기도드렸는데도 안 들어주시면 하나님께서 그만하기를 원하신다고 생각하게 되었던 것입니다. 하나님께 떼를 쓰듯이 계속 기도하는 것은 실례라는 지극히 인간적인 생각으로 어떤 일이든 세 번 이상은 기도하는 것이 주저되었습니다. 그러나 성경을 읽고 묵상하는 중에, 예수님께서 기도할 때 이방인처럼 중언부언 하지 마라(마 6:7)고 하신 말씀은 공연히 의미 없는 말을 계속 반복하지 말라는 뜻이지, 끈질기게 기도하지 말라는 뜻은 결코 아니라는 것을 깨닫게 되었습니다.

그러면서 예수님께서 겟세마네 동산에서 세 번만 기도하신 것은 그 세 번의 기도를 통해 하나님의 구원계획과 예수님의 사명을 완전히 깨달으셨기 때문이었고(마 26:36-46), 사도 바울이 무슨 병인지는 모르겠지만 자신의 육체에 있는 가시를 떠나가게 해 달라고 세 번만 기도한 것은 그 세 번의 기도로 그 가시가 자신을 교만하지 않게 하시려는 하나님의 은혜라는 것을 깨달았기 때문(고후 12:7-10)이 아니었겠나 하는 식으로, 예전과는 생각이 다르게 변화되었습니다.

특히, 성경에서 세 번 기도했다는 내용을 횟수에 초점을 맞춰서 문자적으로 해석하지 않고, 숫자 3은 성부, 성자, 성령을 나타내는 성경적 완전수를 의미하므로, 세 번 기도했다는 것은 온 맘 다해 기도했다는 것을 강조하는 것이라고 그 의미를 해석할 수 있게도 되었습니다.

제 경험상으로는 하나님께서는 기도의 응답에 대한 저의 기대가 크면 클수록 그것을 한 번에 덜컥 응답하시는 경우가 거의 없으셨습니다. 기도에 대한 응답이 없다고 세 번 만에 포기하는 것은 순종과 겸손이 아니라, 게으름과 나약함에 대한 자기 합리화에 지나지 않습니다.

엘리야가 하나님의 말씀(왕상 18:1)을 증거하기 위하여 갈멜산에서 일곱 번 기도드린 후에야, 저 멀리 바다에서 사람의 손만큼 작은 구름 하나가 일어나는 것(왕상 18:44)을 겨우 볼 수 있었지 않았습니까?

그렇게 끈질기게 기도한 엘리야를 비난할 수 있겠습니까?

그러나 끈질긴 기도가 자신의 불가능성과 하나님의 위대하심을 바탕으로 한 온전한 믿음에서 유발되지 않고, 자신의 의지와 끈기의 표현으로 나오는 것이라고 자부하고 있다면 그것은 교만이라고 생각합니다. 자기 의지를 과시하려는 끈질김이 아니라, 우리의 기도가 하나님 뜻대로 구하는 기도여야 한다는 것이 중요하지 않겠습니까?

| 약속의 말씀을 붙잡고 |

저는 하나님께 기도드릴 때, 제가 간구하고 있는 것에 대한 하나님의 뜻이 무엇인지 어떻게 알 수 있을까 궁금해한 적이 많았습니다.

살아가면서 제가 일상에 관련된 일들에 관해서 기도를 드리는 중에 불현듯 떠오르는 생각들이 하나님의 뜻일까요?

그러나 저에게 그렇게 떠오르는 생각들은 십중팔구 제가 탐욕과 이기심에 휩싸이거나 마귀의 유혹에 넘어지려 할 때 그런 제 자신을 합리화하는 자기중심적인 생각에 불과할 확률이 높다고 생각합니다.

이런 오류를 극복하고 바른 기도를 하려면 어떻게 해야 할까를 고심하다가 예수님 세례와 관련된 성경말씀에서 답을 얻게 되었습니다.

예수님께서는 세례를 받으신 후에 성령께 이끌려 마귀의 시험을 받으러 광야에 가서 40일을 금식하신 후에 마귀를 만나셨습니다.

마귀는 우선 굶주린 예수님의 육신의 정욕을 자극하기 위해 하나님의 아들이거든 돌로 떡을 만들라고 했지만, 예수님께서는 유혹하는 마귀의 입을 신명기 8장 3절 말씀으로 막으셨습니다(마 4:3,4).

"사람이 떡으로만 살 것이 아니요, 하나님의 입으로부터 나오는 모든 말씀으로 살 것이라."

마귀는 예수님의 이생의 자랑을 부추기기 위해서 하나님의 아들이면 시편 91편 11, 12절 말씀처럼 천사들이 보호할 것이니 성전 꼭대기에서 뛰어내려 보라고 충동질을 했지만, 예수님께서는 신명기 6장 16절 말씀으로 마귀의 간교한 유혹을 뿌리치셨습니다(마 4:5-7).

"주 너의 하나님을 시험하지 말라."

중요한 것은 마귀도 이처럼 성경말씀을 인용하기까지 한다는 것입니다. 따라서 기도 중에 떠오르는 말씀조차도 마귀가 우리를 유혹하기 위하여 그 말씀을 헛되게 사용하는 것인지 아닌지를 분별해야 합니다.

또 마귀는 높은 산에서 예수님께 천하만국과 그 영광을 보여주며, 자신에게 엎드려 경배하면 모든 것을 주겠노라고 예수님의 안목의 정욕을 자극하기도 했습니다(마 4:8,9).

그러나 예수님께서는 신명기 6장 13절 말씀으로 집요하게 유혹하며 덤벼드는 마귀를 제압하셨습니다(마 4:10).

"주 너의 하나님께 경배하고, 다만 그를 섬기라."

이처럼 예수님께서 시험당하실 때마다 말씀으로 마귀를 대적해 나가셨던 성경 구절을 읽고 묵상하면서, 저도 앞으로 어려운 처지에 놓이게 되면 항상 성경말씀을 붙들고 기도해야겠다고 생각하게 되었습니다. 다만 이렇게 묵상하는 과정에서 제가 또 하나 깨닫게 된 것은 이처럼 성경말씀을 붙들게 되는 것도 제 힘에 의해서가 아니라, 제 안에 거하시는 성령의 도우심으로 말미암아 가능하게 된다는 것이었습니다.

우리와 함께하는 기도의 영인 성령은 하나님의 영(롬 8:9)이시며 하나님의 아들이신 예수 그리스도의 영(갈 4:6)이십니다.

또한 기도의 영인 성령은 말씀의 영이십니다. 말씀은 하나님이시고(요 1:1) 육신이 되어 이 땅에 오신 예수 그리스도(요 1:1)이시니까요.

삼위일체 하나님께서는 말씀을 통해 뜻을 이미 계시하셨으므로, 저는 그 말씀이 기록된 성경을 통해 하나님의 참뜻을 알아 가려고 합니다. 제가 하나님께서 약속하신 말씀을 믿고 기도하면, 하나님께서는 제게 모든 것을 주시고, 좋은 것으로 주실 것(누 11:9-13)입니다.

특히, 제가 고난당할 때 자주 암송하는 고린도전서 10장 13절 말씀은 저에게 용기도 주시지만, 흔들리지 않는 믿음의 길을 깨닫게도 하십니다. 그 말씀은 13절만 보고 문자적으로 해석해 버리면, 하나님께서 제가 겪는 고난을 피해 나갈 수 있도록 저를 위해 기적이라도 베풀면서 도와주실 것처럼 오해할 수도 있습니다.

그러나 이 말씀은 결코 기복주의적인 이야기가 아니라는 것을 그 구절 바로 뒤에 나오는 14절의 말씀에서 저는 알 수 있었습니다.

"그런즉, 내 사랑하는 자들아 우상 숭배하는 일을 피하라."

이 말씀은 제게 시련이 닥치더라도 하나님을 우상으로 생각하고 매달리거나, 또 다른 우상도 만들지 말라는 말씀이 아니겠습니까?

결국 피할 길이란 다른 방도가 있는 것이 아니라, 우상숭배를 하지 않고 하나님만 믿는 것이라고 저에게 깨달음을 주시는 말씀이었습니다. 저는 이 말씀의 뜻을 제대로 이해한 후에는 어떤 어려운 일이 제게 닥쳐도 그것은 변장하고 찾아오는 하나님의 축복이라고 우선 생각하게 되었고, 기도를 통해 하나님과 대화했으며, 그 과정에서 문제가 해결되어 가면 그렇게 되도록 도와주신 은혜에 감사드리게 되었습니다.

그러나 설사 해결되지 않을 때도, 그 고통 중에 뭔가 하나님의 뜻이 있을 것이라고 생각하면서, 하나님께 모든 것을 맡기고 전적으로 의지하니까 고난을 인내할 수 있는 영적 담대함도 가질 수 있었습니다.

이처럼 하나님을 믿고 순종하며 살아가면 두려움이 없어집니다.

그러나 제게 이런 믿음이 약해질 때는, 사회생활을 해 나가는 과정에 막연히 누군가 저에게 해를 끼치거나, 사람들 사이에서 제가 왕따가 되어 홀로 버려질지도 모른다는 생각에 두려워했던 적도 있습니다.

가끔 마귀의 유혹에 넘어가 실족했을 때는, 은혜로운 하나님께서 매정하게 떠나가실 거라고 두려워했고, 그런 제 자신에게 부과하실 하나님의 징계에 대해 두려움이 생기기도 했으며, 만약 하나님께서 외면하시면 제가 제 자신을 보호해야 한다는 걱정에 두려워지기도 했습니다.

성경에 "두려워하지 말라"는 말씀이 365번이나 나온다는데, 이것은 하나님께서 일 년 365일 동안 매일 어떤 이유로든 두려움으로 인해 심신이 무기력해지고 불안에 떨고 있는 우리들에게 두려움을 떨쳐 버리도록 힘 주시기 위해서 이렇게 수차례 말씀하신 것이 아닐까요?

사실 하나님 아버지께서 저를 보호하신다면 무엇이 두렵겠습니까?

살면서 제 자신도 세상에서 이런저런 상황에 쫓기다 보면 영적 민감함을 잃어버리고, 구체적으로 언제, 어디서, 무엇을, 어떻게 그리고 왜 하나님께 기도해야 되는지를 가끔 잊어버리게 되는 경우가 있습니다.

성경에는 그런 때에는 성령께서 말할 수 없는 탄식으로 우리를 위하여 친히 간구하신다는 약속의 말씀(롬 8:26)이 기록되어 있습니다.

민정이의 교통사고 때 미리 아내의 꿈을 통해서 기도하라고 알려주신 하나님을 경험했던 것처럼, 저는 지난 신앙생활 과정에서 우둔한 저에게 이 약속의 말씀이 실현되는 것을 여러 번 몸소 겪게 되었습니다.

이처럼 성경에 기록된 약속의 말씀들을 붙잡고 하나님께 기도를 드릴 때, 저는 그 말씀들을 통해 저를 지키고 도우시는 하나님의 임재하심을 그 어느 때보다도 더 가까이서 너무나 실감하게 됩니다.

저의 영혼에 울려 퍼지는 하나님의 약속의 말씀들은 이 땅에서 나그네 인생을 살아가면서 갈 바를 모르고 헤매는 저에게 소중한 나침반이 되시고, 캄캄한 인생길을 환히 밝혀 주는 등불이 되십니다.

신실하신 저의 하나님 아버지께서는 오늘도 험난한 세파에 시달리면서 늘 두려워하고 연약하기만 한 저를 강하고 담대하게 만드시기 위해 제게 힘을 주는 소중한 말씀들을 제 머릿속에 깊이 새겨 주시고, 아직도 세상적 욕망에 흔들리는 제가 하나님 나라를 확실히 볼 수 있게 사랑과 은혜가 넘치는 귀중한 말씀들을 제 마음속에 한껏 부어 주십니다.

08 장

네가 나를 사랑하느냐?

| 영안을 열고 예수님을 바라보라 |

수년 전 예루살렘을 방문했을 때 채찍교회 앞마당에 서서, 이천 년 전 그날 피와 땀으로 범벅이 된 몸에 십자가를 지고 골고다 언덕을 올라가셨던 예수님을 생각하면서 마음이 울컥했던 적이 있습니다.

뙤약볕이 내리쬐는 교회 앞마당에서 가시면류관을 쓰시고 병사들에게 채찍으로 맞으시며 "유대인의 왕이여 평안할지어다"라는 조롱을 당하셨던(마 27: 27-31) 예수님 생각에 눈시울을 적시기도 했습니다.

그리고 골고다 언덕으로 향하는 슬픔의 길, 고통의 길인 비아돌로로사(via dolorosa)를 걸어가면서, 저는 아무런 죄도 없으신데 십자가를 지고 뭇사람에게 능욕당하시면서 힘에 겨워 수차례나 넘어지면서 그

길을 올라가셨던 예수님을 생각하니 가슴이 시리도록 아팠습니다.

그러나 골고다 언덕에 올라와서, 그 옛날 예수님을 십자가에 매달면서 희롱하던 로마 병사와 욕하던 유대인들을 오히려 불쌍히 여기시고 그들의 죄를 사하여 달라고 하나님께 애원하시던(눅 23:34) 예수님을 생각하니, 그 지극하신 사랑에 대해 억누를 수 없는 감동이 물밀 듯 밀려오면서, 감격에 겨워 이 감사의 고백만 수없이 되뇌게 되었습니다.

"예수님! 감사합니다. 예수님! 감사합니다. ……."

그리고 지난날의 제 자신이 바로 그 옛날 예수님을 능욕하던 로마 병사나 유대인들과 별반 다를 바가 없었다는 생각이 들면서, 한없이 부끄럽고 죄스러운 마음에 깊은 회한의 눈물이 흘러내렸습니다.

잠시 후 골고다 언덕 위 성묘교회에 들어가서 십자가에서 숨지신 예수님의 형상을 바라보면서, 저는 영 죽을 우리를 다시 살리시고자 죄 없이 죽으신 예수님의 참된 사랑을 절절히 느낄 수 있었습니다.

마침내 제 입에서는 통절한 회개의 탄식이 흘러나왔습니다.

"하나님! 부디 저를 불쌍히 여기시고 제 죄를 용서하여 주시옵소서!"

하지만 제가 이처럼 예수님의 십자가 죽음의 현장을 볼 때만 해도, 인간 예수님의 사랑에 대해 감사하고 감격했지만, 예수님께서 하나님의 아들이심을 제 마음속으로 확실하게 믿지는 못했던 것이 사실입니다. 그러나 메테오라 수도원에서의 신앙고백 후 저는 예수님께서 하나님이심을 믿게 되었고, 그분이 영원한 사랑이심을 깨닫게 되었습니다.

하나님은 사랑이시고(요일 4:8), 하나님은 변함이 없으신 분이니까

(시 110:4, 말 3:6, 약 1:17) 하나님의 사랑은 변함이 없습니다.

태초에 인간도 하나님의 형상대로 지으심을 받았기 때문에(창 1:27), 원래는 하나님처럼 변함없는 사랑을 할 수 있게 지어졌을 것입니다.

영이신 하나님(요 4:24)께서 영적 존재로 창조하신 아담과 하와는 에덴동산에서 그들의 영이 하나님의 영과 연합되어 있었을 때는 하나님과 서로 변함없는 완전한 사랑을 나눌 수 있는 존재였다고 생각합니다. 그러나 타락 후 인간의 영은 원죄로 인해 마귀의 영과 합치됨으로써, 성령의 도우심 없이는 하나님과 이웃에게 자기 유익만을 내세우는 이기적 사랑만을 할 수밖에 없다는 아픈 진실이 저를 슬프게 합니다.

그런데 메테오라를 다녀온 후 사도신경을 묵상하면서, 저는 예수님의 사랑이 하나님의 사랑의 실체임을 더욱더 깊이 깨닫게 되었습니다.

| 십자가에 못 박혀 죽으시고 |

하나님의 아들이신 예수님께서 우리의 죄를 대속하기 위해 인간의 몸으로 오셔서, 갖은 고난을 당하면서 십자가에서 죽으신 것 자체만으로도 저는 말로 다 표현할 수 없는 은혜로움을 느끼게 됩니다.

사람들도 때로는 자신의 신념을 지키기 위해서 죽음을 택하기도 하는데, 기독교에서도 예수님 제자들의 순교나 그 이후에도 구한말 우리의 신앙의 선배들처럼 세계 각지에서 성도들의 순교가 많았습니다.

불교에서도 이차돈이 신라시대에 순교했듯이 그런 사례가 많았고,

조선왕조에서도 사육신이 정통성을 가진 단종을 지키기 위해 충성된 신하로서의 죽음을 선택하지 않았습니까?

그러나 그들의 죽음은 자신들의 신앙이나 신념을 위해 선택한 것이고 죽음 뒤에 천국, 극락, 충신 같은 큰 상급이 따른다는 기대가 있었지만, 예수님의 죽음은 자신의 죄 때문이 아니라 죄인인 우리 모두의 죄를 대속하기 위해서 선택하신 것이고, 예수님께서는 하나님의 아들인 하나님이시라 무슨 상급을 바랄 것이 없지 않았겠습니까?

그런데 예수님의 십자가 죽음에는 이보다 더 큰 의미가 또 있습니다. 생각해 보면, 예수님께서는 모든 세상 사람들의 죄를 한 몸에 지고 죽으셨기 때문에 누구보다도 더 많은 죄를 짊어진 분이 되셨습니다.

그러니까 그 지독했던 십자가 죽음의 고통에서 모든 것이 끝나는 것이 아니라, 죽으신 후에도 가장 험한 지옥으로 가셔서 영원히 더 큰 고통을 당하셔야만 하는 상황이 예수님을 기다리고 있었던 것입니다.

이처럼 예수님께서는 지옥에 대해서 모든 것을 알고 계셨기에, 겟세마네 동산에서 피와 땀의 기도를 드리실 때, 처음에는 십자가 죽음을 비켜 갈 수 있기를 원하는 완전한 인간의 모습을 보여주셨습니다.

그러나 예수님께서는 성령으로 채우심을 받은 후에는 하나님의 뜻대로 십자가 고난을 감당키로 작정하시는 완전한 하나님의 아들의 모습을 보여주시게 되었던 것입니다(마 26:39, 막 14:36, 눅 22:42).

저는 성경의 이 대목에서 저를 포함한 인간 누구도 닮을 수 없고, 따라갈 수 없는 예수님의 놀라운 하나님 사랑을 느낄 수 있었습니다.

4대 복음서는 십자가 죽음 앞에서 예수님의 신성과 인성을 잘 표현하고 있는데 누가복음(눅 23:46)에서는 예수님께서 스스로 하나님의 아들이심을 드러내 보이고 있습니다.

"아버지! 내 영혼을 아버지 손에 부탁하나이다."

또 요한복음(요 19:30)에서는 십자가 죽음을 통한 구원사역이 예수님께서 하나님과 함께 미리 계획하셨던 일임을 암시하고 있습니다.

"다 이루었다 하시고 머리를 숙이니 영혼이 떠나가시니라."

그러나 마태복음과 마가복음을 보면, 예수님께서는 십자가에서 죽음이 임박하였을 때, 하나님을 찾으며 "엘리 엘리 라마 사박다니?"라고 애타게 부르짖으셨다(마 27:46, 막 15:34)고 합니다.

"나의 하나님! 나의 하나님! 어찌하여 나를 버리셨나이까?"

저는 이 말씀이 임종 전 예수님의 인간적 절규였다고 생각합니다.

예수님께서는 신성을 지니고 계셨지만, 한편으로는 완전한 사람이셨으므로 지옥에 대한 혐오감과 함께 두려움도 느끼셨지 않았겠습니까?

결국, 절규하는 완전한 인간이셨던 예수님께서는 십자가에서 죽으셨고, 대신 지신 모든 인간의 죄로 말미암아 음부로 가셨던 것입니다.

음부에 내려가사

개신교 우리말 사도신경에는 이 구절이 삭제되어 있습니다만, 헬라어 사도신경은 물론이고, 영어 사도신경에도 "음부에 내려가사(He descended into Hades)”라는 구절이 “장사한 지 사흘 만에(On the third day)”라는 구절 앞에 있고, 가톨릭 우리말 사도신경에도 “저승에 가시어”라는 구절이 “사흘 날에 죽은 이들 가운데서 부활하시고”라는 구절 앞에 있습니다.

개신교 우리말성경에서 이 대목을 뺀 이유는 신성모독이라는 생각이나 가톨릭의 연옥설에 대한 부정적 생각에서 그랬는지 모르겠습니다.

그러나 하나님께서는 공의로운 분이시므로, 죄 짐을 다 지신 인간 예수님을 죽자마자 부활시키신 것이 아니라, 음부로 보내신 것입니다.

그렇지 않고 바로 부활시켜 버리시면 그야말로 십자가 사건은 연극같이 되어 버리고, 예수님께서는 연기력 있는 배우가 되시는 데 불과하지 않겠습니까? 그렇게 되면 무슨 감동이 있고 은혜가 있겠습니까?

예수님께서 음부에서 어떻게 지내셨는지는 성경에 기록되어 있지 않지만, 그곳은 일분일초도 지내고 싶지 않은 고통의 장소입니다.

간혹 베드로전서 3장 18, 19절을 인용하여 예수님께서 음부에서 죽은 자들을 구원하기 위해 기도하셨다고 주장함으로써 이단 논쟁을 일으키는 사람들도 있지만, 베드로전서의 그 구절들과 사도신경의 음부로 내려가셨다는 대목을 연결시키는 것은 좀 무리한 주장입니다.

(벧전 3:18) 그리스도께서도 단번에 죄를 위하여 죽으사 의인으로서 불의한 자를 대신하셨으니 이는 우리를 하나님 앞으로 인도하려 하심이라 육체로는

베드로전서 3장 18, 19절 말씀은 얼핏 보면 오해할 수도 있겠지만,
19절의 "영으로 가서"는 성령으로 오셨다는 것을 말하고, "옥에 있는
영"은 영어 성경을 보면 지옥(Hell)이 아니라 감옥(Prison) 같은 세상
에 사는 사람을 의미하므로, 베드로가 죽은 자의 구원을 이야기하는
것이 아닌, 마치 감옥살이 같은 기독교 박해의 시기를 살던 성도들에
게 십자가 복음을 믿으라고 선포한 말씀으로 저는 이해합니다.

그런데 혹자는 칼뱅주의 교리문답집인 하이델베르크 요리문답의 44
문답에 예수님께서는 지옥에 가신 것이 아니라, 십자가에서 지옥을 경
험하셨을 뿐이라고 한 것과 십자가 옆에 매달린 죄수에게 오늘 함께
낙원에 있으리라고 하신 누가복음 말씀을 예로 들면서, 십자가에서 죽
은 후 음부에 가 계셨다는 것은 틀린 성경 해석이라고 주장합니다.

그러나 저는 "죄인은 지옥에 간다"는 성경의 진리(시 9:17, 잠 5:5,
사 5:14, 마 5:29,30, 10:28, 11:23, 13:42, 18:8, 23:33, 25:41, 눅
12:5, 16:23,24, 약 3:6, 벧후 2:4, 계 14:11, 20:15)는 인간이 만든 요
리문답이나 인간이 풀이하는 성경 해석보다 우선한다고 생각합니다.

더구나 요리문답이 다소 추상적으로 표현되어 있기 때문에 음부에
가신 것을 완전 부정하는 것으로 보기도 애매합니다.

특히, 예수님께서 죄를 짓고 지옥을 가셨다고 하면 신성모독적인 발
언이 될 수 있겠지만, 예수님께서 십자가에서 우리의 죄를 대신 지고
죽으심으로 지옥에 가게 되셨다는 주장은 결코 신성모독이 아닙니다.

이것은 인간으로서는 도저히 흉내 낼 수 없는 지극한 사랑입니다.

그리고 죽으시는 날 옆에 있던 행악자에게 "오늘 낙원에 있을 것이
다"라고 하셨으니까 지옥에 가지 않으셨다고 말하는 사람들도 있지만,
제가 생각할 때는 그런 해석은 삼차원 세계에서의 시간과 공간에 대한
지식을 갖고 있는 인간이 할 수 있는 성경 해석에 불과하다고 봅니다.

시공을 초월한 하나님 나라의 이야기는 우리의 상상을 초월합니다.

저는 신실하신 하나님께서 신약과 구약성경에서 수차례 말씀하신 대로, "죄 있는 자는 죽어서 지옥으로 간다"는 진리를 그대로 믿는 것이 하나님을 믿는 사람들이 가져야 할 마음자세라고 생각합니다.

그러니까, 저는 예수님께서 음부에서 어떤 상황에 처하셨는지 성경에 기록된 것이 없으므로 잘 모르겠습니다만, 십자가에서 죽으신 후 모든 사람의 죄를 대신 지고 음부로 가신 것은 분명하다고 생각합니다.

제가 생각하기에는, 예수님께서 '인간'이 순교할 때 겪는 육체적 고통과 유사한 고통을 십자가에서 겪으셨던 것을 예로 들면서 실제로 지옥에 가신 것이 아니라, 지옥 같은 고통을 당하셨다는 뜻으로 해석하는 것은 예수님의 '하나님 사랑'의 의미를 크게 축소, 왜곡하는 것입니다.

하나님의 아들이신 예수님께서 우리의 죄를 사해 주시려고 십자가에서 죽으신 것만으로도 우리는 감당하기 어려운 은혜를 입었지만, 더 나아가서 지옥이 어떤 곳인지를 다 아시면서도 그 길을 택하셨다는 예수님의 '하나님 사랑'은 이루 말로 다 표현할 수 없는 고귀한 사랑입니다. 부모가 자기 자식이 위험에 빠져 있을 때, 무엇을 생각할 겨를도 없이 본능적으로 사랑의 용기를 발휘하여 자식 대신 죽을 수는 있습니다.

그러나 자식의 죄를 대신해서 죽을 경우에 순간적 죽음에 그치지 않고, 무서운 지옥에서 영원히 고통 받는다는 사실을 확실히 알면서도, 이성적으로 그런 죽음을 선택할 수 있는 부모는 아무도 없을 것입니다. 부모의 자식 사랑도 이럴진대, 예수님께서는 피조물에 불과한 우리를 구원하시기 위해 지극한 사랑으로 지옥도 기꺼이 선택하셨습니다.

저는 예수님의 그 사랑은 어느 누구도 감히 흉내 낼 수 없는 사랑이
라고 생각하며, 그 크신 사랑에 그저 감격할 수밖에 없는 것입니다.

| 사랑은 그렇게 오더이다 |

아카시아 향내처럼
오월 해거름의 실바람처럼
수은등 사이로 흩날리는 꽃보라처럼
일곱 빛깔 선연한 무지개처럼
사랑은 그렇게 오더이다.
휘파람새의 결 고운 음률처럼
서산마루에 번지는 감빛 노을처럼
은밀히 열리는 꽃송이처럼
바다 위에 내리는 은빛 달빛처럼
사랑은 그렇게 오더이다.
(배연일. 사랑은 그렇게 오더이다)

사랑이 올 때는 이 고운 시처럼 멋지고 아름답게 행복을 가득 담고
다가옵니다. 누구라도 처음 사랑이 다가올 때는 태초에 잃어버린 아담
의 참사랑의 흔적이 희미하게 남아 있기 때문에, 사랑하는 이에게 하
늘에서 별이라도 따다 주고 싶을 정도의 가슴 떨리는 기쁨을 느낍니

다. 그러나 처음에는 사랑하는 것이 사랑을 받느니보다 행복하다고들 말하지만, 시간이 흐르면서 자신의 유익을 찾고, 상대에 대한 기대가 실망으로 바뀌면, 꺼질 것 같지 않던 열정도 그만 식어 버리고 맙니다.

이미 마귀에게 사로잡힌 인간의 마음으로 하는 남녀 간의 사랑은 말할 것도 없이 시간이 흐름에 따라 변할 수밖에 없고, 하나님에 대한 사랑에서도 변덕이 죽 끓듯 하는 사람들의 일시적인 열정이 식어 버리면서 하나님을 떠나 버리게 되는 경우가 허다하게 있습니다.

하나님에 대한 참 믿음으로 성령에 의해 맺어지는 사랑의 관계가 아니라, 자기 자신을 사랑해서 오로지 자기 유익만을 구하는 기복적인 믿음으로 하거나 이기적인 조건부 사랑은 결국 다 그렇게 되어 버립니다. 그런 자들은 자신이 기대하는 것처럼 하나님께서 응답하지 않으시거나, 하나님 아닌 다른 무엇을 통해 자신의 쾌락과 탐심을 채울 수 있다고 생각되는 경우에는 그냥 미련 없이 하나님을 떠나 버리고 맙니다.

(고전 13:4) 사랑은 오래 참고 사랑은 온유하며 시기하지 아니하며 사랑은 자랑하지 아니하며 교만하지 아니하며 5) 무례히 행하지 아니하며 자기의 유익을 구하지 아니하며 성내지 아니하며 악한 것을 생각하지 아니하며 6) 불의를 기뻐하지 아니하며 진리와 함께 기뻐하고 7) 모든 것을 참으며 모든 것을 믿으며 모든 것을 바라며 모든 것을 견디느니라

고린도전서 13장에 기록된 사랑에 대한 이 아름다운 말씀은 교회를 다니지 않는 사람들도 즐겨 애송하는 성경 구절입니다.

저도 학창 시절에 고시공부 한다고 시골집에 내려가 있을 때, 이 구절을 사랑의 고백으로 담아 연애하던 아내에게 편지를 하곤 했었습니다. 그러나 이제 십자가 복음을 믿으면서 이 구절을 묵상할 때마다, 저는 이런 사랑은 우리를 대하시는 예수님의 성품, 즉 우리를 위하여 지옥에 가는 것도 마다하지 않으시는 지극한 사랑을 말한다고 생각합니다.

그래서 저도 이 같은 사랑의 성품을 간절히 소망하지만, 실생활에서 그런 성품을 갖추고 사랑을 실천하기가 결코 쉽지만은 않은 것이 현실입니다. 그건 왜일까요? 그것은 제가 아직도 진정한 사랑을 하기 위한 출발점에 제대로 서 있지 못하기 때문인 것 같습니다.

예수님께서 계명으로 주신 하나님에 대한 사랑과 이웃 사랑을 하기 위해서는 우선 자신의 죄와 인간적 한계에 대해서 깨닫고, 철저하게 자기를 부정하는 낮아짐과 자신의 소유와 욕망과 유익을 내세우지 않고 하나님께 절대 의존하는 내려놓음이 전제되어야 하지 않겠습니까?

그리고 그런 자신에게 부어진 하나님의 사랑과 은혜가 얼마나 크고 놀라운지를 실감하고 감사할 수 있어야 진정한 사랑을 할 수가 있습니다. 그러나 그 사랑과 은혜에 대해 깊이 감사하는 마음이 있음에도 불구하고, 자신을 완전히 부정하고 모든 탐심과 이기심을 다 내려놓는다는 것이 현실적으로 얼마나 어려운 일인지를 절감하게도 됩니다.

더구나 제가 믿음으로 이웃을 돕는 일을 할 때도 자칫 잘못 생각하면 참사랑을 하는 것이 아니라 제 자신의 의를 쌓고 죄를 짓게 되는 결과를 가져올 수 있다는 것도 교회를 다니면서 알게 되었습니다.

제가 누구와 비교할 수 없이 형편없는 죄인이고 보잘것없는 존재인데, 이웃에 대해 구별의식이나 우월의식을 가지고 누구에게 사랑을 베풀겠다고 출발한다면 그 사랑의 종착역이 과연 어디가 되겠습니까?

자기 의를 자랑하고 내세우는 데로 가 버리고 말지 않겠습니까?

결국 참된 사랑을 한다는 것은 저를 위해 십자가에서 죽으신 예수님만을 바라보면서, 제 자신이 누구이며, 무엇을 잃어버리고 살아가고 있는지를 깨달아 가면서 그동안 마귀가 훼손하기도 하고 제 스스로도 잃어버리기도 한 하나님의 형상인 변하지 않는 그 사랑(요일 4:8)을 성령의 도우심을 받아 되찾아가는 것이라고 생각합니다.

| 용서하게 하옵소서 |

저는 우리의 믿음도 그러하듯이, 우리의 사랑도 자신의 의지로 할 수 있는 것이 아니라, 하나님의 도우심이 있어야 그 은혜에 힘입어 할 수 있다는 것을 신앙생활의 과정에 수없이 경험하고 있습니다.

혹시 여러분 중에 감정으로는 도저히 사랑할 수 없는 아주 밉거나 싫은 사람이 있으면, 하나님께 이런 기도를 간절히 드려 보십시오.

"하나님! 그런 사람일지라도 제발 그를 사랑할 수 있게 도와주세요!"

제가 경험한 바로는 하나님께서 저의 이런 기도에 대해서는 정말 깜짝 놀랄 만큼 신속하게 그리고 확실하게 응답해 주셨습니다.

저는 사회생활을 하면서 많은 사람에게 사랑을 받고 도움도 받아서 세상을 비교적 큰 어려움 없이 편안하게 살아온 편이었습니다. 그러나 저에게도 사람으로 인한 상처가 전혀 없을 수는 없었습니다.

그동안 세상을 살아오면서 가끔 말도 되지 않는 일로 저를 모함하고 곤경에 빠뜨리는 사람들이나, 자기 자신의 유익을 위해 저를 희생양으로 삼는 사람들로 인해 심적 고통을 받은 적이 종종 있었습니다.

그런 사람들로 인해서 너무나 억울하게 당하고 나면 그 사람에 대한 반감이 짙어질 수밖에 없었고, 그로 인한 제 마음의 상처는 아픔이 너무 커서 하나님을 만나고 나서도 치유되지 않았습니다.

신장암 판정을 받고서 의사 선생님으로부터 암의 원인 중 하나가 될 수 있는 스트레스는 십 년 전에 마음이 상했던 일로 인한 스트레스로까지 거슬러 올라갈 수 있다는 이야기를 듣고서, 다시 한 번 지난날 악연으로 맺어졌던 사람들의 얼굴을 하나둘 떠올리기도 했으니까요.

그런데 믿음의 시간이 흘러가면서 예수님께서 말씀하신 이웃 사랑의 계명을 자주 묵상하게 되면서 그때 그 사람들이 생각났습니다.

예수님께서는 갖은 멸시와 천대를 받으셨음에도 인간의 죄를 대신해서 죽기까지 하셨는데, 저는 죽고 사는 문제도 아닌 일을 이유로 그 사람들에 대한 원망과 미움을 줄곧 버리지 못하고 있다는 것이 저 같은 죄인을 용서하신 주님 앞에서 너무나 부끄럽고 마음에 걸렸습니다.

성경에서는 "해가 지도록 분을 품지 말라"(엡 4:26)고 하는데도 그들을 용서하는 것이 그렇게 쉽지는 않았습니다.

이젠 용서하자, 잊어버리자 하고 수없이 다짐을 했지만 마음속 저 깊은 곳에 웅크리고 있는 울분과 화를 제 의지만으로는 좀처럼 삭힐 수가 없었던 것입니다. 그러다가 언제부턴가 저는 하나님께 이런 기도를 드리게 되었습니다.

"하나님, 제 맘속에 있는 미운 사람들을 용서할 수 있게 좀 도와주세요. 제 혼자 마음으로는 도저히 안 되네요. 이런 저를 불쌍히 여기시고, 제가 그들을 용서할 수 있도록 도와주시고, 못난 저도 용서해 주세요."

그렇게 기도를 수차례 드리는 과정에서 정말 놀랍게도 제 마음속에 그들에 대한 미운 감정이 서서히 사라지면서 평안이 찾아왔습니다. 용서하고 싶다가도 그들을 보면 다시 옛일이 생각나서 더 미워지고 했던 그동안의 악감정은 씻은 듯이 사라져 버리고, 우연히 그들을 만나게 돼도 밉기보다는 오히려 연민의 정마저 느끼게 되었습니다. 그런데 그런 심경의 변화는 제 의지나 노력의 결과가 아니었습니다.

왜냐하면 성경에서 누구를 용서한다는 것은 예수님께서 우리의 죄를 용서하신 것에서 알 수 있듯이, 제가 저에게 악행을 저지른 자들의 잘못이나 죄를 잊어버리거나 정당화해 주거나 묵인해서가 아니라, 그들이 행한 일에 대해서는 다 알지만 제가 그들이 그 죄로 인해 하나님으로부터 벌 받는 것을 바라지 않고 제 스스로도 그들의 악행에 앙심을 품지 않고 오히려 그들을 애통하게 생각하는 것을 말하는데, 이런 사랑이 바탕이 된 용서는 제 혼자의 능력으로는 도저히 저의 마음속에서 만들어 나오게 할 수 없다는 것을 제 스스로 잘 알고 있기 때문입니다.

저는 사람이 자신에게 잘못을 저지른 사람을 진정으로 용서하는 것은 성령의 도우심이 없이는 절대 불가능하다고 생각합니다.

돌이켜보면 제게 상처를 주는 사람들을 용서할 수 있게 해 달라고 기도드릴 때마다 성령께서는 먼저 저를 스스로 회개하도록 이끄셨습니다. 제가 혹시나 그들에게 무슨 잘못을 저지른 것은 없는지, 아니면 다른 사람에게라도 제가 그들처럼 그런 잘못을 저지른 것이 없는지를 되돌아보게 되면, 항상 스스로 회개해야 할 일들이 많이 떠올랐습니다.

그때마다 저는 주기도문의 말씀(마 6:12)이 늘 생각났습니다.

"우리가 우리에게 죄 지은 자를 사하여 준 것 같이 우리 죄를 사하여 주시옵고."

이 말씀은 제 혼자의 힘으로 누구를 용서한 것만큼 저를 용서해 달라는 식의 소위 자력구원을 의미하는 말씀이 결코 아니라고 생각합니다.

이 말씀은 용서할 능력이 없는 제가 미워하는 누구를 용서할 수 있도록 성령께서 도와주신 것처럼, 제가 이웃들에게 지은 죄를 용서받도록 그들에게도 성령으로 인도하시는 은혜를 베풀어 주시고, 또한 제가 하나님께 저지른 모든 죄도 용서해 달라는 간구입니다.

이처럼 제 생각으로는 도저히 용서가 안 되던 사람들을 하나님의 도우심으로 용서하고 사랑하게 되면서 느끼는 기쁨은 직접 경험해 보지 않고서는 상상할 수 없을 만큼 너무나 크고 은혜로웠습니다.

제가 오로지 하나님께 의지하고, 전심으로 하나님을 바라보며 회개하고 기도드리니까, 하나님께서는 저의 일그러진 형상을 치유하셔서 원상으로 되돌리시고, 확실하게 사랑의 하늘 옷을 덧입혀 주신 것입니다.

하나님께서는 사람들과 부딪치며 때론 상처받고 때론 피해를 보는 제게 사람들로 인한 고통에서 벗어날 수 있도록 사랑의 능력을 주시고, 시련의 거친 파도를 쉽게 헤쳐 나갈 수 있는 사랑의 지혜도 주십니다.

회개와 함께 하나님께 얻은 사랑과 용서의 마음은 모든 것을 이길 수 있다는 것을 저는 이 은혜로운 경험을 통해서 깨닫게 되었습니다.

| 사랑은 모든 허물을 덮느니라 |

지난 10년간 저는 직장을 몇 번 옮겨 다녔는데, 그때마다 같이 일하던 동료들 중에는 제가 전도해서 회심한 사람도 여럿 있습니다. 그들을 생각하면 너무나 은혜롭고 늘 감사 기도가 저절로 나옵니다. 그렇게 믿게 된 사람들 중에는 제 승용차를 운전하던 직원도 있었는데, 그는 성품이 온순하고 매우 성실한 사람이었습니다.

그를 처음 만나 종교를 물어보니, 자신은 무교라고 대답하더군요. 그래서 몇 달 지난 후, 그의 의향을 조심스럽게 한번 떠보았습니다.

“내가 하나님을 믿으니까 참 좋은데 한번 믿어 볼 생각이 없어요?”

그러나 그는 평소 제 말을 잘 듣는 사람이었는데도 신앙 문제에 대해서는 단호하게 자기는 아직 그럴 생각이 없다는 뜻을 밝혔습니다.

저는 착하고 성실하면서도 믿지 않는 그를 만난 것도 다 하나님의 뜻이 있을 것이라고 생각하고, 매일 저하고 많은 시간을 같이 보내는 그를 하나님의 자녀로 인도해 주실 것을 간절히 기도드렸습니다.

기도 중에 불현듯 딸 민정이를 통해, 믿지 않던 저희 부부에게 유명 목사님들 설교 테이프를 듣게 하신 하나님의 방법이 생각났습니다.

저는 차 카세트에 찬양 CD 여섯 장을 꽂아 놓고, 이동 중에 그것을 켜면 무조건 찬양만 항상 흘러나오도록 했습니다. 그렇게 하면서도 그의 속마음이 걱정돼 수시로 물어보면 그는 괜찮다고 했습니다.

“교회도 안 다니는데 혹시 이런 노래가 듣기 거북하지 않아요?”

“아뇨, 노래 가사가 참 좋은데요.”

그렇게 6개월쯤 지나고 나니 정말 놀라운 일이 일어났습니다.

아침 출근할 땐데, 그가 저에게 뜻밖의 질문을 불쑥 던졌습니다.

“원장님! 저도 교회에 갈 수 있을까요?”

그 말을 듣는 순간 저는 너무나 놀랍고 기뻤습니다.

“그럼요, 갈 수 있고말고요!”

“저는 어느 교회가 좋은지 모르는데, 혹시 원장님 다니시는 교회에 가도 될까요?”

“그럼요, 되고말고요! 우리 교회는 분당과 수지에 나뉘어 있는데 난 우리 집에서 가까운 수지교회를 다니니까 그쪽은 집에서 가까운 분당 교회로 다니도록 하세요. 그렇게 하는 것이 교회 가서도 괜히 나 때문에 신경 쓸 일도 없을 테니까 좋지 않겠어요?"

전도하기 어려울 줄 알았던 사람이 자진해서 교회를 가겠다고 하니, 그를 믿음으로 인도하신 하나님께 드리는 감사기도가 제 입에서 저절로 흘러나왔습니다. 너무나 기쁜 마음에, 성경책 두 권을 사서 퇴근길에 전해 주면서 하나님을 믿게 된 것을 축하하고 또 축하했습니다.

이렇게 시작된 그의 신앙생활은 날이 갈수록 깊어져 갔습니다. 그는 부인은 물론 친가와 처가 어른들께도 전도를 해서 다 믿게 되는 축복을 누리게 되었다고 저에게 이야기하면서 무척 좋아했습니다. 특히, 이제 말을 배운 지 얼마 되지 않은 그의 어린 딸아이가 잠자리에 들 때면 늘 고사리 같은 손을 모으고 하나님께 기도를 드릴 줄 알게 되었다고 자랑하기도 했습니다.

"하나님 아버지! 좋은 꿈 꾸고 잠 잘 자게 해 주세요. 아멘!"

그러던 그에게 정말 예상치 못한 시련이 닥쳐왔습니다. 하루는 출근길에 그가 땅이 꺼질 듯이 한숨을 쉬며 울먹거렸습니다.

"원장님! 어제 아내가 갑자기 가출을 해 버려서 이번 주부터는 주말에 아내를 찾으러 다녀야 할 것 같습니다."

제가 놀라서 연유를 물으니, 그동안 그들 부부가 절약을 해서 어렵게 큰돈을 모았는데, 부인이 사람들 꾐에 빠져 투자를 잘못해서 모두 잃어버리고는 너무나 미안한 마음에 집을 나가 버렸다고 했습니다. 그런데 그 후 부인이 집을 나가 있는 동안에 저보다 나이도 한참 어린 그가 처신하는 걸 보고서, 저는 너무나도 깊은 감명을 받았습니다.

몇 년을 벌어도 모자랄 큰돈을 잃어버린 부인에 대해 아무런 원망도 하지 않고 별일 없이 돌아오기만을 걱정하는 그를 보고서, 제가 저런 일을 당하면 저럴 수 있을까 하고 생각하니 부끄러울 뿐이었습니다.

어린 딸아이를 처가에 맡겨 놓고 오히려 장모님을 위로하면서 주말이면 부인을 찾아다니느라 지쳐 가는 그의 모습을 보면서 저의 걱정은 점점 커져 가기만 했습니다. 아침에 출근하면서 차를 탈 때마다 혹시 부인이 돌아오셨느냐고 묻기가 미안한 날들이 하루하루 지나갔습니다.

그런데 다행스럽게도 한 달쯤 뒤 아침에 그는 활짝 웃으면서 부인이 돌아왔다는 이야기를 했습니다. 그녀는 그동안 남편에게 미안해서 연락도 못하고 혼자 돈 벌어 보겠다고 지방에 있는 친구 옷가게에서 일을 했다고 하더군요. 저는 정말 잘됐다고 하면서 그를 위로했습니다.

"다행이에요. 돈은 있다가도 없는 것이고, 아직 젊으니까 또 모으면 되잖아요? 절대 꾸짖지 말고 너그러이 용서하고 잘 지내세요."

그는 걱정하지 말라면서 오히려 차분히 자신의 신앙고백을 했습니다.

"원장님! 정말 고맙습니다. 원장님께서 전도해 주신 덕분에 제가 하나님의 자녀가 되었기 때문에 이번 일이 잘 해결되는 것 같습니다. 제가 믿지 않았던 과거의 저 같았으면 이번에 큰 사고를 쳤을 건데, 사랑이신 하나님을 믿었기 때문에 하나님께서 아내에 대한 저의 사랑을 지켜 주셔서 이 시련을 별 탈 없이 극복할 수 있게 되는 것 같습니다."

그는 예기치 못했던 어려움을 겪으면서 하나님을 원망하거나 하나님께 서운해하면서 교회를 떠나 버리기 쉬운 초신자였음에도 불구하고, 신앙의 힘으로 그 자신과 하나님과의 사랑의 관계를 지켜 나갈 수 있었기 때문에, 성령의 은혜로운 도우심으로 아내에 대한 사랑과 용서의 마음을 잃지 않게 되었으며, 애써 모은 돈을 잃어버린 아내를 미워하거나 원망하기보다는, 물질에 구애받지 않고 그의 가정의 평화를 지키는 것을 최우선시할 수 있게 되었던 것입니다.

얼마 후 그는 그 일을 알고 있던 친구들이 예전의 그와는 확연하게 달라진 그의 모습에 감명을 받아, 자기들도 교회에 나가고 싶다고 해서 주일마다 함께 다니게 되었다는 이야기를 저에게 전해 주었습니다.

하나님께서는 시련 가운데서도 마귀의 영에 휘둘려 아내를 미워하지 않고, 하나님과의 사랑의 끈을 단단히 묶어 그 힘으로 가족의 사랑을 지켜 온 그에게 그처럼 소중한 가정의 평강을 주시고, 그의 친구들과도 은혜의 단비를 함께 맞는 기쁨을 누리도록 진정한 이웃 사랑의 길로 그를 인도하여 주셨던 것이었습니다.

chapter

03

하나님의 뜻을 분별하는 삶

09 장

내가 주인 삼은 모든 것
내려놓고

| 하나님께서 들려주신 찬양 가사 |

십여 년 전 그날 새벽교회 첫 예배가 시작될 때 주체할 수 없이 흘러내리던 눈물 속에서 하나님을 맞이한 이후 제 마음속에 자리 잡게 된 질문은 바로 하나님의 '찾아오심'에 관한 것이었습니다.

하나님께서는 도대체 저에게 어떤 분이시기에 아무런 예고도 없이 그 새벽에 그토록 저를 울리면서 찾아오셨을까요?

하나님께서는 제 인생의 여정에서 하필이면 왜 제 나이 50대 중반인 그 늦은 때에 무엇을 바라고 그렇게 저를 찾아오셨을까요?

저는 그 이유를 아직도 다 알지는 못하지만, 그중에서 한 가지가 하나님께서 계심을 저에게 확실하게 알려주시기 위함이었다는 것을 깨달게 되었고, 십 년 전 그 새벽에 저를 울린 그 찬양 가사는 살아계시는 하나님께 제가 드린 사랑의 첫 고백처럼 늘 느껴졌습니다.

신앙생활이 깊어짐에 따라, 제가 하나님을 믿기 전에 제 인생의 주인으로 삼은 것과 사랑했던 것이 무엇이었는지를 되돌아보면서, 제 자신의 세계관과 가치관에 대해서 저 혼자 많은 생각을 하게 되었습니다.

| 공자 사상과 노자 사상에 젖어 살아온 나날들 |

저희 세대는 요즘보다 유교문화의 영향을 많이 받으면서 컸습니다. 더구나 제 성장기인 60, 70년대 당시에 제 고향 경상도는 다른 지역보다 유교사상이 훨씬 강해서, 결혼 때는 물론이고 평소 사람을 사귈 때도 상대가 양반 가문의 사람인지 아닌지를 따지는 분위기였습니다.

집에서는 부모님으로부터, 그리고 학교에 가서는 선생님들로부터 듣는 말씀도 대부분 유교적 윤리에 바탕을 둔 가르침이었습니다.

실제로 중학교 2학년이었던 1966년에 조선왕조 마지막 왕비였던 윤비가 돌아가셨을 때, 시골 큰댁에 가면 굴건제복(屈巾祭服)을 하고 북

향재배(北向再拜)하는 어른들을 동네에서 심심찮게 볼 수 있었답니다.

저도 부모님의 배려 속에 초등학교 때 이미 유학에 밝은 친척 어른을 스승으로 모시고 천자문과 명심보감을 읽으면서 한문을 익혔습니다.

명심보감 맨 첫 장에 보면, 공자님께서는 "위선자(爲善者)는 천보지이복(天報之以福)하고 위불선자(爲不善者)는 천보지이화(天報之以禍)니라"라고 "착한 자는 하늘에서 복을 받고 악한 자는 화를 입을 것이라"며 권선징악의 가르침을 말씀하셨습니다. 저는 여기서 하늘 천(天)이 나오니까, 어릴 때 잘 모르면서도 막연하게 공자님도 하나님을 믿으셨구나 하는 생각을 하기도 했었답니다.

사실 공자님도 여느 중국인들처럼 신, 악마, 조상귀신의 존재를 다 인정은 하셨습니다만, 그들로부터 멀리 떨어져 지내야 한다고 경계하시면서 주로 현실 세계를 살아가는 데 필요한 말씀들을 많이 하셨습니다. 그분은 여름에 비가 오게 해 달라고 기도하기보다는 가물 때를 대비해서 물을 저장해 놓는 것이 훨씬 현명하다고 생각한 현실주의자이셨으며, 대표적인 인본주의 철학자라고 할 수 있습니다.

공자님께서는 인간의 잘 정화된 내적인 마음의 상태를 의미하는 '덕'이라는 가치를 인의예지(仁義禮智)라는 인간의 네 가지 존재원리로 제시하고 있는 주역(周易)이란 책을 삼천 번이나 읽으셨다고 합니다.

이런 각고의 노력 끝에 주역에서 큰 깨달음을 얻은 그분은 인의예지의 덕을 이상국가에 필요한 체계적인 사상으로 정립하셨습니다.

그분은 인(仁)은 인간 누구나 가지고 있는 보편적 본질이며 자기를 극복하고 예(禮)를 따르는 것이고, 예는 인이 유지되고 확대될 수 있도록 사회 전체가 지켜야 할 기준인 도덕규범이며, 의(義)는 올바른 행함을 위해서 깨끗한 정신에서 나오는 바른 마음을 의미하고, 지(智)는 알 지(知)자 밑에 밝은 태양을 의미하는 일(日)자가 받치고 있듯이 어리석음을 밝히는 지혜로운 마음을 의미한다고 말씀하셨습니다.

그분은 잔학무도한 전쟁과 폭력이 난무하던 춘추전국시대를 사시면서, 인간으로서의 예의가 사라지고 짐승만도 못한 작태를 보이고 있던 당시의 끔찍하고 고통스러운 사회를 고쳐 나가기 위해 현실주의적이고 인본주의적인 도덕적 가치관을 새롭게 정립해 나가셨던 것입니다.

특히, 공자님께서는 인간이 하늘의 뜻을 다 이해하기에는 천명이 너무나 일관성이 없고 주관적이라고 보셨으며, 이러한 하늘의 불완전성을 극복하기 위해서 도(道)를 제시하셨고, 그 도의 기준은 보편성과 투명성 그리고 객관성이 제대로 확보돼야 한다고 생각하셨습니다.

유교에서 제시하는 삼강오륜(三綱五倫)이라는 도덕률도 다 이러한 기준에 입각한 인본주의적인 사상의 바탕에서 나온 것입니다.

군위신강(君爲臣綱), 부위자강(父爲子綱), 부위부강(夫爲婦綱)이라는 삼강은 임금은 신하의, 아버지는 자식의, 남편은 아내의 본보기가 되고, 신하는 임금을, 자식은 아버지를, 아내는 남편을 섬기는 것이 근본이라는 세 가지 강령이고, 부자유친(父子有親), 군신유의(君臣有義), 부부유별(夫婦有別), 장유유서(長幼有序), 붕우유신(朋友有信)이라는 다섯 가지 인륜(人倫)인 오륜은 우리 모두가 학교 다닐 때 수없이 들어서 별도의 설명이 필요 없는 너무나 친숙한 가르침이지 않습니까?

인간의 본성을 우리 스스로 재발견하고 수양과 실천을 통해 인의예지의 덕을 세워 나가자는 인본주의적 사상인 공자 사상은 어려서부터 제 세계관이나 가치관을 형성하는 데 큰 영향을 끼친 사상이었습니다.

공자님과 동시대를 살아온 노자 역시 인본주의 철학자였습니다.

노자에 대해서는 한때 TV에 방영된 모 대학 교수의 강의가 시청자들의 관심을 사로잡은 적도 있었고, 지금도 CEO를 대상으로 한 각종 인문학 강의에서 노자와 그 제자 장자의 이야기가 인기 있는 프로그램으로 각광을 받고 있는데, 어린 시절부터 유교사상에 젖어 있던 저는 노자를 만나면서 인본주의적인 사유의 폭이 훨씬 넓어질 수 있었습니다.

노자 사상도 공자 사상과 마찬가지로 인간사회의 질서를 세우는 데 중점을 두었지만, 노자는 공자님처럼 특정한 도덕 기준을 정해서 모든 사람을 그 방향으로 교화시켜 나가려고 하는 데 대해서는 반대했습니다.

노자는 인(仁)이라는 본질의 내용이 아무리 도덕적으로 선(善)이라 할지라도 그것이 보편적 기준으로 설정되면, 결국은 그 기준으로 사람들을 판단해서 등급을 분류할 뿐 아니라, 기준에 미달할 경우에는 배척당하는 부정적 결과를 피해 갈 수 없다고 보았고, 심지어는 그 기준이 사회적으로 폭력의 근거로 작용될 소지도 크다고 보았던 것입니다.

조선시대에 궁중에서 상복을 어떻게 입을 것이냐 하는 유교 예법을 핑계로 피비린내 나는 당쟁과 사화를 벌였던 것을 생각하면, 저도 노자의 이런 주장에 대해서는 전적으로 공감하게 됩니다.

　노자는 세계가 본질이 아니라 관계로 되어 있다고 주장하면서, 세계를 볼 때 공자님처럼 어떤 기준을 가지고 보는 가치론적 접근을 하는 것이 아니라, 세상의 모든 현상은 유(有)와 무(無)의 긴장과 공존관계로 이루어진다는 유무상생론(有無相生論)에 입각해서 자연계의 질서를 현실세계의 인간의 질서로 발전시키려고 했던 사상가입니다.

　그는 자연계처럼 세상의 실상 그대로에 반응하는 무위(無爲)의 힘을 알고 지키면, 이루지 못할 것이 하나도 없는 무불위(無不爲)에 도달할 수 있다는 관계론적 해법을 군왕의 최고 통치술로 제시하였습니다.

　사람들은 흔히 노자라고 하면 산속에 있는 신선 같은 사람으로 생각하고, 현실을 초탈한 사상가로 오해하기도 하지만, 그는 이처럼 성공적인 현실정치의 이론을 정립해 나간 인본주의 철학자였습니다.

　노자에 대해 공부를 하다 보면 노자의 사유 세계가 굉장히 넓고 깊다는 것을 느끼게 됩니다. 그리고 노자의 가르침 중에는 성경의 가르침을 깨달을 수 있는 통찰력(Insight)을 주는 문구도 많이 있습니다.

　그중에서 제가 가장 좋아하는 말이 상선약수(上善若水)인데, 풀이하면 "최고의 선은 흐르는 물과 같다"라는 말입니다. 참 멋진 말인데 노자는 예수님을 알지 못했으므로 이것을 하나님 나라 삶의 원리나 십자가 복음의 원리로 이야기했을 리는 없습니다.

　노자는 이 말을 통해, 성공적 삶을 살기 위해서는 자연의 이치를 따라야 한다는 세상적으로 바람직한 처세술을 가르쳐 주고 있습니다.

그러나 저는 상선약수란 말을 통해, 상류에서 하류로 정해진 대로 굽이굽이 흐르는 강물처럼, 하나님의 아들이시면서도 인간으로 오셔서 자기의 뜻대로가 아니라 하나님의 뜻에 따라 순종하여, 우리의 죄를 대신 지고 십자가에서 죽으시는 예수님을 생각하게 됩니다.

젊은 시절 저는 세상을 살아가는 처세의 지침으로 공자 사상이나 노자나 장자 같은 철학자들의 이야기에 흥미를 많이 느끼기도 했고, 수시로 독서를 통해 그분들의 사상을 깊이 접하게 되면서, 현실에 잘 적응하도록 제 마음을 다스리는 좋은 가르침을 거기서 많이 얻었습니다.

그러나 저는 하나님을 만나고 나서 "나는 어디서 왔다가 어디로 가는 것일까?" 하는 인생의 근본적인 문제에 관심을 기울이게 되면서, 이제는 한 번도 가 본 적이 없는 인생길을 걸어갈 때 저에게 필요한 나침반은 처세적 덕목을 이야기하는 공자 사상이나 노자 사상이 아니라, "내가 어떻게 사는 것이 하나님 보시기에 바람직한 삶인가?" 하는 데 답을 주는 성경에 기록된 진리의 말씀이라는 사실을 깨닫게 되었습니다.

성령의 도우심으로 하나님을 알아 가면서 예수님의 십자가 복음의 진리를 깨달아 가는 데서 오는 희열과 감격은 공자 사상이나 노자 사상을 배우고 깨우치는 기쁨과는 비교할 수 없이 크고 오묘한 것이었습니다.

(시 119:103) 주의 말씀의 맛이 내게 어찌 그리 단지요 내 입에 꿀보다 더 다니이다

저는 대학 다닐 때 성경을 한 번도 진지하게 읽어 본 적이 없으면서도, 니체의 추종자가 되어 일방적으로 교회와 기독교인들을 무시하거나 매도하는 말들을 서슴지 않고 내뱉고 다녔습니다.

그러나 이제 와서 생각해 보면, 하나님 나라의 원리를 부정한 니체는 예수님이나 기독교에 대해서 부당한 말들을 너무나 많이 한 것 같고, 그걸 멋모르고 따라갔던 과거의 제가 너무나 부끄럽기만 합니다. 그런데 저는 몰라서 그랬다고 변명할 수도 있지만, 니체는 독실한 기독교 가정에서 태어나 신실하게 자랐는데, 왜 성인이 되어서는 이렇게 예수님과 기독교에 대해 부정적 해석을 하고 싶었을까요?

하나님을 믿고 나서 니체를 다시 보니까 아집과 독선 그리고 지나친 자기 확신에 함몰되어 버린 한 천재의 사고의 경직성 같은, 인간의 비극적인 한계를 보는 것 같아서 마음이 답답하고 안타깝기까지 합니다. 니체는 예수님을 실패한 선지자 정도로 폄하한 것은 물론이고, 기독교에 대해서는 비난의 정도가 훨씬 더 심한 말들을 서슴지 않았습니다.

그는 기독교 교리가 예수님의 가르침과 다르다고 주장했습니다.

그는 기독교의 가르침 자체가 증오와 원한에 갇혀 냉혹한 논리를 만들어 내는 데 탁월했던 사도 바울에 의해서 예수님의 가르침과는 다른 내용으로 정립되었다고 보고 있는 것이었습니다.

그는 사도 바울이 당시 사회에서 소위 잘나가는 자들에 대한 증오가 대단했기 때문에 "예수님을 믿지 않으면 지옥에 떨어진다"라는 원한 맺힌 교리를 만들어 냈다고 혹평하였습니다. 그리고 그는 기독교 신자들이 이러한 원한에 오염되어서 근세에는 사회주의나 무정부주의 같은 사상을 배태하게 되었다고 말합니다.

기독교 가정에서 태어난 니체는 바울이 왜 하나님께로 돌아섰는지 그 회심의 과정을 성경을 통해 누구보다도 더 잘 알았을 텐데, 어떻게 이런 억지 주장을 하게 되었는지 도무지 이해가 되지 않습니다.

사도 바울은 당시 세상적으로 자랑스러운 베냐민 지파의 바리새인 가문에서 태어나서, 당대 최고의 가말리엘 문하에서 교육을 받았고, 로마 시민권까지 가지고 있는 소위 잘나가는 사람이었습니다.

그러니까 그는 회심하기 전까지 그 당시의 유대사회에서 어느 누구도 부럽지 않은 주류 중의 주류였다고 할 수 있지 않겠습니까?

더구나 회심 직전까지 철저한 유대교 신봉자로서 예수님을 믿는 자들을 잡으러 다니던 사람이었는데, 무슨 억하심정으로 자신이 속해 있던 유대의 주류사회와 로마에 대해 복수심에 불탔겠습니까?

니체가 바울을 평하면서 그가 복수를 하기 위해 교묘하게 예수님 부활을 날조하고, 최후의 심판이라는 개념을 도입한 사상적 수단을 만들어 냈을 뿐 아니라, 이를 활용하여 자신의 권력욕을 채우려고 했다고 강하게 비난하는 것을 보면 어이가 없어서 그냥 헛웃음만 나옵니다.

성경에 기록된 대로 하나님의 아들이신 예수님께서는 우리의 죄를 대속하시기 위해, 자기를 비워 종의 형체를 가지고 사람으로 이 땅에 오셔서 자기를 낮추시고 십자가의 삶을 사셨습니다(빌 2:5-8).

저는 메테오라 수도원에서 예수님 제자들의 순교 성화를 보면서 이 말씀이 진실임을 깨달았기 때문에, 다메섹 도상에서 예수님을 만난 사도 바울의 믿음과 예수님께로 향한 심정을 이해할 수 있습니다.

예수님께서 하나님의 구원계획에 순종하여 십자가에 못 박히셨듯이, 예수님께 매인 몸 된 사도 바울도 신약성경에 기록되어 있는 여러 서신에서 자기를 하나님의 종, 예수 그리스도의 종이라고 소개하면서(롬 1:1, 빌 1:1, 딛 1:1), 그 스스로 자신을 한없이 낮추었습니다.

바울이 살던 그때 당시 종이라는 신분은 그냥 심부름꾼 정도가 아니라, 헬라어로 '둘로스', 즉 인격과 인권을 다 죽인 노예를 의미합니다.

니체가 비난하듯이 사도 바울이 자신의 권력욕에 집착했던 그런 사람이었다면, 요즈음 사이비 교주들처럼 자신을 따르는 사람들 앞에서 '재림 예수'니 '돌아온 구세주'니 하고 뻐기고 다녔어야지, 명문 가문 출신으로 최고의 학파에서 수학하였고 로마시민이기까지 한 자신을 어떻게 짐승 같은 노예라고 소개했겠습니까?

니체는 기독교 자체가 사도 바울의 원한에 의해서만이 아니라, 구약을 믿던 처음부터 노예들의 원한의 도덕을 근본으로 해서 시작된 종교라고, 아주 동의하기 어려운 이야기를 하였습니다.

그는 고대 그리스에서는 선악으로 구분되는 것이 아니라, 좋고 나쁨으로 구분되는 가치관이 있었는데, 좋은 것은 주인 즉 지배자의 생활방식이고 나쁜 것은 노예의 생활방식을 말한다고 했습니다.

그는, 주인은 모든 것을 스스로 선택하고 만들어 가지만, 노예는 구속되고 억눌린 삶을 살아야 하는 거니까 그들의 도덕 자체가 겸손, 순종, 인내 같은 것들이 될 수밖에 없다고 했습니다. 그는 또 노예도덕의 본질을 구속되고 억눌린 삶에서 오는 분노와 원한이라고 보았습니다.

그런 주장을 바탕으로 니체는 유대 민족이 이집트 시대부터 노예였기 때문에 원한의 도덕을 갖고 살았는데, 그들이 주인의 도덕을 악이라고 하고 자신들의 도덕은 선이라는 형이상학적 개념으로 뒤바꾸어서 이것을 신앙 삼아 마음속으로 소심하게 복수를 자행했다는 것입니다.

니체는 유대인들의 이러한 가치 전도를 바울이 체계적으로 정리해서 기독교 교리로 정립했다고 말하고, 그런 기독교가 중세시대 유럽인들의 사상으로 뿌리 내림으로써 사회 전체가 원한에서 비롯된 노예의 병든 도덕에 물들어 건강하지 못한 사회로 변해 가고 있다고 비판했습니다. 이런 주장하에 니체는 병든 서구 사회에 대한 처방으로 초인사상을 제시한 것입니다. 저는 성경을 모르던 예전의 그 시절에는 니체의 이런 주장을 별 생각 없이 그런가 보다 하고 받아들였습니다.

그러나 저는 성경을 접하게 되면서 사도 바울이 아니라, 니체라는 사람 자체가 오히려 증오와 원한에 사로잡혀 편협하고 왜곡된 사시적 시각으로 세상을 바라보고 있지 않았나 하는 생각을 하게 되었습니다.

복음의 진리를 믿는 우리에게는 세상이 우리의 주인이 아니라 삼위일체 하나님께서 우리의 주인이시고 '나'는 그 하나님께서 사랑하시는 자녀가 되는 것입니다. 하나님과 영적 자녀인 우리 사이에 주인은 악(惡)

이고 노예는 선(善)이라는 논리가 어떻게 통할 수 있겠습니까?

하나님께서 구원의 언약을 성취해 나가시는 것이 선이고, 우리가 하나님을 믿고 순종하고 감사하며 살아가는 것이 선이며, 이처럼 하나님의 의와 우리의 의가 함께 이루어지는 것이 하나님 나라의 선인 것입니다.

기독교는 결코 노예근성이나 허무주의를 지향하지 않습니다.

성경은 나의 존재를 바로 볼 수 있기 위한 '내려놓음'을 강조합니다. 그리고 이러한 자기 성찰을 통해 자신의 불가능성을 깨닫게 하고, 그러한 자기부정의 바탕에서 구원은 자력이 아닌 하나님의 은혜로 인해 받게 된다는 믿음을 얻을 수 있게 이끌어 주는 것이 성경입니다.

그런데 이 성경의 진리를 깨닫고 하나님 나라를 추구해 나가기 위해서는 우선 하나님께서 보내신 이 세상에서 열심히 살아가야만 합니다.

이 세상을 열심히 살아간다고 구원을 받게 되는 것은 아니지만, 우리는 자신이 처한 상황에서 열심을 다하는 가운데 이 세상의 헛됨과 자신의 불가능성을 확실히 경험하게 될 뿐 아니라, "하나님의 은혜가 아니면 나는 서지 못한다"는 사실을 분명하게 깨닫게 되는 것입니다.

누구보다 많은 세상적 성취를 통해서 세상적 풍요를 마음껏 누린 솔로몬이 말년에 "헛되고 헛되도다"(전 1:2)라는 말을 남기지 않았습니까? 헛되다고 말하려면 무엇인가 해 보고 나서야 그런 말을 할 수 있는 것이지, 아무것도 한 것이 없는데 무엇을 헛되다고 할 수 있겠습니까? 열심히 살지 않으면, 허망한 인생을 살게 하신 하나님의 뜻을 깨닫지 못하고 자력구원을 할 수 없는 자신의 한계를 절감할 수 없습니다.

열심히 살면서 하나님의 뜻하심과 자신의 한계를 깨달아야만, 비로소 이 세상의 것에 연연하지 않고 '내려놓음'을 실현함으로써, 하나님 나라를 소망하며 하나님만 바라보는 삶을 살아갈 수 있지 않겠습니까?

저는 니체의 기독교에 대한 비판 논리는 성경을 몰라도 너무 모르고 억지 주장을 했던 것이 아닌가 하는 생각을 금할 수 없습니다. 우리에게 하나님의 사랑과 은혜를 이야기하는 기독교는 결코 니체가 비난하는 그런 허무주의나 원한 맺힌 노예 신앙이 아닙니다.

니체는 다섯 살 때 목사였던 부친을 여의고, 여섯 살 때 두 살 된 동생마저 세상을 떠나서 어린 시절에 마음의 상처가 많았습니다.

기독교에 독실한 모친의 기대에도 불구하고, 대학 시절 신학 공부를 접어 버리고 자신의 신앙도 상실해 버리는 인간적 아픔도 겪었습니다.

그는 어려서부터 기독교적 가풍 속에서 살아왔음에도 불구하고, 약할 때 강함 되시는 십자가 원리를 제대로 이해하지 못하고, 기독교에 대해 회의를 느껴 신학 공부를 포기하고 딴 길로 빠져 버림으로써 이 땅에서조차도 고통스러운 삶을 살았던 것 같습니다.

나이 사십에 초인사상을 그린 ≪차라투스트라는 이렇게 말했다≫라는 서사시를 완성한 천재였던 니체는 몇 년 후에 정신병에 걸려 십 년 넘게 고생하다가 세상을 떠난 불우한 철학자였습니다.

니체 같은 천재가 왜 하나님을 바르게 만나지 못했을까 하는 생각을 하게 되니까, 그가 측은하게 느껴지고 안타까운 마음이 듭니다.

제가 대학 다니던 젊은 시절에 상당히 좋아했던 철학자였는데, 이제 와서 되돌아보니 씁쓸한 마음을 금할 수가 없습니다.

그런데 저의 이런 생각에도 불구하고, 오늘날 세상은 과학의 눈부신 발달과 함께 니체 사상을 포함한 인본주의 사상이 계속 확산되고 있어서, 십자가에 죽으신 예수님을 하나님의 아들이라고 믿는 것 자체를 시대에 뒤떨어진 얼토당토않은 것으로 생각하는 사람이 많습니다.

하나님을 믿는 기독교 신앙이 인간의 근본 문제를 해결하기 위한 타는 목마름 같은 절실함으로 자리 잡지 못하고, 그저 사회생활에서 사람들 간의 원활한 교제를 위한 수단이나 문화적 소양 정도로 여기면서 교회를 다니는 사람도 적지 않은 현실이 안타깝기 그지없습니다.

그런데 저는 니체처럼 종전에 믿던 사람들이 무신론에 빠지는 이런 사례들을 접하면서, 그 원인을 그런 사람 자체의 문제로 접근하는 것도 의미는 있겠지만, 기독교인이라고 자처하는 교인들 자신도 스스로 자신을 되돌아보고 회개하는 기회를 갖는 것이 필요하다고 생각합니다.

니체뿐만 아니라 오늘날 현대 무신론의 선도자인 루드비히 포이어바흐는 신학을 전공한 사람이었는데 헤겔의 제자가 되면서 무신론자로 돌아섰고, 공산주의 이론을 만든 마르크스도 유대인으로서 원래는 독실한 기독교 신자였으며, 대표적 무신론자인 심리학자 프로이트나 철학자 사르트르나 과학자 찰스 다윈도 모두 원래는 기독교인들이었습니다.

특히, 니체는 조부와 부친이 다 목사였으며, 어릴 때 그는 성경 구절을 많이 암송해서 아기 목사라는 소리까지 듣던 사람이었습니다.

그럼에도 불구하고 이들이 왜 모두 무신론자로 돌아섰을까요?

자연과학의 발전에 따라 사회과학이나 인문과학이 신 중심에서 인간 중심으로 전환되는 시대적 상황변화의 영향도 있었겠지만, 지식인이 었던 그들이 가까이에서 본 교회나 기독교인들의 위선적인 행태에 대해 너무나 실망이 컸던 것도 그 원인이 됐을 수 있지 않을까요?

숱한 신을 믿던 힌두교 사회에서의 갖은 폐단에 마음 아파하셨던 석가모니 부처님께서 개혁 힌두교적인 불교사상을 설파하면서 무신론을 강조하셨던 그 배경과 비슷하게, 신학자였던 포이어바흐도 당시 기독교의 현실적 폐해에 대한 실망과 반발로 인해서 "신이란 인간이 초월세계라고 믿는 하늘나라를 설정하고 자기 초월을 위한 원초적 욕망을 투사해 놓은 것에 불과하다"고 주장하게 되어 버린 것이 아닐까요?

이런 무신론자들의 주장이 오늘날 적지 않은 지식인들에게 지지를 받고 있다는 사실은 무엇보다도 이 사회에서 기독교인들의 일탈과 위선 같은 잘못이 크다는 것을 나타내 보이는 것이 아니겠습니까?

이런 점에서 저를 포함한 기독교인 모두가 무신론의 불합리성을 이론적으로 반박하기에 앞서, 먼저 자신을 돌아보며 회개하는 영적 각성의 실천적 노력을 더해 나가는 것이 진정으로 필요하다고 생각합니다.

요즈음 기독교인들이 연루된 부끄러운 사건들이 세간에 회자되면서, 사람들은 사회적 물의를 일으킨 특정인에 대해 분노하고 비판하는 데서 더 나아가, 기독교 전체를 싸잡아 비난하는 경우가 허다합니다.

"요즈음 기독교인이라는 사람들의 위선적이고 탐욕적인 행태가 일반인들보다 더했으면 더했지 결코 덜하지 않아. 말세야 말세!"

그러나 오늘날 세상 교회는 예수님께서 말씀하신 참 교회(마 16:18)인 성도(聖徒)들의 집합체가 아니라, 성경적 삶을 살기 위해 노력은 하지만 수시로 실족하는 사람들끼리 모여서 다투기도 하고, 서로 용서하고 위로도 받으면서 은혜를 누리는 예배당이나 교육원에 불과합니다.

그런데 일부 교회의 일탈행위가 세상에 회자되다 보니까, 일부 신자들 중에는 아예 교회에 출석하지 않고 가정예배를 드리는 사람들도 있는데 저는 굳이 그렇게까지는 할 필요가 없지 않겠나 생각합니다.

왜냐하면, 저는 주일 날 그런 예배당에 가는 것도 살면서 딴 데서 경험하지 못하는 일들을 그곳에서 경험하게 되고, 그런 일들을 통해 회개하며 기도하는 것도 신앙생활의 한 부분이라고 생각하기 때문입니다. 가끔 일부 목회자들이 자행하는 비리에 대해서는 우선 사회법은 물론이고, 교회법에 의해서도 엄히 다스려져야 한다고 생각합니다.

그러나 지난날 제가 기독교 자체를 잘 모르고 비난한 것을 이제 와서 스스로 후회하고 회개했듯이, 세상 사람들이 세상 교회의 일부 목회자의 비행이나 교인들의 위선적인 추태만을 보고 그들을 비난하는 데서 더 나아가 자신들이 잘 알지도 못하는 하나님과 십자가 복음 자체를 부정하거나 비난하는 것은 바람직하지 않다고 생각합니다.

그런데 사랑과 경건을 앞세우는 교회에서 목사와 교인 간에 또는 교인들 상호간에 서로 미워하고 헐뜯고 싸우는 세상적 추태가 그대로 연출되는 경우가 끊임없이 발생하고 있는 것은 정말 안타까운 일입니다.

교회 안에서의 다툼의 원인은 내부 주도권 싸움인 경우가 많습니다.

"너는 층계로 내 제단에 오르지 말라. 네 하체가 그 위에서 드러날까 함이니라."

하나님께서 모세를 통해 이스라엘 백성들에게 하신 이 말씀에서 깨닫게 되듯이(출 20:26) 교회에서 직분을 탐하면 치부를 보이게 됩니다. 그리고 목회자들의 비리 때문에 다툰다면 법에 따라 해결하면 되겠습니다만, 단순한 추정이나 소문만으로 서로 싸우고 정죄하는 것은 틈만 나면 복음의 진리를 훼손하려는 마귀를 돕는 꼴이 될 수 있습니다.

교인들이 비리 목사나 위선적인 교인들을 보면서 분개할 수는 있겠지만, 그보다도 먼저 그런 사례를 보여주시는 하나님의 뜻을 알고자 기도하고, 다 같이 회개하는 시간을 갖는 것이 필요하다고 생각합니다.

그래서 차라리 이럴 때마다 상대의 용서를 구하는 긍휼의 기도를 하나님께 드린다면, 우리를 시험에 빠뜨리기 위해 안간힘을 쓰는 마귀는 용서와 긍휼의 마음이 없기 때문에 당황하고 어찌할 바를 몰라 도망가 버릴 것이니까, 우리의 믿음을 키우게 되는 계기가 되지 않겠습니까?

| 멀지도 가깝지도 않았던 불교와의 긴 인연 |

제가 하나님을 알기 전까지 공자 사상 못지않게 저의 세계관과 가치관을 형성하는 데 큰 영향을 끼친 것은 불교사상이라고 할 수 있습니다. 중학교 입학시험을 치르던 날 새벽에 어머님을 따라 대구 시내의 여스님들만 계시는 절에 가 처음 불교와 접했습니다.

그 후로 고향에서 고등학교를 다닐 때까지 이따금씩 어머님을 따라 그 절에 가서 예불을 드렸던 것이 지금도 어렴풋이 기억이 납니다. 대학 방학 때는 고시공부 한답시고 친구들이랑 어울려서 깊은 산속에 있는 암자에 가서, 보살 아주머니들이 해 주는 절밥을 몇 개월씩 먹으면서 지내기도 했습니다.

그때는 심심하면 본사에 내려가서 주지스님이 독송하는 천수경을 자주 듣기도 했었는데, 그때 법당에서 보게 된 반야심경에 매력을 느끼고 옥편을 찾아가면서 그 뜻을 해석해 보려고 끙끙댔던 기억도 납니다. 절에서 돌아온 후, 반야심경에 대한 서적도 여러 번 읽었고, 필사도 하면서 줄줄 암송도 했지만, 그 뜻을 이해하기는 참 어려웠습니다.

결혼한 후로 부처님 오신 날에는 아내와 함께 집에서 가까운 절에 가서 소원을 담은 연등도 달았고, 전국의 유명한 산에 놀러갈 때는 이곳저곳 산자락에 자리 잡고 있는 산사들을 찾아다니기도 했습니다. 그동안 틈나면 불경이나 불교서적들을 읽어 보기도 하고, 때로는 유명 선원이나 산사에 계시는 스님들의 법문도 들으면서 부처님의 가르침에 대한 공부를 해 보기도 했지만, 불교사상은 다른 어떤 철학의 이론보다도 훨씬 난해하고, 불경에 함축된 의미들은 심오하기만 했습니다.

저는 십 년 전 하나님을 만난 이후에, 그동안 제가 알고 있던 제법무아(諸法無我), 제행무상(諸行無常), 일체개고(一切皆苦)라는 사상이 근간을 이루고 있는 불교사상과 제가 성경을 통해 새롭게 알게 되고 믿게 된 기독교사상을 연계해 보면서 많은 생각을 하게 되었습니다.

① 제법무아(諸法無我)

제법무아(諸法無我)는 이 세상의 모든 존재에는 '나'라는 본질이나 주체성이 없고 '나'는 인연 즉 관계로 되어 있다는 이야기입니다.

부처님께서는 진리를 말씀하실 때 초월적인 신도 부정하고 영혼도 부정하는 무신무아(無神無我)의 가르침을 근본으로 삼으셨습니다.

그런데 이런 사상을 강조하신 석가모니 부처님께서는 입멸하기 전 슬퍼하는 제자들에게 마지막으로 의미심장한 유언을 남기셨습니다.

"너희들은 너 자신을 등불로 삼고, 너 자신을 의지하여라(自燈明). 진리를 등불로 삼고 진리에 의지하여라(法燈明). 이 밖에 다른 것에 의지해서는 안 된다. 모든 것이 덧없느니라."

그러면 무아(無我), 즉 내가 없다고 하는 것이 부처님의 가르침인데, 그렇게 없는 내 자신에게 무엇을 의지하라고 이런 유언을 하셨을까요?

힌두교사상에서는 우리의 신체나 마음이나 정신은 항상 변화하고 불완전한 것이지만, 그것과 달리 우리 자아의 궁극적 실체인 아트만은 변하지 않는 영혼으로 존재한다고 합니다.

이 아트만은 우리 신체가 죽어도 사라지지 않고 곧바로 다른 신체로 이동해서 생명력을 유지한다고 하는데 그것이 바로 윤회라는 것입니다. 흔히 사람들은 윤회사상을 불교의 대표 사상이라고 생각하지만, 그 사상은 실은 힌두교의 대표 사상입니다.

그러면 불교에서는 왜 부처님께서 불변하는 영혼이 없다고 하신 말씀을 받아서 아트만이 존재하지 않는다는 무아론을 주장하면서도, 다른 한편으로는 윤회사상을 주요 교리로 채택하고 있을까요?

이것도 불교학자들 간에 해석이 다양합니다만, 당시 부처님께서 힌두교사상에 깊이 물들어 있는 인도 사람들을 가르치시면서 이해를 돕기 위해서 윤회사상을 활용하셨다는 설도 꽤 설득력이 있다고 생각합니다. 어쨌거나, 불교에서는 무아론과 윤회사상을 모두 취하고 있기 때문에, 제가 생각하기에는 불교에서 강조하는 무아(無我)는 자아(自我)를 완전히 부정하는 것은 아니라고 봐야 할 것 같습니다.

특히, 부처님 유언에서 덧없다는 말이 허무하다는 뜻이 아니고, 변한다(無常)는 것을 의미하니까, '무아'는 단순히 자아가 없다는 뜻은 아니고, 변하지 않는 자아가 없다는 것을 뜻하고, 그렇기 때문에 자아에 대한 집착을 버려야 한다는 의미도 내포하고 있다고 할 수 있지 않을까요?

반면에, 부처님의 유언에 나오는 '나'는 부처님께서 태어나면서 이야기하셨다는 천상천하 유아독존(天上天下 唯我獨尊)이란 말처럼 존귀한 인간으로서의 나를 의미한다고 할 수 있지 않겠습니까?

결국 부처님께서는 인생의 주체인 나 자신의 힘으로 부처님처럼 진리에 대한 깨달음을 얻고 해탈하라는 유언을 남기셨다고 하겠습니다.

이처럼 불교사상의 바탕에는 인간은 피조물이 아니라, 우주의 중심이고 주인공이기 때문에 자력에 의해 누구나 부처가 될 수 있다고 하는 자력구원론적인 사상이 깔려 있다고 할 수 있겠습니다.

우주의 중심이란 말은 정말 멋진 말이고 희망찬 말이죠?

저도 예전에 가끔 절에 가서 불경의 사홍서원이라는 네 가지 큰 서원을 읽노라면 왠지 마음이 뿌듯해지고 각오가 새로워지기도 했습니다.

이런 서원이 다 이루어지면 성불(成佛)하는 것이니까 기분은 좋은데, 이 서원을 이루기 위해서 우리는 구체적으로 무엇을 해야 할까요?

부처님께서는 인간 자신의 의지와 노력이야말로 자신의 운명을 바꾸고 사회를 변화시키는 유일한 출발점이 된다고 보셨던 것 같습니다. 그래서 그 의지가 약해지지 않도록 항상 단련하라고 하신 것입니다.

금강경에서는 인간이 성불(成佛)하는 것, 즉 브라만이라는 본질에 합일될 수 있도록 하는 수행방법으로 보시(布施), 지계(持戒), 인욕(忍辱), 정진(精進), 선정(禪定), 지혜(知慧)라는 육바라밀을 이야기하는데 얼핏 보면 기독교에서 이야기하는 것들과 내용이 상당히 흡사한 것처럼 보입니다.

보시(布施)는 남을 위해서나 세상을 위해서 보상을 바라지 않고 베푸는 것을 말합니다. 보시에는 남에게 바른 법을 가르쳐 주는 법시(法施), 재물을 베푸는 재시(財施), 몸으로 행하는 신시(身施), 걱정 근심을 지워 주는 무외시(無畏施)가 있습니다. 기독교의 전도, 자선, 봉사 등과 비슷한 이야기들이라고 할 수 있지 않겠습니까?

지계(持戒)는 부처님의 계율을 잘 지켜 자기완성을 이루는 것을 의미하는데, 계율은 비구 250계, 비구니 380계, 재가불자 5계가 있습니다. 기독교에도 십계명, 사랑 계명과 그 밖에 여러 계율이 있지 않습니까?

인욕(忍辱)은 항상 관용하며 욕을 먹어도 참는 것을 의미합니다. "인내는 연단을 연단은 소망을"이라는 성경 구절(롬 5:4)이 생각나시죠?

정진(精進)은 자신의 사명과 목적을 위해 마음을 다해 꾸준히 노력해 나가는 것을 말합니다. 예수 그리스도께 잡힌 바 되어 푯대를 향하여 달려간다는 사도 바울의 고백(빌 3:10-14)이 연상되지 않으십니까?

선정(禪定)은 마음을 고요히 해서 동요하지 않고 아집에서 벗어나는 것입니다. 절에서 스님들이나 신도들이 하는 참선이 이런 수행이죠?

교회에서도 관상기도는 자칫 잘못하면 신비주의로 흐를 우려가 있어서 일반적으로 경계하지만, 항상 묵상기도(시 19:14, 수 1:8, 딤전4:7)로 하나님과 만나는 경건의 시간을 갖기를 권장하고 있습니다.

지혜(知慧)는 모든 것을 실상 그대로 보는 수행을 말합니다. 모든 것이 공이라는 실상을 알고 집착하지 않고 비워 나가라는 것입니다.

의미는 다르지만 기독교의 '내려놓음'이란 말이 생각나지 않습니까?

육바라밀은 다 좋은 수행방법으로 생각되지만, 문제는 인간이 과연 자력으로 이 수행을 완벽하게 모두 실천할 수 있느냐 하는 것입니다.

이처럼 성경은 누구도 율법을 완전히 지켜 의인이 될 수는 없다고 강조합니다. 자신의 구원을 자력으로 이룰 수 있다는 것이 불교에서 주장하는 가르침이고, 자신의 구원을 스스로 해결할 능력은 물론이고 가능성조차도 없다는 것이 성경에서 이야기하는 깨달음입니다.

여러분은 어떻게 생각하십니까?

스스로 구원을 이루어갈 자신이 있습니까?

혹시 자신 없다고 하면 부끄럽고 비겁한 것으로 생각되십니까?

저는 자력구원을 위한 인간의 한계를 인정하지 못하고 끝까지 자기부정을 못한다면 진정한 '내려놓음'은 불가능하다고 생각합니다.

선악과를 먹고 눈이 밝아져서 부끄러움을 알게 된 아담과 하와가 무화과 나뭇잎으로 만든 옷으로 자신들의 치부를 애써 가려 보았지만(창 3:7), 그 옷은 곧 햇빛에 말라 비틀어져 버렸지 않습니까?

인간이 만든 도덕과 윤리로는 구원을 받지는 못한다는 가르침입니다.

여러분은 하나님께서 그 후에 아담과 하와에게 치부를 가리도록 만들어 주신 튼튼한 가죽옷(창 3:21)을 입기가 싫거나 주저되십니까?

하나님의 은혜가 우리의 삶에 개입하여야만, 우리가 죄의 굴레에서 벗어날 수 있다는 복음의 진리가 자존심 상해서 믿기 싫으십니까?

전지전능하신 하나님께서 우리에게 내미시는 구원의 손길, 그 은혜의 손길을 경험하면서 감격하고 그분께 감사드리는 삶을 살아가는 것이 그토록 우리들의 자존심에 상처를 주는 것일까요?

자존심은 경쟁 속에서의 자신에 대한 긍정을 의미합니다. 반면에 자존감은 자기 자신의 있는 그대로의 모습에 대한 긍정을 의미합니다.

저는 "나는 누구인가?"라는 자신의 정체성에 대해 바른 답을 얻기 위해서는 자존심보다는 자존감을 갖추고 있어야 한다고 생각합니다. 그리고 기독교에서 자기부정을 강조하는 것은 우리 인간의 실체를 제대로 보자는 것이지, 자기비하를 하라는 것이 결코 아닙니다.

자기비하는 자존감이 심각하게 떨어진 나머지, 자신에 대해 부정적이고 비관적인 태도를 보이는 것을 의미하지 않습니까?

자기부정은 자신의 구원이 자력으로가 아닌 하나님의 은혜로만 가능함을 아는 것일 뿐만 아니라, 삶의 과정에서 영적 전쟁은 하나님께 속한 것이며, 우리는 그 전쟁에서 겪는 고난과 시련의 해결사가 아니라, 하나님께서 싸우실 때 도구로 쓰일 뿐임을 제대로 인식하는 것입니다. 여기서 도구는 인격 없는 연장이라는 의미가 아닙니다.

신실하신 하나님의 도구라 함은 우리가 이미 믿음으로 의인이라 칭함을 받은 존재요, 하나님의 은혜로 구원받은 하나님의 자녀라는 사실이 반드시 전제가 되어 있는 것입니다. 그토록 귀한 우리가 하나님께 절대적으로 의존하고 순종하면서 하나님의 영광을 위해 쓰임 받는 자로 살아가는 것이 자신의 정체성을 바르게 알고, 하나님의 창조 목적을 제대로 이해하며, 자신의 삶의 목표를 바르게 찾아가는 자존감 있는 믿는 자의 모습이라고 하겠습니다.

예전에 가끔 절에 가면, 스님들이 예불을 드리면서 "나무아미타불"을 염불하고 신도들이 따라서 합송하는 광경을 종종 볼 수 있었습니다.

이 염불은 "아미타불에 귀의합니다"라는 뜻인데, 이때 아미타불이라는 존재는 죄가 너무 깊어서 현실적으로 자력으로는 도저히 인생의 고해에서 빠져나올 수 없는 사람들을 구원하시는 부처님을 의미합니다.

아미타불 신앙은 자력구원을 주장하는 불교에서 그 부처님의 자비로 우심에 의한 타력구원의 길을 열어 놓은 것이라고 할 수 있겠습니다.

이 신앙은 석가모니 부처님 당시나 소승불교에서는 찾아볼 수 없고, 대승불교에서 나온 신앙으로 우리 불교에서는 보편화되어 있습니다.

우리 불교에서는 기본적으로 인간은 자력으로 구원에 이를 수 있다고 생각하지만, 예외적으로 능력이 없는 자에 대해서는 이처럼 아미타불 부처님의 자비에 힘입은 구원도 가능하다고 보고 있는 것 같습니다. 그런데 막상 절에 가 보면 겉으로 봐서 능력자든 무능력자든 구분할 것 없이 스님들이나 신도들이 다들 한결같이 "나무아미타불 관세음보살"을 염불하고 계시는 것을 흔하게 볼 수 있지 않습니까?

이것은 결국 기독교인들뿐만 아니라, 불교 신자들도 자력구원을 주장하는 교리와 관계없이 자신을 다 죄 많고 허물 많은 존재요, 때로는 자신감에 넘치다가 또 때로는 한없이 약해질 수밖에 없는 한계를 지닌 존재라고 자인하며 살아간다는 단면을 보여주고 있는 것이 아닐까요?

지난날 저는 살아오면서 공자 사상이나 불교에 대해 관심은 많았지만, 그렇다고 제가 신실한 유생이나, 독실한 불교 신자는 아니었습니다. 저는 제 잘난 맛에 살아가면서 제 자신을 철저히 믿고 제 능력으로 모든 세상사를 해결해 나가려고 했던 설익은 인본주의자였습니다.

남들이 볼 때는 적극적이고 긍정적인 사람이라고 평가할 수도 있겠지만, 실은 저는 교만에 빠져 자신의 한계를 애써 인정하고 싶지 않았던 그저 무모한 자력구원론자였던 것입니다.

그동안 관심 있던 종교, 철학, 역사 같은 사상이나 지식도 다 제가 제 인생의 주인으로 살아가는 과정에서 필요한 수단에 불과했습니다. 그러나 하나님을 만나고 나서, 저는 '나'라는 존재가 죄와 허물이 가득한, 곧 죽을 몸에 지나지 않는다는 사실을 절실히 깨닫게 되었습니다.

특히, 하나님을 만난 후 처음 3년 동안 딸의 대형 교통사고나 저의 암 수술 같은 생명이 왔다 갔다 하는 큰일을 두 번이나 겪으면서, 저는 인생과 죽음에 대해 많은 생각을 하게 되었습니다.

생명이 걸려 있던 그 큰 사건들을 계기로, 저는 자력구원에 대한 저의 가능성에 대해 피조물인 인간으로서의 한계를 절실하게 느끼면서, 저의 실체를 바르게 볼 수 있는 기회를 가지게 되었던 것입니다.

그런 과정에서 제가 묵상한 구약성경 창세기 3장에 기록된 선악과에 대한 이야기들은 저로 하여금 그동안 어떻게 세상을 살아왔는가를 돌이켜 보게 하고, 저의 죄와 허물이 무엇인지를 생각하게 하였습니다. 아담과 하와가 뱀의 유혹에 빠져 먹게 된 선악과가 하와의 눈에 먹음직하고 보암직하고 탐스러웠다는 성경 구절(창 3:5,6)이 마치 하나님께서 제게 "너도 그러지 않았느냐? 회개하라!"고 하시는 말씀처럼 느껴졌습니다.

제가 남들 보기에 비교적 성공한 삶을 살아왔다는 이야기를 듣는 것 자체가 "하나님을 거역하고 내가 따 먹은 선악과가 보통 사람들에 비해 헤아릴 수 없이 많았다는 것을 의미한다"는 사실을 깨닫게 되면서, 하나님에 대한 죄송스럽고 부끄러운 마음을 감출 수가 없었습니다.

사실 그동안 제가 먹은 선악과들은 육신의 정욕에 휩싸인 저에게 먹음직하게도 보였고, 안목의 정욕에 사로잡힌 저에게 보암직하기도 했으며, 이생의 자랑에 집착하는 저에게 탐스럽게 보이기도 했었습니다. 그래서 멋모르고 그 선악과들을 많이 먹어 왔는데도 하나님께서는 죄와 허물의 구렁텅이에서 허덕이던 저를 찾아와 건져 주셨습니다.

그리고 나서 사랑하는 딸의 대형 사고뿐만 아니라, 암이라는 중병으로 스스로 죽음 앞에 서게 되었을 때, 저는 제 인생의 찬란하고 아름다웠던 모든 것들을 제 운과 능력과 노력으로 다 이루어 왔다고 자부해 온 것이 얼마나 어리석은 생각이었는지를 마침내 깨닫게 되었습니다.

저는 무탈하게 살아온 것이 다 제 애씀의 결과이고, 저와 가족의 건강도 당연한 것인 줄로만 생각했었는데, 회개하는 과정에서 그 모든 것이

다 하나님의 은혜였다는 사실을 진정으로 깨닫게 된 것이었습니다.

하나님을 만나 영적 사랑의 관계가 깊어져 가면서, 만약 저에게 신실하신 하나님의 은혜가 임하지 않았더라면, 제게는 아무것도 있을 수 없었다는 고백이 절로 나왔고, 늘 의로운 오른손으로 저를 붙들어 주시는 하나님을 생각하면, 요즈음은 시도 때도 없이 자주 눈물이 납니다.

십 년 전 새벽교회에 저를 찾아오신 하나님 앞에서 어찌할 바를 모르게 걷잡을 수 없이 흘러내렸던 그 눈물이 이제는 "나의 나 된 것은 다 하나님의 은혜"임을 마음속으로 사무치게 통감하며 흘리는 진정한 감사와 감격의 눈물로 바뀐 것입니다.

② 제행무상(諸行無常)

제행무상(諸行無常)은 인간과 세상 만물뿐 아니라 이 세상의 어떤 행동이나 어떤 인간관계라도 지속성이 없다는 것을 의미합니다.

지속되기 위해서는 지탱하는 본질이 있어야 하는데, 이 세상에는 그 본질이 없고 가변적인 현상만 있어서 항상 변화한다는 이야기입니다.

부처님께서는 초월적 신이 인간과 세상 만물을 창조하는 것이 아니라, 우주의 본질인 브라만(Brahman)이 세상에 다양하게 투영되어서 삼라만상(森羅萬象), 즉 사람, 동물, 식물, 산, 물 같은 다양한 현상들로 나타나게 되는 것이라고 생각하셨습니다.

브라만은 초월적 신이라는 특정한 존재가 아니라, 우주의 본질 그 자체를 의미한다고 하고, 세상에 나타나는 갖가지 현상들은 본질이 아니고 이 브라만이 투영된 환상(illusion)일 따름이라고 본 것입니다. 예전에 제가 즐겨 암송하던 반야심경을 보면, 이런 생각들이 그 의미를 알 듯 말 듯 한 여러 문장으로 기록되어 있습니다.

"색즉시공(色卽是空) 공즉시색(空卽是色)", 즉 "색이 공이요, 공이 색이라"고 합니다. 선승들이 이야기하는 "산은 산이 아니요 물은 물이 아니다"는 말은 색즉시공의 경지를 뜻하는 것 같고, "산은 산이요 물은 물이다"는 말은 공즉시색의 경지를 의미하는 것 같습니다.

이 말은 중국 노자가 이야기하는 유무상생(有無相生)의 이치와도 일맥상통한다고 봅니다. 이러한 세계관은 이 세상 모든 존재에는 본질이 있다고 주장하는 실체론적인 공자 사상과는 대비되는 것입니다.

그릇은 텅 빈 공간이 중간에 있어야 그릇으로 쓸 수 있듯이 무(無)와의 관계 속에서 비로소 유(有)가 되고, 유(有)와의 관계 속에서 비로소 무(無)가 된다고 하는 노자의 유무상생론은 불교의 세계관과 마찬가지로 관계론이라는 철학에 속해 있다고 하겠습니다.

"색즉시공 공즉시색"은 색(色)에는 공(空)이 전제되어 있고, 공(空)하기 때문에 색(色)이 될 수 있다는 관계성을 이야기하고 있지 않습니까?

그리고 "수상행식(受想行識) 역부여시(亦復如是)"라는 말은 감각작용, 지각작용, 의지작용, 인식작용도 모두 그런 이치라는 말입니다.

이 생각은 화엄경에 나오는 일체유심조(一切唯心造), 즉 "모든 것은 다 마음이 만들어 낸 허상이다"라는 깨달음과도 통하는 것 같습니다.

저는 원효대사가 캄캄한 동굴에서 심한 갈증이 나서 해골바가지 물을 맛있게 마셨다는, 어릴 때 들었던 이야기가 너무나 깊이 각인이 되어, 일체유심조라는 이 말을 늘 삶의 유익한 교훈으로 삼아 왔습니다. 이 세상을 살아가는 누구에게나 일체유심조라는 말은 희로애락(喜怒哀樂)의 감정을 다스려 나갈 수 있는 좋은 가르침이 된다고 생각합니다.

그리스도인들도 일체유심조라는 말을 마음에 품게 되면, 세상을 살아가면서 겪는 고난과 고통의 과정은 그 가운데서 하나님의 은혜를 받아 믿음으로 구원에 이르도록 인도하시려고 하나님께서 만드신 연단의 장(場)이자 축복으로 생각하게 되면서, 오직 하나님만 바라보고 마음의 평강을 얻어 이 땅에서부터 천국의 삶을 누릴 수 있게 될 것입니다. 그러나 일체유심조란 말과 관련해서 반드시 유념할 것이 있습니다.

저는 3차원의 세계에서 살아가는 피조물인 인간이 자신의 한정된 사고능력으로 생각해서 스스로 터득한 일체유심조라는 이치를 자신의 삶의 지혜로 삼는 것에서 더 나아가서, 창조주이신 하나님의 존재를 논하는 데에도 그대로 적용하려는 것은 교만이라고 생각합니다.

인간을 창조하신 하나님이란 존재를 인간 자신의 마음으로 만들어 낸 허상에 불과하다고 생각하는 것을 과연 옳다고 할 수 있겠습니까?

호렙산 떨기나무 불꽃 안에서 나타나신 하나님께서 모세에게 나는 스스로 있는 자(I am who I am)라고 말씀(출 3:14)하셨습니다.

이처럼 하나님은 우리와 같은 피조물이 아니라, 피조물이 있기 전부터 원래 존재하시는 분인데, 하나님께서 만드신 피조물인 인간이 자신의 마음으로 이 하나님의 존재를 좌지우지할 수 있다고 보십니까?

끝 간 데 모르는 인간의 교만에 대해 내리신 노아 대홍수나 바벨탑 사건 같은 하나님의 경고를 우리가 과연 어떻게 받아들여야 할까요?

그와 같은 하나님의 섭리에 대한 이야기는 우리들에게 자신의 한계와 불가능함을 깨닫게 하는 겸손함과 순종을 가르쳐 주고, 우리가 철저한 자기부정 속에서 절대 의존하게 되는 하나님을 믿는 것만이 구원을 받을 수 있는 길임을 자각하게 해 주고 있는 것이 아니겠습니까?

하나님은 우리가 절대적으로 의존해야 하는 존재이지, 우리의 마음과 생각에 따라 있기도 하고 없기도 하는 그런 존재가 결코 아닙니다.

모든 것은 변한다는 제행무상의 이치를 묵상해 보면 인간의 육신이나 세상 만물의 형상도 다 변화하지만, 부처님이나 예수님의 가르침도 인간의 죄성 때문에 세월이 가면서 모두 변질되어 가는 것 같습니다.

부처님께서는 자신의 사후 미래를 정법(正法)의 시기 500년, 상법(像法)의 시기 1,000년, 말법(末法)의 시기 1,000년으로 불법(佛法) 3시를 구분하셨는데, 부처님의 말씀에 충실히 따르는 정법의 시기가 가고, 상법의 시기가 되면 사람들이 사찰, 탑, 불상들을 만드는 데 치중하면서 도를 깨닫는 것에 소홀해지고, 말법의 시기에는 가르침은 있지만 수행이 없고 사사로운 술법에 관심을 많이 가지게 될 것이라고 경고하셨습니다. 그리고 부처님께서는 인간이 만든 신으로 인한 당시 힌두교 사회의 폐해를 절감하셔서, 자신을 신격화하려는 제자들을 꾸짖으셨습니다.

부처님께서는 인간의 합리적인 사고체계를 흐리게 하지 않기 위해서 여러 잡신을 만들어 섬기는 미신적인 구복신앙을 경계하신 것입니다.

저는 부처님의 이런 경고와 염려에 대해서 충분히 공감을 합니다.

기독교 역사에서도 오늘에 이르기까지 하나님을 믿는다는 사람들의 잘못으로 얼마나 많은 추태와 만행이 저질러졌는지, 그리고 지금도 일부 세속화한 교회들의 타락과 일탈행위로 인해 사람들로부터 얼마나 많은 손가락질을 받고 있는지를 우리 모두 다 알고 있지 않습니까?

불교든 기독교든 모두 초기의 거룩함과 고결함이 세월이 흘러가면서 실망스러운 모습으로 변질되어 간다는 것이 슬픈 현실입니다. 이 세상의 자연과학 법칙 중에 에너지 제2법칙에 의하면 모든 에너지는 자연적으로 놓아두면 모두 무질서해져서 썩는다고 합니다.

불교에서 육체의 생로병사의 법칙도 다 변한다는 법칙이고, 사람들의 행동과 인간관계도 다 가변적이라는 제행무상을 이야기하고 있듯이, 기독교도 소위 물질계의 무질서한 정도를 의미하는 엔트로피(Entropy)는 증가한다는 법칙인 에너지 제2법칙에서 말하는 것처럼 세상의 만물은 모두 변한다는 이론에 대해서는 부정하지 않습니다.

그러나 성경은 우리가 육신으로 살면 죽을 수밖에 없지만, 성령께서 임하시면 우리의 영에 생명력을 불어넣어 주시기 때문에, 우리가 거듭남을 통해 영생을 누릴 수 있다는 복음의 진리를 이야기하고 있습니다.

세상 만물은 엔트로피 법칙에 의해 시간이 흐름에 따라 썩어 버리지만, 하나님을 믿는 자는 썩어지는 변화가 아니라 하나님의 사랑과 은혜로 새롭게 창조되어 영생을 누리는 존재로 변화해 가는 것입니다.

복음을 믿는 자에게 하나님은 빛이요 구원이요 생명의 능력(시 27:1)이십니다.

③ 일체개고(一切皆苦)

일체개고(一切皆苦)는 모든 것이 시간적으로 무상한데, 불변의 실체가 없는 그 모든 것에 집착하는 것은 괴로움이라는 이야기입니다. 부처님께서는 득도 후 최초로 하신 설법에서 인간의 괴로움의 문제를 고집멸도(苦集滅道)라는 네 단계로 구분해서 사성제(四聖諦)라는 네 가지 성스러운 진리로 해결해 나갈 것을 말씀하셨습니다.

인생이란 살다 보면 때로는 즐거움도 있지만, 이것에 집착하면 또 괴로움을 받게 되므로 결국 괴로움(苦)이라고 하겠는데, 고성제(苦聖諦)라는 것은 "그 괴로움이란 것이 무엇인가?"에 대한 진리를 말합니다.

집성제(集聖諦)는 고(苦)의 원인을 찾는 진리를 의미하는데, 괴로움은 허욕과 분노와 어리석음 즉 탐진치(貪瞋癡)가 모여서(集) 일어난다는 진리, 다시 말하면 집착이 괴로움을 만든다는 진리를 말합니다.

소위 '무소유'를 이야기한 법정 스님은 우리가 사람이나 물건을 사랑할 때 텅 빈 마음에서 바라보기만 하는 것으로도 충분한데, 그것을 소유하려고 하기 때문에 고통이 생긴다고 말했습니다.

우리가 미술관에서 보고 좋다고 생각했던 그림도 정작 자기가 소유하게 되면 집착하게 되니까 혹시 도둑을 맞지 않을까 걱정하는 마음도 생기고, 훼손되지 않게 보관하는 데도 많은 힘이 들게 되는 것입니다.

성경에서도 죄의 원인을 욕심(약 1:15)에 두고 있습니다.

"욕심이 잉태한즉 죄를 낳고 죄가 장성한즉 사망을 낳는다."

그래서 사도 바울은 "나는 매일 죽노라"(고전 15:31)라고 단언하면서, '나'를 완전히 부정하고, 자기 자신의 마음속에서 모든 것을 다 비우고, 그 속에 하나님만을 가득 채우는 '내려놓음'을 강조하였습니다.

재물, 명예, 권력, 가족, 직장 같은 내 삶의 모든 것에 대한 내 생각과 행동을 다 내려놓고, 모든 인식과 결정과 실행을 하나님께 맡기고 순종하는 마음자세로 살아가는 '내려놓음'은 하나님의 은혜로운 인도하심이 없이 나의 의지나 노력만으로는 결코 이룰 수 없는 것입니다. 그리고 멸성제(滅聖諦)는 고(苦)의 소멸에 대한 진리를 의미하는데, 모든 번뇌에서 벗어나 평강을 찾는 열반의 경지인 해탈을 말합니다.

마지막으로, 도성제(道聖諦)는 고(苦)의 소멸에 이르는 길을 말하는데, 모든 괴로움을 없애고 열반에 이르기 위한 실천에 관한 진리, 바로 집착을 제거하기 위한 수행을 실천하는 진리를 이야기하고 있습니다.

불교에서는 그 실천 방법으로 팔정도(八正道)를 제시합니다.

바른 소견으로 보는 정견(正見), 생각을 바르게 하는 정사(正思), 말을 바르게 하는 정어(正語), 몸과 마음을 청정하게 하여 행동을 바르게 하는 정업(正業), 바른 생활을 하는 정명(正命), 바른 노력을 하는 정정진(正精進), 바른 진리를 망각하지 않고 생각하는 정념(正念), 마음을 안으로 거두어 들여서 고요히 안정시키는 정정(正定)이 그것입니다.

괴로움의 원인에 대한 부처님 말씀은 공감되는 부분이 많고, 수행 방법으로 제시한 팔정도도 일리 있는 가르침이라고 생각할 수 있습니다.

그러나 문제는 이런 가르침은 세상 인연 모든 것을 다 끊어 버리고 머리 깎고 수행의 길로 들어선 수도승들도 실천하기 어려운 것들인데, 세상에 발을 딛고 하루하루 살아가면서 그 속에서 구원의 길을 모색하는 우리 같은 사람들이 이 수행 방법대로 다 실천해서 우리에게 닥치는 괴로움을 모두 없애 버릴 가능성이 과연 얼마나 될까요?

살아가면서 이런 저런 계기로 팔정도의 수행을 한번 제대로 해 보자고 작정을 한다면, 처음에는 대부분 그저 흉내는 낼 수 있을 것입니다.

그러나 팔정도의 수행을 어느 정도 하다 보면 더욱더 유한한 인간일 수밖에 없는 자기 자신에 대한 한계만 느끼게 될 뿐, 진정한 수행을 제대로 해 보겠다던 처음의 발심(發心)은 얼마 못 가서 숱한 핑계나 자기 변명에 뒤덮여서 공염불이 되어 버릴 소지가 많지 않겠습니까?

자력구원을 시도하는 사람들은 겉으로 보기에 떳떳하고 멋있게 느껴질지 몰라도, 우리는 육신을 입고 있기 때문에 자신의 의지와 노력만으로 우리가 지향하는 구원을 이룰 가능성은 없다고 생각합니다.

저는 인간의 한계와 약함을 전제로 할 때, 하나님의 은혜로운 십자가 복음만이 죄의 문제를 해결할 수 있는 열쇠가 된다고 믿고 있으며, 이러한 복음의 진리를 믿게 되는 것도 제 자신의 이성과 지성이 아닌 은혜로운 성령의 도우심이 있어야만 가능하게 된다고 생각합니다.

④ 아상을 버려라

부처님께서는 제자들이 숱하게 질문 드린, 인간이라는 존재의 근본적인 문제에 대해서는 분명한 말씀이 없으셨습니다. 아함경에 보면, 제자들이 부처님께 근본적인 질문을 많이 했습니다.

"세계는 영원한가 아니면 무상한가? 또 무한한 것인가 아니면 유한한 것인가? 목숨이 곧 몸인가 아니면 목숨과 몸은 다른 것인가? 여래는 마침이 있는가 아니면 마침이 있지도 않고 없지도 않은 것인가?"

이때 부처님께서는 독화살에 관한 이야기로 답을 대신하셨습니다.

누가 독화살을 맞았는데 당장에 화살을 뽑고 치료할 생각은 하지 않고 "독화살이 어디로부터 왔는가?", "누가 왜 쏘았을까?"라며 원인 규명만 하려는 것은 독을 제거하는 데 아무 쓸모가 없다고 말입니다.

부처님께서는 당시 인도인들이 겪는 고된 삶의 모습을 안타깝게 보시면서, 죽음 이후의 문제를 고민하기보다는 우선 이 세상 삶의 괴로움을 해결하는 데 집중하라는 의미에서 그렇게 말씀하신 것 같습니다.

공자님께서도 죽음이 무엇이냐고 묻는 제자에게 "내가 사는 것도 잘 모르는데 죽음을 어떻게 알겠느냐?" 하시면서 혼란했던 춘추전국시대 그 현재를 살아가는 문제에 대해 고민하고 노력하라고 하셨습니다.

그러나 저는 현실도 중요하지만, 우주 창조의 문제와 인생과 내세의 문제를 어떤 시각에서 연관시켜 바라보느냐도 중요하다고 생각합니다. 세상에 혼재되어 있는 여러 종교들은 인간과 세상에 관한 문제 진단과 구원관에 대해서 각기 다른 이야기를 하고 있으며, 사람들은 저마다 자신의 신앙이 참된 진리를 이야기하고 있다고 믿고 있고, 심지어 그것 때문에 때로는 전쟁도 불사합니다.

그런데 불교에서는 "아집, 아상(我相)을 버려라"고 이야기합니다.

자신의 지식이나 경험, 종교, 가문, 고향, 신분 등에 갇혀서 자기주장과 자기 합리화에 골몰하는 아집과 아상을 버리라는 것입니다. 저는 자기 자신이 사로잡혀 있는 모든 것에서 벗어나 눈을 환하게 떠야 한다는 이 말이 정말 가슴에 많이 와 닿습니다.

우리가 닫힌 사고의 창을 열고 자기 자신을 바라볼 수 있어야 우리의 근본이 무엇이고, 우리 인간의 가능함이 어디까지인지를 분명히 알게 되고, 하나님 나라에 대한 진리를 깨닫게 될 것이 아니겠습니까?

그런데 제가 열린 사고를 통해 예수 그리스도의 십자가 복음이 참된 진리임을 깨달았다 하더라도, 역지사지해 보면 하나님을 믿지 않는 사람들이 볼 때는 저의 이 생각들도 아상이라고 할 수 있지 않겠습니까?

그래서 저는 제 생각을 결코 다른 사람들에게 강요하지는 않습니다.

저는 완악하고 교만했던 저를 찾아오셔서 제 삶의 인도자가 되시고, 늘 넘치는 사랑으로 제 가슴을 고동치게 어루만져 주시고, 영육 간에 평안을 누리도록 풍성한 은혜를 베풀어 주시는 하나님에 관한 이야기와 저로 하여금 죄 사함 받고 자유를 얻게 하시는 예수 그리스도의 십자가 복음에 대한 이야기들을 그들에게 전하고 싶을 따름입니다.

10 장

하늘 가는 바른 길을

| 예수님 말씀과 공자님 말씀은 똑같은 의미인가? |

예전에 기독교사상에 대한 충분한 이해 없이 처음 성경을 읽었을 때, 저는 많은 성경 구절들을 문자적으로만 해석하면서 그 내용들이 인본주의적인 공자 사상이나 불교사상과 비슷하구나 하고 생각했습니다.

특히, 예수님께서 제자들에게 말씀하신 산상수훈에서 제시되는 온유, 긍휼, 의로움, 마음의 청결, 화평 같은 팔복(마 5:1-12)의 마음자세를 인본주의적 가치관에 입각해서 흔히 생각할 수 있는 국어사전적 의미로 해석하게 되면, 예수님 말씀이나 공자님 말씀이나 부처님 말씀이나 거의 다 똑같은 것으로 여겨질 수밖에 없었습니다.

그렇다 보니까 소위 종교다원주의가 설득력이 있는 것처럼 오해할 소지도 생겼고, 예수님을 통하지 않고서는 천국에 갈 수 없다는 기독교를 편협하고 배타적이며 독선적인 종교라고 사람들이 비판하는 것도 어느 정도 일리 있는 주장이 아닌가 하는 생각까지 하게 되었습니다.

특히, 종교다원주의자들이 예수님도 부인하지 않으면서, 인간의 구원의 길은 기독교 외에 다른 종교로도 가능하다고 이야기하니까, 어떻게 보면 그들이 더 관대하고 합리적이라는 생각이 들기도 하였습니다.

가끔 기독교 관련 방송을 시청하다 보면 일부 목회자들이 산상수훈의 팔복에 대해 설교하면서, 사람들에게 온유하게 대하라든지, 사람들과 화평하게 지내라든지, 직장에서 청렴하게 살라든지, 이런 식으로 가정이나 사회생활에서 지켜야 할 행동강령처럼 이야기하는 경우도 있으니까, 도대체 성경말씀이 제가 젊을 때 마음을 다스리기 위해 탐독했던 《채근담》에 실려 있는 유교, 불교, 도교사상이 어우러진 인본주의적 가르침과 무엇이 다른가 하는 의문스러운 마음을 떨쳐 버릴 수가 없었습니다.

특히, 힌두교 신자였던 간디가 성경의 산상수훈을 매일 읽고 묵상하며, 예수님 말씀을 인간이 지켜야 할 최상의 도덕규범으로 생각하고, 제시된 덕목들로 자신의 마음을 다듬어 가기 위해서 남다른 애를 썼다고 하는 이야기까지 들으니까 더욱더 헷갈리게 되었습니다.

그렇다면 예수님은 학교에서 배운 대로 4대 성인 중의 한 분으로서, 부처님이나 공자님과 마찬가지로 세상 살면서 지켜야 할 윤리나 도리를 가르쳐 주신 분일 따름이란 말인가 하는 생각에 혼란스럽기만 했습니다. 이렇게 되다 보니까, 성경에서 예수님을 하나님의 아들이라고 말하는데도 자꾸 공허한 이야기로 여겨지고, 성경이 《채근담》과 다를 바가 없는 이야기를 하면서, 종교로서 믿게 하려고 하나님이라는 신적인 이야기를 가미한 것이 아닐까 하는 의문마저 한참 동안 품게 되었던 것이었습니다.

그 후 그리스 메테오라 수도원에서 예수님께서 하나님의 아들이심을 확신하게 되면서, 그동안 생각했던 것처럼 그런 게 아닐 것이라는 생각이 들었고, 이걸 한번 제대로 알아봐야겠다고 마음먹게 되었습니다, 그래서 불교나 유교의 가르침과 기독교의 가르침이 어떻게 다른지를 알기 위해, 부처님이나 공자님 말씀과 비교할 수 있는, 예수님께서 하신 핵심적인 말씀이 무엇인가를 성경에서 살펴보았습니다.

그런데 그 말씀은, 공교롭게도 제가 기독교나 불교나 유교에서 우리에게 가르치고자 하는 것이 다 똑같은 내용이 아닐까 하고 궁금해하는 시발점이 됐던 팔복의 이야기가 담긴 예수님의 산상수훈이었습니다.

산상수훈(마 5:1-7:29)이 핵심적 말씀이라고 생각한 이유는, 이 말씀은 예수님께서 이스라엘 백성들에게 영생을 위한 죄 사함과 거듭남이라는 복음의 진리를 가르쳐 주시려고 공생애를 시작하면서 병 고치는 이적을 많이 베푸시다가, 사람들이 예수님의 뜻을 이해하지 못하고 현실적인 세상 복을 주실 메시아가 오셨다고 환호하자, 그들을 떠나 산에 오르셔서 제자들에게 하나님 나라를 지향하는 삶의 자세가 어떠해야 하는지를 가르쳐 주신 말씀이기 때문입니다.

만약 이 산상수훈을 제대로 공부한다면, 예수님께서 사람들에게 전하시려고 한 말씀의 의미를 바르게 깨닫게 될 것이고, 그 말씀을 부처님이나 공자님께서 하신 말씀과 비교해 보면, 그동안 제가 기독교를 불교나 유교와 비교해서 궁금해했던 것들이 많이 해결될 것 같았습니다.

그런데 대충 읽었을 때는 느끼지 못했었는데, 팔복에 관한 말씀을 꼼꼼히 읽어 보니까 그중에는 문자적으로만 해석해도, 세상적 관점에서 볼 때는 이해가 되지 않는 부분이 많다는 것을 알게 되었습니다.

세상적 복의 관점에서 보면, 마음이 가난한 사람(마 5:3)이 되는 것보다는, 모든 것을 자기가 베풀고 스스로 이룰 수 있다는 소위 마음이 부한 사람이 되는 것이 더 복이 있다고 생각할 수 있지 않겠습니까?

또 세상 살아가면서 늘 애통해 하는 것(마 5:4)보다는 기뻐하며 살아가는 것이 더 복 있는 삶을 사는 것이라는 생각이 들지 않습니까?

그리고 의에 주리고 목마른 사람(마 5:6)보다는 의로움이 넘쳐 자랑스럽게 사는 사람이 훨씬 복 있는 삶을 산다고 생각하지 않겠습니까?

더구나 의를 위하여 박해(마 5:10)를 받기보다는 자신의 의를 실현함으로써 모든 사람들로부터 칭송받는 삶을 사는 것이 세상적으로는 더 복 있는 삶을 살아가는 것이라고 당연히 생각하지 않겠습니까?

이렇게 생각하다 보니까, 이 산상수훈은 예수님께서 기독교사상을 모르는 세상 사람들에게 하신 말씀이 아니고 제자들만 앉혀 놓고 하신 말씀이기 때문에, 의미도 모르고 예수님께 열광만 하던 이스라엘 백성들처럼 오늘날에도 믿음이 없는 사람들이 읽어 보면 도무지 이해가 되지 않는 말씀을 하신 것으로 여겨질 수밖에 없겠다는 생각이 들었습니다. 그러니까 예수님께서 말씀하신 팔복의 의미를 제대로 알려면 그리스도인으로서의 믿음이 마음 바탕에 깔려 있어야 한다고 하겠습니다.

그 참된 믿음이 있어야, 팔복은 세상적 복이 아닌, 하나님 나라의 백성들이 누리는 복이며, 그 복은 자신의 의지와 노력이 아닌 성령의 도우심으로 받아 누릴 수 있음을 깨닫게 될 것이니까 말입니다. 그래서 저는 기독교를 믿지 않았던 간디가 산상수훈을 보고 감명 받아 매일 읽으면서 마음을 닦았다는 말이 도무지 믿기지가 않았던 것입니다. 예수 그리스도의 십자가 복음의 진리를 믿지 않았던 간디는 절대로 예수님의 산상수훈을 바르게 이해할 수가 없었을 것입니다.

저도 하나님을 만나기 전에 어떤 잡지에서 본 "내게 능력 주시는 자 안에서 내가 모든 것을 할 수 있느니라"(빌 4:13)라는 사도 바울의 말씀을 그리스도인은 어떤 상황 속에서도 영적 담대함을 가지고 평강을 찾아가게 된다는 의미를 가진 성경 말씀인 줄은 전혀 모르고, 제 우상인 절대자가 제게 큰 능력을 주실 것이라는 자기 확신의 징표로 삼았던 적이 있었는데, 간디도 예수님의 산상수훈을 자신의 인본주의적 가치관에 입각해서 자기 임의대로 해석하고 그 세상적 도덕, 윤리를 제대로 지켜 가고자 노력했던 것이 아닐까요?

그렇다 하더라도 예수님의 십자가 복음의 진리를 믿지 않는 사람들은 간디가 그런 노력을 통해서 사람들로부터 위대한 영혼이라는 뜻의 마하트마라는 칭송을 받을 만큼 훌륭한 인격을 갖추게 되었다면, 그것만으로 된 것이지 뭘 그렇게 따지느냐고 반박할 수도 있겠죠?

그러나 그렇지 않습니다.

예수님의 산상수훈에서의 팔복에 관한 말씀은 우리가 어떻게 하면 이 땅에서 살면서도 천국을 경험하고, 죽어서도 천국에서 영생을 누릴 수 있는 영원한 생명의 길을 갈 수 있을까에 대한 가르치심입니다.

기독교에서 믿음에 대한 평가의 기준은 세상적 도덕, 윤리가 아니므로, 아무리 세상사람 모두로부터 인격자라고 칭찬받는 사람이라고 하더라도, 하나님의 뜻에 따르지 않고 자신의 의를 드러내기 위해 사는 사람은 간디 아니라 그 어느 누구라도 구원받지 못하지 않겠습니까?

그래서 예수님께서는 세상 모든 사람에게 칭찬받기 원하는 그런 유의 사람들을 거짓 선지자라고 말하시면서(눅 6:26) 경계하셨습니다.

"모든 사람이 너희를 칭찬하면 화가 있도다. 그들의 조상들이 거짓 선지자들에게 이와 같이 하였느니라."

이 말씀이 그리스도인들은 무엇인가 도덕적으로 사람들로부터 비난받을 나쁜 일도 해야 한다는 이야기는 당연히 아닐 것입니다.

자기 의를 실현하는 자는 설사 사람들로부터 칭찬을 받더라도 성경적으로는 죄인일 따름이고, 예수님께서도 무시당하고 핍박받으셨듯이 그리스도인들은 때로는 세상 사람들로부터 칭찬받지 못할 수도 있습니다.

이 말씀은 인본주의적 가치관과 성경적 가치관은 지향하는 바가 일치하지 않으며, 어떤 부분에서는 서로 다를 수도 있다는 것을 깨닫게 해 주고, 그때는 세상의 칭찬에 연연하지 말라는 뜻이 아니겠습니까?

아무리 세상적으로 착한 일을 한다 해도 자기 의만을 내세우면 그런 행위는 교만일 따름이고, 하나님께 죄를 범하게 되는 것이니까요. 아들 이삭을 번제로 드리려고 칼을 든 아브라함의 순종(창 22:10)이나, 아브라함에서 예수님에까지 이르는 유다 가문의 대를 잇기 위해 창녀로 가장해서 시아버지 유다와 관계를 맺은 다말의 헌신(창 38:16)은 세상적 가치관으로 보면 각각 살인죄와 간음죄에 해당되겠지만, 성경적 가치관으로 보면 하나님의 뜻에 따르는 순종이요 헌신인 것입니다.

참된 그리스도인은 자신의 의지와 노력으로 자신의 의나 영광을 추구하는 것이 아니라, 철저한 자기부정과 하나님께 절대 의존하는 마음을 바탕으로 모든 것을 하나님 뜻에 따라 행하는 자라고 하겠습니다.

그런데 문제는 오늘날 교회를 다니는 사람들 중에도 하나님의 구원계획과 십자가 복음을 믿는다고 하면서도, 인생을 살아오면서 형성되어온 인본주의적인 가치관을 버리지 못하고, 두 가지 가치관이 뒤섞인 소위 혼합주의적 가치관에 의해 성경 해석을 그릇되게 하는 경우가 허다합니다. 심지어 산상수훈을 세상적 도덕, 윤리를 실현하라는 가르침으로 받아들이고, 간디를 롤 모델로 삼아 자신들도 스스로의 의지와 노력으로 팔복의 가르침을 실천해 보겠다고 다짐하며 애쓰는 사람마저 있습니다.

이런 사람들은 자신이 노력하여 온유, 긍휼, 의로움, 마음의 청결, 화평이라는 덕목들을 갖추면 복 있는 자가 되어 이 땅에서도 복을 누리고 죽어서는 천국으로 갈 수 있다고 생각하고 있는 것 같습니다.

그러나 그리스도인이 이 땅에서 천국을 경험하는 팔복의 마음자세들은 세상적 복을 누리기 위한 인본주의적 도덕률과는 의미가 다릅니다.

하나님 나라의 복 있는 사람은 육신의 정욕, 이생의 자랑, 안목의 정욕을 채우는 세상적 복을 누리는 사람이 아니라, 그리스도 예수 안에서 평강을 누리는 믿음과 순종의 삶을 살아가는 사람이니까 말입니다.

그러니까, 산상수훈은 예수님께서 제자들에게 세상적인 복을 받기 위해서 지켜야 할 행동강령인 도덕, 윤리를 말씀하신 것이 아닙니다.

그런 말씀이라면 왜 벌떼처럼 밀려드는 사람들 앞에서 말씀하시지, 그들을 피해 산으로 가서 제자들에게만 말씀하셨겠습니까?

산상수훈은, 그리스도인은 하늘의 복을 받은 사람들(에 1:3)이기 때문에 이 땅에서부터 성경적 가치관에 맞는 마음자세인 팔복을 누리며 천국을 경험하고 훗날 천국에 이르게 될 것이라고 천명하신 것입니다.

(에 1:3) 하나님 곧 우리 주 예수 그리스도의 아버지께서 그리스도 안에서 하늘에 속한 모든 신령한 복을 우리에게 주시되

저는 성경 묵상을 통해서, 팔복은 세상 복을 의미하지 않는다는 것을 깨닫게 되었는데, 예를 들면 심령의 가난, 애통, 의에 주리고 목마름, 의로 인한 박해 같은 하늘의 복들은 세상적 복과는 전혀 다른 내용의 복이고, 온유, 화평, 청결, 긍휼 같은 팔복의 다른 마음자세들도 똑같은 한글단어로 표현되고 있는 세상적 윤리 덕목과는 큰 차이가 있다는 것을 분명히 인식하게 되었습니다.

① 심령이 가난한 자

(마 5:3) 심령이 가난한 자는 복이 있나니 천국이 그들의 것임이요

교회에 다니기 시작하면서 자주 듣게 되는 심령이 가난하다는 이야기를, 저는 처음에는 남들 앞에서 자신을 낮추는 겸양이나 마음속의 욕심을 비우는 무소유를 지향하는 것으로 받아들였습니다.

겸양이나 무소유는 자기 의, 자아실현을 추구하는 덕목들로서 많은 사람이 살아가면서 실천하려고 애를 쓰지만 그것조차도 이루기가 매우 어렵기 때문에, 자기 수양을 통해서 의지와 노력으로 그것을 잘 행하는 사람들은 세상에서 훌륭한 인격자로서 많은 칭찬을 받곤 합니다.

그러나 하나님을 알아 가면서, 저는 "심령이 가난하다"는 말은 종전에 제가 생각해 왔던 것을 훨씬 뛰어넘는 의미를 가지고 있으며, 그리스도인의 가장 기본적이고 핵심적인 마음자세라는 것을 깨닫게 되었습니다.

심령의 가난함이란 "나는 하나님의 은혜가 아니면 존재할 수 없다"고 자기를 철저히 부정하고, 하나님께 절대 의존하는 마음자세입니다.

이것은 인간의 자력구원은 불가능하다는 진리의 선포인 것입니다.

율법을 내 힘으로 지켜 하나님께 칭찬받는 사람이 되겠다는 결심은 심령의 부유함이고, 그런 사람은 천국이 자신의 것이 될 수 없습니다.

심령의 가난은 제가 심령을 가난하게 해야겠다는 의지로 노력해서 되는 것이 아닙니다. 무엇보다 자기 존재에 대한 바른 깨달음이 필요한데, 이런 깨달음은 성령의 역사하심(요 16:8)이 있어야 이루어집니다.

실제로 제가 지난날 젖어 있던 "내 인생의 주인은 나 자신이라"는 불교나 유교사상에서 벗어나, "나의 나 된 것은 다 하나님의 은혜이고, 그 은혜가 없는 나는 아무것도 아니라"는 철저한 자기부정과 하나님께 절대적으로 의존하는 마음이 제 안에서 성령의 도우심으로 넘쳐날 때, 비로소 저는 심령의 가난함이 무엇인지를 절감할 수 있었습니다.

겸양이나 무소유의 실천 같은 의지와 노력이 아니라, 성령의 이끄심에 의해 "은혜 아니면 나 살지 못한다"고 제 심령이 진정 가난해지고 나서야, 저는 하나님 은혜와 십자가 복음을 진심으로 믿게 되었습니다. 그래서 예수님께서 참된 그리스도인은 심령이 가난하므로 이 땅에서도 천국을 경험하며 살 것이고, 죽어서도 천국 백성이 될 것이라는 이 말씀을 팔복 중에 제일 먼저 하셨다고 저는 생각합니다.

② 애통하는 자

(마 5:4) 애통하는 자는 복이 있나니 그들이 위로를 받을 것임이요

처음 성경을 읽을 때는 이 말씀을 사랑이신 하나님께서 고난 중에 힘들어서 애통해하는 우리들을 위로하신다는 뜻으로 받아들였습니다.

그러나 성경적 가치관이 형성되면서, 이 애통은 심령의 가난과 의미가 일맥상통하는 것이고, 세상의 고난이나 핍박 때문에 슬퍼하는 것을 말하는 것이 아니라, 자신의 죄와 한계를 깨닫게 되면서 인간 자체의 불완전성과 자력구원이 불가능함에 대해 느끼는 큰 슬픔을 의미한다는 것을 알게 되었습니다.

저는 기도와 성경 묵상 중에 적나라하게 드러나는 제 자신의 불의와 불완전성을 보게 되면서 철저하게 피조물에 불과한 제 자신의 존재가치를 인식하게 되었고, 이를 통해서 심령이 가난해지고 그로 말미암아 애통함이 제 자신에게서 터져 나오는 것을 경험할 수 있었습니다. 그러니까 예수님께서는 제자들에게 참된 그리스도인은 불완전한 자신을 애통해하며 살게 되지만, 이 땅에서부터 하나님의 위로를 받으면서 그 은혜에 의해 믿음으로 구원을 이룰 것이라고 말씀하신 것입니다.

③ 온유한 자

(마 5:5) 온유한 자는 복이 있나니 그들이 땅을 기업으로 받을 것임이요

방송에서 가끔 설교를 들어 보면 일부 목사님들이 '온유한 자'를 한글 사전적으로 해석해서, 기질이 온순하고 부드러운 자가 되어야 한다고 하는 경우가 있고, 저도 처음에는 당연히 그렇게 이해를 했습니다.

그러나 성경을 공부하고 묵상하는 과정을 거치면서, 산상수훈에서의 온유는 "사랑은 온유하며"(고전 13:4) 할 때의 온유와는 한글로는 같지만 헬라어로는 서로 다른 단어로 되어 있다는 것을 알게 되었습니다.

산상수훈에서의 온유는 헬라어로 '프라우스'인데, 고린도전서 13장 4절에서의 온유는 헬라어로 '크레스튜에타이'라고 합니다.

헬라어 '크레스튜에타이'는 "다른 사람에게 상처를 받았을 때, 그것을 악으로 갚지 않고 선으로 갚는다"는 의미를 가지고 있습니다.

애굽의 총리가 된 후에, 자신을 종으로 팔아 버렸던 형제들을 용서하고 오히려 위로하는 요셉이 이런 온유의 대표적 인물이라 하겠습니다.

그런데 우리말 성경은 사람들 중에서 가장 온유한 자가 모세(민 12:4)라고 이야기하는데, 모세가 과연 세상적으로 가장 부드러운 사람이었습니까?

왕자 시절에 이스라엘 사람을 괴롭히던 애굽 사람을 때려죽이고(출 2:12), 광야 생활에서 시내산으로 하나님을 만나러 간 사이에 이스라엘 백성들이 금송아지를 우상으로 모시는 잘못을 저지르자 십계명 돌판을 깨부수고 삼천여 명을 살육해 버린(출 32:19, 28) 모세의 불같은 성격을 성경을 통해 보면서, 어느 누가 그를 세상적으로 가장 온순하고 부드러운 성품을 갖춘 사람이라고 할 수 있겠습니까?

그러니까 바로 여기서 나오는 온유, '프라우스'는 철저히 자기를 부정하면서 자신의 의를 내세우지 않고, 삶이 평탄하든 고되든 간에 오로지 하나님의 뜻에 따라 순종하며 살아가는 신앙적 자세를 의미합니다.

심령의 가난함과 애통함이 모두 내포되어 있는 의미라 하겠습니다. 모세에게 그런 온유함이 남달리 있었기에, 그는 80세의 늙은 나이에도 하나님의 부르심에 순종하여 이스라엘 백성들을 애굽 땅에서 데리고 나와 40년간이나 광야에서 돌본 후에 생을 마감하였던 것입니다.

이 온유의 마음은 제 의지나 노력으로가 아니라, 죽기까지 순종한 온유하신 예수님(마 11:29)과 연합되어야만 생긴다는 것을 통감합니다.

그리고 "온유한 자가 땅을 기업으로 받는다"는 말씀은 온순한 자가 부귀영화를 누린다는 이야기가 아니라, 그리스도인은 믿음으로 하나님의 뜻에 순종하며 살아가는 온유한 사람이므로, 이 세상에서도 예수님과 함께하는 '교회(마 16:18)'가 되어 복된 땅인 하나님 나라를 경험하며 살게 되고, 죽어서도 복된 땅인 천국으로 가게 된다는 뜻임을 깨닫게 되었습니다.

④ 의에 주리고 목마른 자

(마 5:6) 의에 주리고 목마른 자는 복이 있나니 그들이 배부를 것임이요

세상에는 자신의 의를 자부하고 사회정의를 실현해 보겠다는 생각을 품고, 이를 위해 사회적 영향력을 가지고자 애쓰는 사람이 많습니다.

예전에는 저도 그런 류의 사명감을 갖고 노력하던 사람이었습니다.

사도 바울이 자기 의를 내세우는 바리새인을 이렇게 나무랐지만, 오늘날도 하나님을 모르는 사람들은 자신의 힘을 키워서 자기 의를 실행하려는 소위 바벨탑 쌓기(창 11:1-9)를 멈추지 않고 있습니다.

그러나 그리스도인이라면 참된 믿음의 바탕에 철저한 자기부정의 마음이 있기 때문에, 그들은 하나님의 의로운 역사하심의 신실한 도구로서 살아갈 수 있는 은혜를 누릴 수는 있을지라도, 자신의 한계로 말미암아 자기 안에서는 사회정의를 구현할 의는 물론이고, 자신을 구원할 의조차도 스스로 나올 수 없다는 것을 잘 알고 있을 것입니다.

그러니까 예수님께서는 팔복 중의 하나로 심령의 가난함, 애통함, 온유와 일맥상통하는 하나님의 의를 갈급하는 복된 그리스도인의 마음자세를 말씀하신 것인데, 저는 이 말씀을 묵상하고 공부하면서 세상적인 의와 구별되는 하나님의 의는 과연 무엇일까를 살펴보게 되었습니다.

평소에 '의'라는 개념을 우리말로는 정의로움, 영어로는 Justice라는 단어가 가진 의미로 생각하고 있었는데, 공부하면서 보니까 성경에서의 의는 그렇게 단순하게 이야기할 수 없는 의미를 지니고 있었습니다.

성경에서의 의(義)는 히브리어로 '짜다크'라는 단어인데, 이 말은 세상에서 추구하는 그런 정의의 개념과는 달리, 하나님과 우리가 서로 자신의 의무를 성실히 수행하고 있는 상태를 의미하는 것이었습니다.

하나님의 의는 하나님께서 우리를 사랑하셔서 아들까지도 이 땅에 보내 십자가 복음을 구현케 하시고, 그 복음을 믿는 우리를 구원하시겠다는 언약을 성취해 나가시는 '신실하심'이라고 저는 이해합니다.

그리고 하나님과의 관계 속에서 요구되는 우리 인간의 의라는 것은 하나님께서 언약하신 대로 모두 이루어질 것이라고 하나님의 신실하심을 믿고 하나님께 절대 순종하며, 그렇게 믿게 해 주신 은혜에 감사드리면서 '참된 예배의 삶을 살아가는 것'을 이야기한다고 생각합니다.

하나님께서는 백 세 나이에 어렵게 얻어서 눈에 넣어도 아프지 않을 이삭을 당신께서 시키신 대로(히 11:17) 번제로 올리고자 죽이려고 한 아브라함을 꾸짖지 않고, 오히려 의롭다고 하시지 않았습니까?

아버지가 자식을 죽이려고 하는 행위가 도덕이나 법으로 판단할 때 과연 의로운 행위라고 말할 수 있겠습니까?

아닙니다. 인간적으로 도저히 용납되지 않을 끔찍한 살인 행위입니다. 그러나 하나님의 의로우심을 믿고, 그 관계 속에서 그가 순종하겠다는 그 상태가 의롭다는 것입니다. 이처럼 인간의 기준으로 의로운 행위를 해서가 아니라, 하나님께 절대 순종함이 바로 의로움인 것입니다.

순종이 의로움이니까 니체 같은 사람들은 기독교를 노예종교라고 하고, 기독교인을 용기 없고 약한 사람이라고 멸시하기도 했지만, 성경은 예수님을 믿는 사람은 자신의 약함을 깨닫고 인정하는 강한 사람이며(고후 12:9,10), 천하보다 귀한 존재(막 8:36)라고 말합니다.

그러니까, 예수님께서 그 귀한 생명들을 살리시기 위해서 아버지 하나님의 뜻에 순종하고 십자가에서 죽기까지 하셨던 게 아니겠습니까?

저는 자기 의를 내세우면서 자력으로 구원받는다고 생각하는 것은 교만이라고 확신합니다만, 그렇다고 해서 모든 일에 소극적이고 수동적인 자세로 임하는 것이 의로운 것이라고는 결코 생각하지 않습니다.

예수님을 믿기 전인 예나 지금이나 저는 삶을 적극적이고 긍정적으로 살아가야 한다고 생각하는 데는 변함이 없습니다.

제 신앙생활에서도 새벽을 깨우는(시 57:8) 적극성이나, 고난과 시련을 변장하고 찾아오는 축복으로 생각하는(벧전 4:13) 긍정적 사고가 하나님과의 사랑을 더욱 깊이 할 수 있는 은혜로운 에너지를 만듭니다.

그러나 적극적이고 긍정적인 마음으로 열심히 선행해서 공적을 쌓아가면 구원에 이를 수 있다고 믿는 것은 율법주의적인 사고방식이고, 하나님 앞에서 엄청난 교만이기 때문에 저는 그런 생각을 경계합니다. 왜냐하면 하나님의 은혜를 도외시한 이런 열심과 헌신은 모두 자기 의를 내세우는 데 쓰일 도구나 재료에 불과한 것이니까 말입니다.

강한 의지와 노력으로 나름대로 종교행위를 열심히 하노라고 해 왔는데, 마지막 날 예수님 앞에 섰을 때 주님께서 "나는 너를 도무지 모른다"고 하시면, 그 얼마나 당혹스럽고 낭패스러운 일이 되겠습니까?

(마 7:21) 나더러 주여 주여 하는 자마다 다 천국에 들어갈 것이 아니요 다만 하늘에 계신 내 아버지의 뜻대로 행하는 자라야 들어가리라 22) 그날에 많은 사람이 나더러 이르되 주여 주여 우리가 주의 이름으로 선지자 노릇 하

성경은 저를 위해 십자가에서 죽으신 예수님의 은혜, 그 십자가 복음의 진리를 믿어야 저의 옛 자아가 죽게 되고, 제가 죄와 사망에서 건져 내어져 영생을 살아갈 새 생명을 얻게 된다고(롬 6:4) 이야기합니다.

그런데 제 자아가 죽지 않고 끊임없이 자기 의를 추구하게 된다면 그것은 예수님을 말로만 주님이라고 부르는 것에 지나지 않는 것이고, 제 자신은 점점 불의에 빠져들어 더 많은 죄를 짓게 될 것입니다.

제 마음에 두 주인이 있을 수 없으므로(마 6:24), 제 자아가 죽지 않으면 예수님께서 함께 계신다고 하더라도 저의 주님이 되지 못하시니, 제가 예수님을 영접했노라고 말은 하지만, 실제로는 예수님은 뒷전이고 제 자신의 욕망이 제 주인이 되어 버리고 말지 않겠습니까?

예수님께서는 제자들에게 자기를 부인하고, 자신의 모든 욕망과 탐심을 매단 자기 십자가를 지고 따라오라고 말씀하셨습니다(마 16:24).

그러나 사회적으로 남들보다 더 많이 가진 사람들일수록, 부와 권력, 명예, 지식 같이 그냥 내려놓기에는 아까운 것들이 너무나 많습니다. 자신은 어려서부터 모든 계명을 지켰는데 어떻게 하면 영생을 얻을 수 있느냐고 묻는 부자청년에게 예수님께서 말씀(막 10:21)하셨습니다.

"네게 있는 것을 다 팔아 가난한 자들에게 주라. 그리하면 하늘에서 보화가 네게 있으리라. 그리고 와서 나를 따르라."

그러나 그는 재물이 너무 많아서 아까우니까 예수님 말씀을 따라 내려놓지 못한 채, 슬픈 기색을 띠고 근심하며 돌아서 가 버렸습니다.

예수님께서 그리스도인들은 의에 주리고 목마른 자이므로 하늘의 풍요를 누릴 것이라고 산상수훈에서 말씀하셨듯이, 세상적인 것에 탐닉하고 집착하는 마음을 내려놓고, 먼저 하나님 나라와 그 의를 구하면(마 6:33) 예수님께서 모든 것을 책임져 주신다는 것이 바로 하나님 나라의 삶을 사는 이치인데, 그 부자청년은 그것을 몰랐던 것입니다.

저도 살아가는 동안 매사에 이 부자청년의 주저함이 저를 붙들고 있음을 자주 실감하지만, 성령의 도우심을 받아 의에 주리고 목마른 자로 담대히 하나님 앞에 나아갈 수 있게 되기를 늘 간구하고 있습니다.

⑤ 긍휼히 여기는 자, 긍휼히 여김을 받는 자

저는 성경을 읽으면서 산상수훈의 이 구절도 처음에는 측은지심이 강해서 남들에게 자선을 많이 베푸는 사람은 하나님께서 긍휼히 여기셔서 많은 복을 주신다는 뜻으로 해석했던 것이 사실입니다.

그런데 예수님께서 말씀하신 이 긍휼이 인간의 측은지심에 의한 긍흌을 의미하는 것이 아니라는 것을 성경을 통해 깨닫게 되었습니다.

인간의 긍휼은 사람들마다 차이가 있지만, 근본적으로 인간이 지니고 있는 여러 죄성으로 말미암아 변질되고 타락해 버리기 쉽습니다. 그래서 선한 동기로 시작한 자선사업들이 사람들의 박수 속에서 추진되다가, 시간이 흐르면서 실망스러운 추문을 낳게 되기도 합니다.

그러나 예수님께서 산상수훈에서 말씀하신 긍휼은 절대적이고 변함없는 긍휼, 즉 사랑이신 하나님께서 베푸시는 긍휼을 의미합니다.

이 세상에는 스스로 의인 된 자가 없기(롬 3:10) 때문에 우리 인간에게서는 근본적으로 이러한 하나님의 긍휼이 스스로 나오지를 못합니다. 사도 바울은 로마서에서 우리가 원하고 애쓴다고 우리 안에서 긍휼이 생기는 것이 아니라면서, 하나님께서 모세에게 말씀(출 33:19)하셨듯이 긍휼은 하나님께서 우리에게 베푸시는 것이라고 했습니다.

(롬 9:15) 모세에게 이르시되 내가 긍휼히 여길 자를 긍휼히 여기고 불쌍히 여길 자를 불쌍히 여기리라 하셨으니 16) 그런즉 원하는 자로 말미암음도 아니요 달음박질하는 자로 말미암음도 아니요 오직 긍휼히 여기시는 하나님으로 말미암음이니라

그런데 산상수훈에서의 긍휼이 측은지심에서 나오는 인간적인 긍휼을 이야기하는 것이 아니라, 하나님의 긍휼을 의미한다고 하면 세상 사람들은 인간의 박애정신을 너무 폄하한다고 심하게 반발하기도 합니다.

그 사람들은 교회가 운영하는 복지시설이나 구호사업 외에도 기업들이나 재력 있는 독지가들과 다른 종교단체들이 하는 각종 자선사업이나 구호사업뿐만 아니라, 개인들이 수시로 긍휼한 마음으로 행하는 크고 작은 선행 사례들이 우리 사회에 수없이 많다는 점을 강조합니다.

그러면서 그들은 이처럼 세상의 그늘진 곳, 소외된 곳을 인간적 사랑과 자비라는 측은지심으로 감싸고 치유해 나가는 수많은 나눔의 선행들은 누구에게나 박수 받고 칭찬받을 수밖에 없는 일이지, 이렇게 하나님의 긍휼이니 인간적 긍휼이니 하면서 구분지어서 따지듯이 이야기하는 것이 무슨 의미가 있고 유익이 있느냐고 항변하기도 합니다.

나름대로 이유 있는 항변이라고도 생각할 수 있고, 그만큼 우리들이 살아가는 세상에서 사람들 간의 인간적인 사랑과 긍휼이 때로는 가슴 시리게 감동적이고 눈물 나도록 감격적인 경우도 분명히 있습니다.

그래서 저도 예전에는 당연히 그 사람들과 같은 생각을 했었지만, 신앙생활을 해 오면서 성경말씀의 참뜻을 깨달아 가게 되었습니다.

실제로 세상 사람들의 선행 속에 담겨 있는 측은지심이 성경적 긍휼을 지향하는 참된 양심일 경우도 적지 않겠지만, 또 다른 경우의 측은지심은 자기 의에 의한 자아실현 욕구나 자기만족, 자기과시욕 그리고 이기심과 뒤섞인 화인 맞은 양심(딤전 4:2)에 불과할 수도 있습니다.

사도 바울은 이웃을 위해 자기가 가진 모든 것으로 구제를 하고 자신의 몸을 불사르게 내줄지라도 하나님의 사랑이 없으면 긍휼히 여기는 자가 아니므로 긍휼히 여김을 못 받는다고 했습니다(고전 13:3).

그런데 하나님의 사랑이 무엇입니까? 하나님의 사랑은 선악과 사건 후 원수 된 우리 인간들을 구원하시고자 독생자 예수님을 이 땅에 보내시고, 우리의 죄를 대속하기 위해 십자가에서 죽게까지 하신, 우리로서는 도저히 흉내 내지 못할 이타적이고 절대적인 사랑입니다.

저는 산상수훈에서 예수님께서 말씀하신 긍휼히 여기는 자는 자신의 측은지심으로 인간적 긍휼을 베푸는 자가 아니라, "하나님! 저에게는 긍휼이 없습니다. 저에게 하나님의 긍휼을 베풀어 주시옵고, 제 이웃도 저와 다를 바 없이 긍휼이 없는 불가능하고 불쌍한 존재니 하나님께서 긍휼을 베풀어 주시옵소서!" 하고 기도드리는 자라고 생각합니다.

여기서 긍휼히 여기는 자라는 것은 교인들 중에 "내가 하나님의 긍휼하심의 은혜를 받았으니, 나도 이웃에게 나의 긍휼을 베풀겠다"고 하는 사람들이나, 믿지 않는 자들 중에서 "내가 가진 것으로 불쌍한 이웃을 도와주겠다"고 하는 그런 사람들을 지칭하는 것이 아닙니다.

우리 인간에게는 하나님의 긍휼이 없는데, 그것을 자기 자신의 의지와 노력으로 만들어 내서 남에게 베풀겠다고 생각하는 것은 교만이고, 자신이 가진 것에 대해서 청지기 정신이 아니라 내것이라는 '소유의식'을 갖는 것이나, 나는 부유하고 저들은 가난하니까 돕는다는 식의 남들과의 '구분의식'을 갖는 것도 성경적으로는 다 교만일 따름입니다. 성경적 교만에 대한 올바른 이해가 바른 자선행위를 가능케 합니다.

산상수훈에서의 긍휼도 앞에서 나온 심령의 가난함, 애통함, 온유,

의 같은 마음자세와 마찬가지의 성경적 가치관이 내포되어 있습니다.

우리가 진정한 그리스도인이라면 이웃에게 긍휼을 베푸는 행위는 우리가 자신의 의를 바탕으로 자력으로 행하는 것이 아니라, 우리 안에 있는 예수 그리스도께서 하시는 일임(갈 2:20)을 깨닫게 될 것입니다.

그런데 하나님께서는 긍휼을 베푸실 때 사람을 통해서 역사하십니다. 그러니까 우리는 하나님께서 누군가를 긍휼히 여기시고 은혜를 베푸실 때, 그 과정에서 하나님의 신실한 도구로 쓰일 수 있습니다. 그리스도인으로서 우리가 하는 선행은 우리가 하는 것이 아니라, 우리 안에 계시는 그리스도께서 하시는데(갈 2:20), 이때 우리가 하나님의 역사하심의 신실한 도구가 되는 것입니다.

저는 도구가 아닌 주체가 되려고 하는 성경적 교만을 늘 경계합니다. 오른손이 하는 일을 왼손이 모르게 하는 참된 긍휼(마 6:3)이 제 안에서 자연스럽게 흘러나오려면 제가 주도해서 되는 것이 아니라, 하나님께서 기쁜 뜻으로 저에게 긍휼함을 소망하게 하시고, 저의 오른손으로 그 긍휼을 행하도록 성령으로 이끄셔야 하는 것입니다.

기독교인들 중에는 국내외적으로 불우한 사람들을 돕는 선행을 열심히 하는 사람이 많은데, 그들 대부분은 그 일을 자의로 행한 것이 아니라, 하나님의 뜻하심과 부르심에 따라 하게 되었다고 간증합니다.

저는 이처럼 심령의 가난함을 바탕으로 한 선행이 시간이 흘러도 변질되지 않고 초심대로 유지되기 위해서는 선행자는 항상 낮아져야 하고, 그를 위해서라도 사람들의 그에 대한 지나친 칭송은 자제되어야 하며, 그 선행을 통해서 하나님만이 영광을 받으셔야 한다고 생각합니다. 자랑하거나 교만하지 않고 자신의 유익을 구하지 않으며, 하나님의 사랑이 담긴 긍휼(고전 13:3)이 베풀어져야만 참된 선행입니다.

그러니까 이웃을 위해 하나님의 긍휼을 구하며, 하나님께서 긍휼을 베푸실 때 신실한 도구로서의 역할을 성령의 도우심으로 행하는 사람이 바로 참된 선행을 행하는 '긍휼히 여기는 자'라 하겠습니다.

⑥ 마음이 청결한 자

(마 5:8) 마음이 청결한 자는 복이 있나니 그들이 하나님을 볼 것임이요

마음이 청결하다는 것도 얼핏 보면 마음이 부패되지 않고 욕심을 부리지 않으며 정직하게 사는 것을 의미하는 것처럼 보입니다.

그러나 팔복의 청결은 헬라어로 '카다로스'인데, 이 말은 하나로 되는 것, 과녁을 벗어났다가 제자리를 찾는 것이란 의미가 있다고 합니다. 그러니까 여기서 '마음이 청결한 자'는 두 마음으로 하나님과 '나'라는 두 주인을 모시지 않고, 부와 권력과 명예라는 세상적 가치를 추구하지 않으며, 오로지 하나님만 바라보고 그 뜻에 따라 살아가는 사람을 의미한다고 생각합니다.

이처럼 마음의 청결도 다른 팔복의 마음자세들과 일맥상통하는 것이므로, 결국 마음이 청결한 사람은 하나님의 은혜가 아니면 자신은 아

무엇도 아니라고 자신의 가능성과 자기 의를 철저히 부정하고, 하나님께 절대적으로 의존하며 살아가게 되는 것입니다.

그러나 교회를 오래 다니고, 하나님을 믿는다고 공언하는 사람들도 육신을 입고 있는 한, 이렇게 사는 것이 말처럼 쉽지는 않습니다. 제 경험에 의하면, 자기부정은 일시에 이루어지는 것이 아니라, 삶의 숱한 고난과 시련을 겪으면서 성령의 도우심으로 만들어지는 것입니다.

저는 사도 바울의 경우를 보면서 바른 자아 인식의 과정은 오랜 세월을 두고 점차 그 방향으로 향해 가는 것임을 깨닫게 되었습니다. 바울 서신서를 보면 초기에는 사도인 자신에 대한 자부심이 넘쳤었지만, 해를 거듭할수록 점점 자기부정으로 나아가는 것을 볼 수 있습니다.

바울이 다메섹 도상에서 하늘로부터 들려오는 예수님의 꾸짖으심을 듣고 회개한 지 약 15년이 경과한 AD 48-49년경에 기록된 것으로 추정되는 갈라디아서에 보면, 그는 자신을 "예수 그리스도와 하나님으로 말미암아 사도된 자"(갈 1:1)라고 자부심을 담아 표현을 했습니다.

그러다가 5년 정도 지난 뒤인 AD 54-55년경에 기록된 고린도전서에 보면 자신을 "사도 중 가장 작은 자로서 사도라 칭함 받기를 감당하지 못할 자"(고전 15:9)라고 겸손하게 표현하고 있습니다.

그런데 AD 57년경에 기록된 로마서에서 바울은 자신을 "수시로 죄의 법에 사로잡히는 곤고한 사람"(롬 7:23,24)이라면서 탄식합니다.

그리고 AD 60-62년경에 기록된 에베소서에서는 자신을 "모든 성도 중에 지극히 작은 자보다 더 작은 자"(엡 3:8)라고 지칭하면서, 그리스도인이라고 자부할 수도 없는 사람이라며 지극히 겸손해졌습니다.

회심한 지 30여 년이 지난 AD 63-65년경에 기록된 디모데전서에서 사도 바울은 자신을 "죄인 중에 괴수"(딤전 1:15)라고 하는 철저한 자아인식과 하나님의 은혜에 감사하는 모습을 보여주었습니다.

유대사회에서 좋은 가문, 좋은 학벌, 좋은 지위를 가지고 자기 의를 실현하고자 애쓰던 바울이 예수님을 만나고 나서 자기 속에 있는 자기 의와 자존심을 다 버리고 오로지 하나님만 바라보는 신실한 종으로 거듭나는 과정을 보면서, 저는 저의 죄인 됨을 새삼 통감하게 됩니다.

예수님 말씀처럼, 그리스도인은 자신의 가능성과 능력을 부인하는 자아인식의 과정을 거치면서, 자신의 의지나 노력으로가 아니라, 성령의 도우심으로 점차 마음이 청결한 자로 변화되어져 갈 것입니다. 그처럼 마음이 청결해진 자는 하나님만을 바라보며 살 것입니다.

⑦ 화평하게 하는 자

(마 5:9) 화평하게 하는 자는 복이 있나니 그들이 하나님의 아들이라 일컬음을 받을 것임이요

흔히 '화평하게 하는 자'라고 하면 서로 반목하는 사람들을 화해시키거나, 상대를 평안하게 해 주는 사람을 생각하기 마련입니다.

그러나 저는 이 화평도 팔복의 다른 마음자세들과 같은 맥락에서 이

해되어야 한다는 것을 성경 묵상 과정에서 자연히 깨닫게 되었습니다. 그러니까 여기서 화평하게 하는 자라 함은 자기를 철저히 부정하며, 자신은 하나님께 절대 의존할 수밖에 없는 피조물임을 자인함으로써 하나님과 자신의 수직적 관계를 평화롭게 하는 사람일 뿐만 아니라, 인간이란 모두 연약하고 한계적인 피조물에 불과하다고 인식하고 이웃과의 수평적 관계를 평화롭게 하는 사람을 의미한다고 하겠습니다.

예수님께서는 우리의 죄를 대속하시기 위해 십자가에서 죽으심으로써 하나님과 우리 인간의 원수 된 관계를 화평의 관계로 만드셨으며, 참된 그리스도인은 성령의 도움으로 하나님과 화평하고 이웃에게 화평하게 하는 하나님의 자녀로 살게 된다고 산상수훈에서 말씀하셨습니다.

저는 믿음의 삶 속에서 제 자신을 하나님과 화평하게 해 주신 예수님의 은혜를 생각하면서, 저도 마음을 다하고 목숨을 다하고 뜻을 다하여 하나님을 사랑하는(마 22:37) '화평하게 하는 자'가 되겠다는 다짐의 기도를 늘 드리게 되고, 성령에 이끌려 이웃을 자신처럼 사랑하는(마 22:39) '화평하게 하는 자'가 되도록 인도해 주실 것을 늘 간구합니다.

⑧ 의를 위하여 박해를 받은 자

(마 5:10) 의를 위하여 박해를 받은 자는 복이 있나니 천국이 그들의 것임이라

간디처럼 도덕, 윤리에 따른 자기 의를 실현해 나가기 위해 활발한 활동을 해 왔던 사람들은 세상 사람들로부터 존경을 받았으면 받았지, 박해를 받지는 않을 것이라고 누구나 생각할 것입니다. 그래서 저도 처음에는 산상수훈의 이 말씀이 무슨 뜻인가 의아했으나, 성경을 읽고 묵상하는 과정을 거쳐 오면서, 예수님께서 의를 위하여 박해를 받는다고 하신 말씀에서의 '의'는 세상에서 칭찬받는 그런 자기 의는 아니라는 것을 깨달을 수 있게 되었습니다.

팔복 중에 앞에서 본 일곱 가지 복 있는 그리스도인의 마음자세의 공통점은 자기부정이라는 자아인식을 바탕으로 하나님께 절대적으로 의존하며 살아가고자 하는 데서 발현되는 마음자세들이라고 할 수 있습니다. 한마디로 하늘의 의를 위하여 살아가는 삶을 지향하는 것입니다.

그런데 이런 사람들은 박해를 받을 수밖에 없는 것이 현실입니다.

바리새인들은 자신들의 의지와 노력으로 율법을 지킴으로써 남들과는 차별화되고 구원받게 될 것이라고 확신하며 살았는데, 예수님께서 독사의 자식이라며 그들이 내세우던 자기 의가 교만이요 죄밖에 되지 않는다고 말씀하시자, 도리어 예수님을 죽음으로 몰아가 버렸습니다.

자기들이 자신의 인생과 세상의 주인공이 되어야 한다고 생각하는 가인의 후예들은 자신들이 결코 선하지 않으며, 자신들의 가치관이 그릇된 것이라는 지적을 받게 되면 스스로의 분을 참지 못하고, 하늘의 의를 위하여 순종하며 살아가는 아벨들을 죽여 버리게 되는 것입니다.

오늘날 그리스도인들도 이 세상에서 성령에 이끌려서 산상수훈의 팔복의 삶을 살아가게 되는데, 그렇게 살다 보면 진리의 참뜻을 이해하지 못하고 자기 의를 추구하며 살아가는 대다수의 사람들로부터 심한 조롱과 무시와 박해를 받게 될 수도 있을 것입니다.

예수님께서는 산상수훈을 통해서 자기 자신을 부인하고 하나님께 의존하면서 살아가는 심령이 가난한 삶, 애통해하는 삶, 온유한 삶, 의에 주리고 목말라하는 삶, 긍휼히 여기는 삶, 청결한 삶, 화평하게 하는 삶, 의를 위하여 박해받는 삶이 고난이나 불행이 아니라, 이 세상에서 하나님 나라를 살아가는 참된 행복의 삶임을 말씀하셨던 것입니다.

예수님께서는 병자들을 고치시면서 천국 복음을 전파하셨는데, 이때 복음의 진리보다 병 고치는 이적에 더 많은 관심을 갖고 벌떼같이 몰려드는 사람들(마 5:23-25)을 보시고는 산으로 올라가셔서, 제자들만을 대상으로 이 산상수훈을 말씀하셨는데, 왜 그렇게 하셨을까요?

예수님께서는 제자들에게 그리스도인으로서 이 세상에서 천국의 삶을 살아가는 것이 어떤 것인지를 깨닫게 하시고, 허황한 세상의 복을 찾아 헤매지 말 것을 당부하시기 위해 그렇게 하시지 않았겠습니까?

저는 예수님께서 제자들이 팔복의 삶을 살아가면서도 그걸 복인 줄 모르고, 자신들이 불행 속에 빠진 것으로 오해하고 낙담하지 않도록, 참된 그리스도인은 의로 인해 핍박받기도 하지만 진정한 천국의 삶을 이 땅에서부터 누리게 된다는 가르침을 주셨던 것으로 생각합니다.

⑨ 빛과 소금의 삶

우리는 "혼탁하고 부조리한 세상을 변화시키는 빛과 소금이 되어야 한다"는 이야기를 세상에서든 교회에서든 수없이 많이 듣게 됩니다.

그러나 저는 예수님께서 제자들에게 자신의 한계를 깨닫고 하나님께 절대 의존함으로써 누리게 되는 팔복의 삶을 말씀하신 후에, 이어서 그들에게 이 땅에서 슈퍼맨 같은 의지와 능력을 갖추고 빛과 소금의 역할을 다하라는 행동강령을 말씀하셨을 리가 없다고 생각합니다. 그러니까, 저는 빛과 소금의 삶이란 어둠 속의 환한 빛처럼 세상적 선행으로 사람들의 모범이 되고, 세상의 불의를 발본색원하며, 생선이나 고기를 썩거나 상하지 않게 하는 소금처럼 세상의 부패를 막아 가는 삶을 의미하는 것은 아니라고 생각합니다.

만약 예수님의 이 말씀이 세상적인 비전이나 사명을 갖고 도덕적이고 모범적인 사람이 되라고 하신 말씀이라면, 예수님께서 제자들에게 "너희는 빛과 소금이 되어라"고 말씀하셨어야지, 그러지 않고 왜 "너희는 빛과 소금이니"라고 이미 이루어진 상태로 표현하셨을까요?

예수님께서는 우리가 자기성찰과 복음에 대한 믿음으로 구원의 은혜를 누리기를 원하시는 분이지, 우리가 자력으로 사회정의를 구현하거나 자기구원을 이루도록 강요하시거나 기대하시는 분이 아닙니다. 그런 예수님의 말씀이니까, 빛과 소금은 분명히 다른 의미가 있겠죠?

(마 5:13) 너희는 세상의 소금이니 소금이 만일 그 맛을 잃으면 무엇으로 짜

이 소금은 과연 무엇을 의미하는 것인지 곰곰이 생각해 보았습니다. 짠맛을 내며 썩지 않게 하는 소금처럼 이 세상에서 부패를 방지하고 사회를 개혁함으로써 살맛 나는 세상을 만드는 그런 정의의 수호자나 양심적 지성인을 의미하는 것일까요? 그러면 예수님께서는 그런 자들을 사람들이 보고 칭송하게 된다고 말씀해 주신 것일까요?

바로 앞에서 팔복의 삶을 사는 그리스도인은 의를 위하여 박해를 받는다고 말씀하셨는데, 금방 뒤집어서 소금 같은 의로운 삶을 살면서 세상에서 존경을 받게 될 거라고 하셨다면 좀 어색하지 않습니까?

숱한 자문자답을 통해 저는 이 말씀의 의미를 이해하게 되었습니다.

성경에서 소금이라는 단어는 변하지 않는 언약(레 2:13, 민 18:19, 대하 13:5)을 이야기할 때, 언약의 핵심이라는 의미로 자주 쓰입니다.

하나님께서 창세전에 이미 하신 소금 언약은 십자가 복음이라는 복된 언약이며, 구원을 약속하신 영원한 언약이라 하겠습니다.

그 복되고 영원한 소금 언약의 핵심은 바로 예수 그리스도이십니다. 따라서 예수님께서 제자들에게 세상의 소금이라고 하신 말씀은 하나님과의 소금 언약을 성취하신 예수 그리스도를 믿는 하나님의 신실한 자녀라는 의미이지, 결코 인본주의자들 생각처럼 사회정의나 사회개혁을 이루기 위해서 앞장서는 정의의 투사를 의미하는 것이 아닙니다.

소금이 맛을 잃으면 아무 쓸데가 없어서 밖에 버려지고 사람들에게

밟힌다(마 5:13)고 말씀하신 것에 대해서는 많은 생각을 하게 됩니다.

하나님의 소금 언약인 십자가 복음의 진리를 믿는 그리스도인은 세상의 소금이라고 했는데, 그 소금이 맛을 잃는다는 것은 참 믿음이 사라지고 성령이 소멸되어 마귀의 영에 휘둘리게 되는 것을 의미합니다.

저는 이 말씀을 예수님 당시뿐만 아니라, 오늘날의 기독교인들에게도 통렬한 반성과 회개를 촉구하는 경고의 말씀이라고 생각합니다.

우리는 교회에 가면 세상의 소금이 되어서 깨끗한 세상을 만드는 데 앞장서서 기독교인으로서의 사명을 다해야 한다는 설교를 많이 듣게 되고, 또 그런 취지로 교회에서 주관하는 각종 종교 행사는 물론이고 사회적으로 전개하는 그런 류의 행사에 자진해서 참여하기도 합니다.

이렇게 나름대로 교회는 열심히 계도하고, 교인들도 열심히 참여하는데, 왜 세상은 맑고 밝게 변하지 않고 오히려 세상 사람들은 그런 교회나 기독교인들을 비난하거나 혐오하기까지 하는 것일까요?

오늘날 기독교인들이 위선자라고 비난받거나 불법을 행하는 자로 정죄당하는 이유는 복음에 대한 그릇된 믿음과 세상교회의 잘못된 행태에 휩쓸려 부지불식간에 잘못을 저지르고 있기 때문이 아닐까요?

그리스도인이라면 도덕이라는 인본주의적 가치 실현을 위해 세상의 소금이 되어야 하는 것이 아니라, 성경적 가치관에 입각해서 하나님의 은혜가 아니면 나는 아무것도 아니라는 십자가 복음의 참된 진리를 믿는 하나님의 자녀로서 세상의 소금임을 자각해야 하지 않겠습니까?

하나님을 믿는 신앙의 목적은 구원과 영생인 것이지, 이 땅에서 도덕적 선행의 실천으로 자기 의와 자아실현을 달성하는 것이 아닙니다.

저는 하나님의 신실한 도구가 되게 해 달라는 기도는 열심히 드리지만, 하나님께서 저를 지명하셨으니 이제는 제 스스로 착한 일, 선한 일을 찾아서 말씀 안 하셔도 알아서 잘하겠다고 나서고 싶지는 않습니다.

선지자 미가는 선(善)한 것은 "겸손하게 하나님과 함께 행하는 것"이라고 했습니다(미 6:8). 참된 그리스도인이라면 절대로 인본주의적 가치관을 앞세워 "내가 내 의지로 세상의 소금이 되어 세상을 변화시키겠다"고 나서는 교만의 죄를 짓지는 말아야 하지 않겠습니까?

그런 자들은 사울 왕처럼 되어(삼상 15:1-35), 성령이 소멸되고 마귀의 영에 이끌려 맛을 잃은 소금으로 전락하고 말 것입니다.

또한 앞서 말씀드린 대로 오늘날 세상교회는 예수님께서 말씀하신 성도들의 집합체인 교회(마 16:18)와는 달리 신앙의 깊이가 다양한 사람들이 모이는 예배당이나 교육관이라고 이야기할 수도 있습니다.

오늘날 교회에 다니면서 기독교인으로 자처하는 사람들 중에는 참된 믿음을 가진 그리스도인들도 있지만 그렇지 못한 세속적 휴머니스트나 계산적 기복신앙인뿐만 아니라 심지어 적그리스도들도 간혹 섞여 있는 실정이고, 이들이 함께 모이는 곳이 바로 세상교회입니다.

일부 목회자들이 자신이 시무하는 이런 세상교회를 예수님의 참된 교회라고 착각해서, 세상을 변화시키자는 구호하에 소위 수신(修身)도 안 된 자들에게 평천하(平天下)를 요구하는 이벤트성 행사에 급급하거나, 심지어 성경을 자의로 해석해서 인본주의적인 비전이나 사명까지 자꾸 내세우니까 앞뒤가 맞지 않는 무리수가 생길 수밖에 없는 것입니다.

구원에 이르는 믿음은 우리 각자가 피조물로서의 자신의 한계를 철저히 인정하고, "나는 매일 죽노라" 하고 겸손히 하나님께 의지하면서, 날마다 회개하고 기도하는 삶을 살아감으로써 성장해 나가는 것이지, 세상교회의 양적 물적 영향력을 바탕으로 세상적 성공 기준에 부합하는 행동강령이나 세상에 과시할 수 있는 비전을 외친다고 해서 복음에 대한 참된 믿음이 얻어지고 강해지는 것이 결코 아니라고 생각합니다.

특히, 다양한 사람들이 모인 세상교회에서는 인본주의적이거나 혼합주의적인 사고방식에 젖어 있는 사람들이나 기복신앙인들의 목소리가 성경적 가치관에 충실하려는 교인들보다 더 큰 경우도 허다합니다.

그러니까 이런 교회나 교인들이 성경말씀 따로 종교행위 따로 식의 양상을 보임으로써, 자신들을 세상에 자랑하고 과시하는, '맛을 잃은 소금'인 세속적 종교집단으로 전락해 버리고, 그 가운데서 일부 목회자나 교인들이 탐욕스런 유혹에 빠져 범죄마저 저지르는 경우도 있습니다.

그런데 문제는 참된 십자가 복음의 진리보다는 세상적 가치관에 익숙해 있는 일부 교회나 교인들이 자신들의 행태가 신앙적으로 잘못된 것이라고 전혀 생각하지 않고 있다는 점이 더 심각한 것이고, 이것이 바로 오늘날 한국교회의 가장 위태롭고 우려스러운 점이라 하겠습니다. 우리 모두가 회개하고 진정한 소금의 맛을 되찾아야 할 때입니다.

이 빛은 과연 무엇일까, 이것도 혼탁하고 어두운 세상을 밝게 할 모범적인 사람을 말하는 것일까를 오래도록 생각해 보았습니다.

요한복음에서는 예수님을 '참 빛'(요 1:9)이라고 이야기합니다.

저는 예수님께서 말씀하신 세상의 빛(마 5:14)은 세상적으로 도덕적인 모범생이 아니라, 참 빛인 예수님과 연합되어 그분의 이름을 믿는 하나님의 자녀(요 1:12)인 그리스도인을 의미한다고 생각합니다.

예수님께서는 제자들에게 그리스도인은 자신의 의로움을 드러내는 자들이 아니라, 자신의 정욕과 탐심을 내려놓고 하나님의 은혜에 의지하여 참된 믿음의 빛을 발산하는 사람이라고 말씀하신 것입니다.

그런데 예수님께서 말씀하신 '산 위에 있는 동네'(마 5:14)가 무엇을 의미하는 것일까를 공부해 보니까 재미있었습니다.

그 당시 유대인들에게 '산 위에 있는 동네'는 예수님께서 무너뜨려질

것을 예언하신(마 24:2) 황금 돔의 성전이 있는 산 위의 도시인 예루살
렘을 말하는데, 이 예루살렘은 율법으로 구원받는다는 율법주의가 지배
하는 사회를 상징하고 있다는 것을 성경 공부를 통해 알게 되었습니다.

그러니까, 마태복음 5장 14절의 "산 위에 있는 동네가 그 빛에 숨겨
지지 못한다"는 말씀은 율법주의에 젖어 있던 유대인 사회에 "구원은
율법을 지켜 이루는 것이 아니라, 하나님의 은혜에 의한 믿음으로 이
룰 수 있다"는 예수 그리스도의 십자가 복음의 진리가 널리 전파되어
질 것임을 제자들에게 선포하신 것이라고 하겠습니다.

그리고 "그 빛은 집 안 모든 사람에게 비친다"는 15절의 말씀은 진리
를 세상에 널리 선포하였지만, 진리를 믿는 자는 오직 집 안 모든 사람,
즉 하나님의 백성뿐임을 예수님께서 강조하신 것이라고 생각합니다.

요한복음에도 참 빛이신 예수님께서 세상에 오셨지만, 일반적인 세
상 사람들은 그분을 알지 못했으며, 영접하지 않았다고 했고, 오직 예
수님을 영접하는 자, 곧 그분의 이름을 믿는 자들에게는 하나님의 자
녀가 되는 권세를 주셨다(요 1:9–12)고 기록되어 있지 않습니까?

참 빛이신 예수님께서도 대다수의 일반 사람들에게는 영접받지 못
하셨는데, 산상수훈의 이 말씀을 자꾸 우리가 도덕 윤리적으로 모범이
되어서 세상 모든 사람들에게 존경받고 칭찬받는 빛이 되라고 하신 말
씀으로 해석하는 것은 그야말로 교만한 발상이 아니겠습니까?

그러니까 마태복음 5장 15절의 의미는 오직 하나님께로부터 난 자들
(요 1:13)만이 예수 그리스도의 복음의 진리를 믿게 된다는 것입니다.

그리고 16절에서 예수님께서는 "너희 빛이 사람 앞에 비치게 하여 그들로 너희 착한 행실을 보고 하나님께 영광을 돌리게 하라"고 하셨는데, 저는 특히 이 말씀을 바르게 이해해야 한다고 생각합니다.

여기서 '착한 행실'은 무엇을 의미하는 것일까요?

그것은 인본주의자들이나 혼합주의자들의 생각처럼 세상 사람들이 자기 의를 실현하는 도덕 윤리적인 세상적 선행을 의미하는 것은 당연히 아닐 것이라고 저는 확신합니다.

만약 마태복음 5장 16절에서의 착한 행실을 세상적 선행이라고 해석했을 경우에는, 예수님의 그 말씀이 제자들에게 세상의 도덕 윤리적인 선행 경쟁에서 일등을 해서 세상 사람들이 하나님께 영광을 돌리도록 하라는 식의 이야기가 되어 버리는데, 그게 말이 된다고 생각하십니까?

기독교는 죄인 된 인간을 하나님 나라 백성으로 만들어 가는 것을 목적으로 하는 것이지, 세상에서의 도덕 윤리적인 인간상을 구현하는 것을 목적으로 하지 않기 때문에, 예수님께서 세상 사람들과의 세상적 선행 경쟁을 제자들에게 촉구하셨다는 것은 말이 안 되는 이야기입니다.

마태복음 5장 16절 말씀을 보면, "너희 빛을 사람 앞에 비치게 하는 것"이 "너희 착한 행실"을 의미한다는 것을 알 수 있습니다.

여기서 저는 '너희 빛'은 참 빛인 예수님을 믿는 그리스도인을 의미하며, 그 빛을 비치게 하는 '착한 행실'은 세상적 선행이 아니라 예수님을 믿는 하나님의 일(요 6:29)을 하는 것을 의미한다고 생각합니다.

그러니까 16절 말씀은 세상의 빛인 제자들에게 자신들이 믿는 참 빛인 예수 그리스도의 십자가 복음의 참된 진리를 세상 사람들에게 전하면, 그 복음을 전해 들은 사람들 중에서 그 진리를 믿게 되는 사람들이 하나님께 영광을 돌릴 것이라는 이야기를 해 주신 것이라고 하겠습니다. 그래서 산상수훈의 이 말씀을 들은 제자들은 훗날 예수님께서 승천하신 후에 오순절 날 마가의 다락방에서 성령의 권능을 받아 예루살렘과 온 유대와 사마리아와 땅끝까지 이르러 예수님의 증인이 되는 사역(행 1:8)을 행하였으며, 마침내 순교까지 불사하게 되었던 것입니다.

결국, 예수님께서 "너희는 세상의 빛과 소금이라"고 제자들에게 하신 이 말씀은 세상에서 도덕적으로 모범이 되라고 강조하신 것이 아니라, 그리스도인으로서 참된 믿음을 강조하신 가르침이라고 하겠습니다.

이 말씀은 오늘을 살아가는 우리에게도 똑같이 적용되는 말씀입니다.

⑩ 산상수훈에서 얻을 수 있는 교훈

산상수훈의 팔복을 누리는 삶 그리고 빛과 소금의 삶에 대해 이렇게 묵상하다 보면, 예수님께서 우리들에게 주시는 가르침의 요체는 철저한 자기부정, 하나님에 대한 절대의존, 예수 그리스도와의 연합(Union Christ)이라는 믿음과 순종의 삶이라고 확신하게 됩니다. 성경은 일관되게 그리스도인은 자기 의를 내세우는 삶이 아닌 하나님을 믿는 삶을 살아야 한다는 점을 강조하고 있음을 알 수 있습니다.

예를 들면, 하나님께서는 자신의 의를 내세우고 싶어 선악과를 먹어버린 아담과 하와를 에덴동산에서 추방하셨습니다(창 3:23).

그리고 하나님께서는 가인이 자신의 노력으로 수확한 풍성한 땅의 소산을 제물로 받지 않으시고, 십자가 복음이라는 구원계획을 이해하는 아벨이 바친 어린 양을 제물로 받으셨습니다(창 4:3-5).

또한 하나님께서는 아말렉의 모든 것을 진멸하라는 하나님의 말씀을 거역하고, 전쟁에서 탈취한 가장 좋은 양과 소를 제물로 바치려고 가져온 사울 왕에 대해서 제사를 빙자해 자기 의를 내세우려고 한 잘못을 꾸짖으시고 왕좌에서 내치셨습니다(삼상 15:23).

예수님께서도 주의 이름으로 온갖 선행을 했다고 자기 의를 내세우기에 바쁜 거짓 선지자들에게 심판의 날이 오면 "내가 너희를 도무지 알지 못한다"라고 할 것이라고 경고하셨습니다(마 7:21-23).

따라서 제가 교회를 열심히 다닐지라도 제 자신의 행위에 하나님이 없거나, 습관적으로 하나님의 이름을 들먹이지만, 실제로는 자기 의를 나타내는 데 급급해한다면 그 모든 행위는 죄짓는 일일 따름입니다.

그런데 세상 사람들은 도덕적으로 합당한 자신들의 행위가 죄가 될 수 있다는 성경의 지적을 아무런 갈등 없이 받아들일 수 있을까요?

이 죄는 세상적 범죄가 아닌, 하나님을 떠남으로써 구원받지 못하게 되는 성경적 죄(롬 3:23)를 의미하는데, 그것을 이해하기가 어렵겠죠?

저는 자선, 구제, 봉사, 사회개혁운동은 물론이고 국제평화나 구호활동 같은 인간의 선행 자체를 폄하하지는 않습니다. 오히려 권장합니다. 그리고 그리스도인이 아니면서 이런 선행을 하는 사람들 중에는 자기의 의를 드러내고 싶어 하는 사람들도 있지만, 자신의 양심에 따라 숨어서 조용히 하는 사람들도 있고, 순수한 사명감으로 당연히 해야 할 일을 했다고 생각하고 남들 앞에 드러내지 않는 사람도 많습니다.

저는 하나님께서 그들이 자기 의를 실현하려는 점은 염려하시겠지만, 자신의 유익보다 이웃을 생각하는 마음 자체는 높이 사실 것이라고 생각합니다. 자신의 양심에 따라 약한 이웃을 보살피려는 그들의 선행 동기는 비난받기 보다는 오히려 칭찬받을 일이니까 말입니다.

그러나 자기를 철저히 부정하고 하나님께 절대 의존하는 믿음과 성령의 도우심에 의한 사랑 없이, 자신의 양심에 따라 자기 의지로 선행하는 것은 드러내지 않아도 자기 의를 실현하는 것일 수밖에 없습니다.

사랑은 하나님께 속한 것이고 하나님은 사랑(요일 4:7,8)이신데, 그 하나님을 믿지 않고, 자신의 휴머니즘적 가치관과 의지로만 행하는 선행은 성경적으로는 교만일 수 있기 때문에 경계해야 할 것입니다.

그러면 교회들의 자선봉사 행위는 모두 정당시될까요? 아닙니다.

참된 그리스도인들이 자기부정을 전제로 하나님의 은혜에 의한 믿음으로 살아가는 팔복의 삶이 선한 삶인데, 그 삶은 우리가 육신을 입고 있는 한 완성하기 어렵고, 수시로 회개하며 지향할 따름인 것입니다.

교인이든 비교인이든 간에 자신의 행위에 하나님의 사랑이 없고, 진정한 '낮아짐'이 없으면 그 행위는 하나님께 죄짓는 것에 불과합니다.

우리가 우주와 인간의 근본이 무엇인가를 생각하면서, 세상과 인생을 어떤 시각으로 바라볼 것인가 하는 사고의 틀을 세계관이라고 합니다.

유교, 불교, 도교사상은 내세보다는 현세에 집중하는 세계관을 바탕으로, 당면 문제들을 세상의 중심인 인간 스스로의 힘으로 해결할 수 있다는 인본주의적 가치관에 입각하여 여러 도덕률을 제시하였습니다. 그런데 그리스도인들은 이러한 현실주의자들의 세계관과는 달리, 인간이 어디서 와서 어디로 가는지와 관련해서 하나님의 천지창조와 십자가 복음에 의한 구원계획 그리고 천국에서의 영생을 믿고 있습니다.

그리스도인들은 하나님의 은혜 없이는 우리 인간은 아무것도 아닌 존재라는 인식하에, 이 세상을 하나님의 구원계획을 깨닫기 위해 거쳐가는 나그네 인생의 장으로 생각하고 영생을 사모하는 사람들이기 때문에 현실적인 인본주의자들과는 세계관 자체가 다른 사람들입니다.

세계관이 다른 사람들은 추구하는 가치관도 다르게 되고, 그에 따라서 각자의 행동양식도 달라지는 것입니다.

저는 유교, 불교, 도교사상이 틀린 이야기가 아니라 저의 신앙과는 다른 이야기이기 때문에, 그 사상이 추구하는 인본주의적 가치관을 바탕으로 성경을 해석하는 것은 어불성설이라고 생각하는 것입니다.

성경적 가치관과 세계관에 입각해서 성경을 읽을 때, 비로소 우리는 성경말씀의 참 의미를 알게 되고, 참된 믿음의 길로 가게 될 것입니다.

11 장

주여 어디로 가시나이까?

| 찾아오심, 그 전부터 후까지 |

구약시대 믿음의 조상인 아브라함은 하나님의 말씀을 따라 75세의 노쇠한 몸으로 고향과 친척과 집을 떠나 약속의 땅 가나안으로 향하였고(창 12:1-5, 히 11:8), 하나님의 약속대로 백 세 나이에 폐경에 든 아내 사라를 통해 아들 이삭을 얻게(창 21:1-3, 히 11:11) 되었습니다.

이러한 과정에서 아브라함이 바랄 수 없는 중에 바라고 믿었던(롬 4:18) 그 믿음을 소위 '그럼에도 불구하고의 믿음'이라고 말합니다.

오늘날 제가 예수님께서 저의 죄를 대속하시기 위해 십자가에서 죽으시고 저를 구원하시기 위해 부활하셨다고 믿을 수 있는 것도 바로 이 아브라함의 믿음이 저에게 전이되었기 때문이 아니겠습니까?

이천 년 전에 우리나라도 아닌 저 멀리 중동 땅 귀퉁이에 조그맣게 자리 잡고 있는 팔레스타인 지역에서, 결혼도 하지 않은 처녀의 몸에서 태어나, 정식 교육을 제대로 받으셨는지도 알 수 없고, 목수 일을 하시다가 요즈음 같으면 결혼도 하지 않을 나이 서른에 하나님의 아들이라고 자처하면서, 오늘날의 과학 법칙으로는 도무지 설명이 안 되는 여러 가지 기적을 베푸셨다는 이야기뿐만 아니라, 특히 서른 초반의 젊은 나이에 십자가에서 죽은 후 사흘 만에 부활하심으로써 지금까지는 물론이고 앞으로도 전 인류의 구세주가 되신다는 이야기를 21세기를 살아가는 우리가 '그럼에도 불구하고의 믿음'이 없이, 아무런 의심도 하지 않고 우리의 지성과 이성으로 받아들일 수가 있겠습니까?

저는 참된 믿음은 성경을 읽고 그 내용을 일목요연하게 머리에 잘 정리해서 가지고 있는 것을 의미하는 것은 아니라고 생각합니다.

단순한 성경적 지식의 주입만으로는 하나님은 누구시며, 예수님의 복음의 진리는 무엇인지를 진정으로 이해하고 마음속에 받아들일 수가 없는 노릇이고, 그저 믿는다고 말은 하지만, 도대체 무엇을 믿는 것인지를 말하는 자기 자신도 제대로 알지 못하는 지경에 빠져 버리고 마는 것입니다.

그런데 예수님의 말씀을 제대로 이해했을 것처럼 보이는 베드로, 도마, 빌립 같은 예수님의 제자들도 뭐가 뭔지 모르긴 마찬가지였습니다. 그들은 예수님을 몇 년간이나 따라다니면서 하나님 나라에 대한 많은 가르침을 받았고, 수많은 이적을 동반한 예수님의 사역을 옆에서 지켜보면서 예수님께서 구세주이심을 말로는 시인하기도 하였습니다.

그러나 십자가 복음을 실현하시려는 예수님의 말씀을 제대로 이해하지 못하기는, 아직 성령께서 임하시지 않았던 때의 그 제자들이나 오늘날 교회만 왔다 갔다 하는 사람들이나 크게 다를 바가 없습니다.

십자가 죽음을 앞두고 마지막 날 제자들과의 최후의 만찬에서 예수님과 베드로가 나눈 대화(요 13:36-38)에서도 그것을 알 수 있습니다.

"주여! 어디로 가시나이까?"

"내가 가는 곳에 네가 지금은 따라올 수 없지만, 후에 따라오리라."

"제가 지금은 어찌하여 따라갈 수 없습니까? 저는 주님을 따르는 일이라면 제 목숨을 바칠 수도 있습니다. 전 그렇게 할 것입니다."

"베드로야! 네가 나를 따르기 위하여 네 목숨을 버리겠다고 했느냐? 내가 진실로 진실로 네게 이야기하노니, 오늘 밤 닭이 두 번 울기 전에 네가 세 번이나 나를 부인할 것이야!"

예수님께서는 도마와도 의미심장한 대화(요 14:4-6)를 나누었습니다.

"내가 어디로 가는지 그 길을 너희가 아느니라."

"주여! 주님께서 어디로 가시는지 저희들이 알지 못하는데, 어딘지 모를 그곳으로 가실 그 길을 저희들이 어찌 알겠습니까?"

"내가 곧 길이요 진리요 생명이니 나로 말미암지 않고는 하나님 아버지께로 올 사람이 아무도 없느니라!"

제자 빌립은 예수님께 이런 요구(요 14:7-10)를 하기도 했습니다.

"너희들이 나를 알았다면 내 아버지도 알았으리로다. 이제부터는 너희들이 하나님 아버지를 알았고 또 보았느니라.”

“주여! 하나님 아버지를 저희들에게 보여 주시옵소서. 그렇게 해 주시면 저는 만족하겠습니다.”

“빌립아! 내가 이렇게 오래도록 너희들과 함께 있었는데 네가 나를 아직도 알지 못한단 말이냐? 나를 본 자는 아버지를 보았거늘 어찌하여 네가 하나님 아버지를 보여 달라고 하느냐? 내가 아버지 안에 거하고 아버지는 내 안에 계신 것을 네가 믿지 않는단 말이냐? 내가 너희들에게 이르는 말은 내 스스로 하는 것이 아니라, 하나님 아버지께서 내 안에 계시면서 아버지의 일을 하시는 것이란다!”

예수님께서는 이렇게 말씀하시면서 보혜사 성령께서 오실 것을 약속하시고, 창세전 하나님과 함께 계획하신 구원의 사역이 십자가 죽음과 부활을 통해 이루어질 것임을 제자들에게 자세히 말씀해 주셨습니다.

그러나 제자들은 그 말씀의 뜻을 제대로 이해하지 못하고, 예수님께서 십자가에 매달리실 때는 그렇게 호언장담하던 베드로를 포함해서 모두가 두려운 마음에 예수님을 부인하고 도망가기에 바빴습니다.

예수님과 한솥밥을 먹으면서 예수님으로부터 삼 년에 걸쳐 그야말로 하나님 나라에 대한 특강(?)을 들었을 뿐만 아니라 또 예수님께서 구원사역을 행하실 때 심부름을 하거나 바로 곁에서 눈으로 보고 경험하는 실습 과외수업(?)까지 이수하고서도, 예수님께서 누구신지 그리고 예수님 말씀이 무엇을 의미하는지를 제대로 이해하지 못했던 제자들을 보면서, 저는 오늘날도 건성으로 교회만 다닌다고 해서 하나님을 알게 되고 예수님을 믿게 되는 것은 결코 아니라는 사실을 새삼 깨달았습니다.

그러나 오순절 성령강림 후에 베드로를 포함한 예수님 제자들은 놀랍게 변화되어, 참된 믿음으로 하나님과 이웃에 대한 사랑 계명을 따르는 삶을 살아가면서, 예수님의 지상명령인 전도를 위해 헌신하였고 순교도 마다하지 않았던 사실을 저는 주목할 필요가 있다고 생각합니다.

저도 메테오라 수도원으로 데려가신 성령께서 제 영안이 뜨이게 도와주셨기 때문에, 제게도 그동안 쉽사리 믿기지 않던 하나님 나라와 십자가 복음에 대해서 '그럼에도 불구하고의 믿음'이 생겼고, 결국은 흔들리지 않는 믿음의 사람이 될 것이라는 확신도 갖게 되었습니다.

되돌아보면, 지난날 인본주의적이었던 제 가치관과 세계관을 허물어뜨리고, 죄와 의와 심판에 대하여 저를 깨닫게 하신 분이 성령 하나님이시고(요 16:8), 그 하나님의 도우심을 받아 십자가 복음에 대한 믿음의 길을 한 걸음씩 걸어온 과정이 바로 저의 신앙생활 십 년의 세월이었습니다.

그 과정에서 하나님께서는 우둔한 저에게 놀라운 은혜로 지혜와 총명을 허락하셔서(엡 1:8), 저의 실체를 똑바로 보게 하시고, 제가 예수님의 십자가 복음에 대한 신실한 믿음과 함께 하나님에 대한 영적 인격적 사랑과 신뢰를 차곡차곡 쌓아 갈 수 있도록 이끌어 주셨습니다.

저는 제 자신의 한계를 절감하면서 마음이 가난해질수록 좌절과 체념으로 의기소침해지는 것이 아니라, 하나님의 은혜를 더욱 더 소망하며 하나님께 더 가까이 다가서게 되었고, 설사 때로는 제 삶이 힘들고 고되더라도 슬퍼하거나 노여워하기보다는 그 고난 속에서 하나님의 뜻을 알고 순종할 수 있는 영적 담대함을 간구하게 되었습니다.

이제 저는 저의 꿈, 저의 포부, 저의 비전으로 그럴싸하게 포장되어진 '자기 의'가 하나님 앞에서는 교만이요 허세임을 깨닫게 해 주시는 하나님을 바라보면서, 온유와 순종의 마음으로 하나님께 절대 의존하는 신실한 도구가 되는 삶을 살아가기를 진정으로 원하고 있습니다.

비록 나그네 인생길이라 할지라도 이 땅에서 천국을 경험하면서, 돌아갈 본향을 늘 꿈꾸고 소망하는 참된 그리스도인이고 싶은 것입니다.

지난날 저는 인본주의적 사고방식하에서 자유, 자존, 자율, 사회정의 같은 고상한 가치들을 추구하면서, 삶의 현장에서 저의 열의와 정성으로 그 가치들이 성취되어갈 때마다 희열과 보람을 느끼며 살아왔습니다만, 지난 십 년간 형성되어 온 성경적 가치관으로 그동안의 제 삶을 되돌아보면, 하나님과 같이하지 않았던 시절의 그 삶의 가치들은 모두가 다 저의 육신의 정욕, 안목의 정욕, 이생의 자랑을 충족시키고자 했던 몸부림을 미화하기 위한 방편에 불과했던 것이었습니다.

이제 저는 세상이 추구하는 상대적 행복에 매달리는 삶이 아니라, 예수님께서 말씀하신 팔복의 삶, 바로 하나님 나라의 삶의 방식을 지향하는 삶을 통해 진정한 행복을 누리는 참된 그리스도인이고 싶습니다.

아직도 저는 여전히 곤고한 사람(롬 7:24)이지만, 제 과거의 사고방식은 이제 코페르니쿠스적 전환의 길목에 성큼 들어서게 된 것입니다.

불교와 공자 사상, 노자 사상, 니체의 실존주의 같은 제 삶에 많은 영향을 끼친 종교나 철학 사상들이 뒤섞여서 형성되어 온 제 지난날의 가치관과 세계관을 한마디로 표현한다면, 세속적 휴머니즘이라고 말할 수 있고, 그런 사상을 가졌던 저는 세속적 휴머니스트였다고 말할 수 있겠습니다.

이 세속적 휴머니스트는 인간성을 존중하는 인도주의자이고 인간중심적인 인본주의자로서, 인간의 이성과 양심에 절대적인 가치를 부여하고, 하나님 중심의 신본주의적 가치관을 중시하지 않는 사람들입니다. 지난날 저도 이성을 실현하고 양심을 지킬 수 있는 인간의 무한한 가능성과 도덕성에 대해서 강한 신뢰와 기대를 가지고 있었기 때문에, 내공을 키우겠다는 생각으로 동서고금의 선현들의 지혜가 담긴 책이나 강의에 열중하고, 마음을 다스리는 자기 수련에도 힘써 왔습니다.

또한 저는 그런 사고방식하에서 현세에 초점을 맞추고 저의 의지와 노력으로 제 삶과 제가 속한 가정과 직장과 사회나 국가의 문제를 해결해 나가고자 하는 적극적이고 긍정적인 인생관을 견지해 왔습니다.

특히, 내세관(來世觀)은 제대로 정리되지 않은 상태였지만, 윤회사상이나 왕생극락을 머리에 떠올리면서, 현세에서의 저의 성실과 공적이 힘이 되어 내세도 잘 해결되겠지 하는 막연한 기대를 갖고 있었습니다.

그런데 지난날의 저처럼, 세상과 인생의 주체가 인간이며 삶의 목적은 인간을 위하는 데 있다고 생각하는 세속적 휴머니스트들은 행복하고 인간답게 살아가는 세상을 만들기 위해 양심껏 헌신하고 자기 의지로 노력하는 자신들을 하나님께 교만한 죄를 짓는 자라고 비판하면, 이를 수긍하지 않을 뿐만 아니라 참을 수 없는 분노를 드러내기도 합니다.

그러니까 창세기에서 가인은 자신이 애써 농사지은 작물 중에 가장 좋은 것을 제물로 올렸는데도 흠향하지 않으시던 하나님께서 당시에는 먹지도 않던 양을 제물로 올린 동생 아벨의 제사를 흠향하시는 것을 보고, 분한 마음을 참지 못하고 아벨을 죽여 버렸습니다(창 4:1-15).

인본주의자들은 가인에서부터 오늘날에 이르기까지 모두 "인간은 자기 의에 의한 행위로 구원받지 못하고, 은혜에 의하여 믿음으로 말미암아 구원받는다"는 십자가 복음을 선뜻 믿으려고 하지 않습니다.

그들은 아벨의 제물인 어린 양이 예수님을 예표한다는 의미를 모릅니다. 그래서 자신의 의를 높이 산 가인은 아벨을 죽였고, 바리새인은 예수님을 죽였으며, 오늘날 세속적 휴머니스트들은 그리스도인들을 편협하고 독선적이며 교리에 얽매인 형식주의자로 매도하고 있습니다.

저도 하나님을 만나기 전까지는 이러한 휴머니즘이 인간의 삶을 품격 있고 윤택하게 하며, 사람답게 살 수 있는 사회를 만들 뿐만 아니라, 나라의 발전이나 세계평화에도 기여하는 원동력이 된다고 굳게 믿었었는데, 신앙생활을 하면서 인간의 존재에 대한 인식을 새롭게 하게 되었고, 하나님 나라에 대한 진리에 눈을 뜨면서 저의 인생관이나 가치관이 인본주의적 휴머니즘에서 성경적인 것으로 바뀌어 갔습니다.

저는 인간의 박애정신 자체를 폄하하는 것이 아닙니다. 영이신 하나님께서 당신의 형상대로 만드신 인간은 원래 하나님 사랑을 마음속에 품고 있습니다. 그러나 타락한 아담의 후예인 인간은 자신의 화인 맞은 양심과 자기 의만으로는 그 사랑을 온전히 베풀 수가 없습니다. 우리의 죄성과 마귀의 유혹이 그 사랑을 훼손해 버리기 때문입니다.

성령의 은혜 없이 우리가 행하는 세상적 선행은 결국은 자기 의를 나타내 보이는 결과만을 초래하는 것을 우리는 역사를 통해서도 알 수 있고, 자기 자신을 포함해서 주변에서도 흔히 보고 경험하는 일입니다.

특히, 옆에서 훌륭하다고 부추기면, 부끄러운 줄도 모르고 자신이 행한 선행을 주저리주저리 읊어 대는 사람들을 보면 애처롭기까지 합니다. 세속적 휴머니스트들은 예수님께서 베데스다 연못가에서 꼼짝 못하고 누워 있던 38년 된 병자를 고치시는 것(요 5:1-18)을 예로 들면서, 예수님을 율법적 교리에 얽매이지 않고 안식일에도 불쌍한 사람들을 도우시는 너무나 인간적인 위대한 휴머니스트로 생각하며 존경합니다.

그러나 그것은 그들의 세계관과 가치관으로 성경을 보면서 예수님을 평가한 것에 불과할 따름이지, 성경을 바르게 해석한 것이 아닙니다.

제 힘으로는 연못에 들어가지 못해서 병을 고칠 수 없었던 병자를 예수님께서 낫게 해 주시는 이 이야기는 "죽을 수밖에 없었던 죄인인 인간을 하나님의 은혜로 구원해 주신다"는 복음의 진리에 대한 선포이자, "구원은 율법에 따른 자신의 행위로가 아니라 구원자이신 예수님의 은혜가 있어야만 가능하다"는 진리를 깨닫게 해 주시는 말씀입니다.

만약 예수님께서 병자를 고치시는 여러 일들이 은혜로운 복음의 진리를 선언적으로 선포하시는 의미를 가진 것이 아니라, 세속적 휴머니스트들의 생각대로 예수님의 인간적인 선행을 소개한 것들이라면, 십자가 죽음이라는 예수님의 선택이 무슨 의미가 있는 것이겠습니까?

하나님께서 예수님을 인간 세상의 휴머니스트들의 리더가 되라고 이 땅에 보내셨다면, 예수님께서는 젊은 나이에 십자가에서 그렇게 맥없이 죽으실 것이 아니라 더 오래 잘 사시면서, 당시의 불치병자들을 힘자라는 데까지 더 많이 고치시고, 불우이웃을 돕기 위한 활동이나 세상적 도덕 윤리 강의도 더 활발히 하시면서, 세상 선행에 앞장설 수많은 문하생들을 양성하셨어야 하나님께서 더욱 기뻐하시지 않았겠습니까?

그러나 그렇지 않습니다. 우리는 자신의 의지와 능력만으로는 하나님을 사랑하고 이웃을 사랑하는 하나님 나라의 삶을 살아갈 수 없는 죄인입니다. 하나님께서는 이런 우리를 구원하시고자 독생자를 보내시고, 은혜의 복음을 전하셨는데, 인간들은 아직도 자신의 의지와 행동으로 자신들의 바벨탑을 세워 나가는 데 몰두하고 있으니 한심한 노릇입니다.

특히, 요즘은 기독교를 비판하던 이성중심주의적인 기존 철학이나 종교에서 한걸음 더 나아가, 전 세계에 걸쳐 십자가 복음의 진리를 훼손하는 포스트모더니즘이라는 사상이 시대정신으로 부각되고 있습니다.

포스트모더니즘은 어떤 일정한 틀에 갇히는 것을 거부하고, 기존의 가치를 강하게 부인하면서 개성을 강조하는데, 일등만이 최선은 아니며 꼴찌도 인정받고, 꼴찌이기 때문에 사랑받는 상대주의를 지지합니다.

이러한 사조가 종교에도 스며들어, 절대진리를 배격하고 상대주의적인 종교다원주의를 지지하는 사람들의 목소리가 커지고 있습니다.

그들은 예수님만이 구원의 길이라는 진리(요 14:6, 행 4:12)를 이야기하면 종교근본주의라고 매도하고, 그 주장을 하는 기독교를 배타적이고 독선적인 종교라고 비판하면서, 신에게로 가는 길은 기독교 말고도 여러 종교를 통해서 다양한 방법으로 갈 수 있다고 말하고 있습니다. 사람마다 세계관과 가치관은 제각각인데, 역지사지하면 그것은 서로 '다름의 문제'이지 윽박지른다고 해결되는 문제는 아니기 때문에, 저는 다른 사상을 가지고 있는 사람들과 가급적이면 다투고 싶지 않습니다.

그러나 그렇다고 해서 저는 관용의 정신이나 합리적 사고라는 미명하에, 그들의 생각에 따라가거나 타협하겠다는 것은 결코 아닙니다.

사도 바울이 이야기했듯이, 진리는 절대적이고 불변하는 것이므로, 세월 속에서 시대정신과 혼합되거나 변질되어서는 안 되는 것입니다.

(롬 12:2) 너희는 이 세대를 본받지 말고 오직 마음을 새롭게 함으로 변화를 받아 하나님의 선하시고 기뻐하시고 온전하신 뜻이 무엇인지 분별하도록 하라

그러나 오늘날 각종 인본주의적 종교관이나 세속적 휴머니즘과 상대주의적인 포스트모더니즘이 때로는 혼합되고 때로는 연합되어, 창조와 구원을 이야기하는 성경을 도덕윤리 교과서로 전락시키고, 성경적 가치관을 가진 그리스도인을 독선적이고 배타적인 사람이라고 비난하고 있습니다.

그런데 참으로 개탄스러운 것은 일부 목사나 교인들이 세상의 풍속과 시대정신에 함몰되어 버림으로써, 하나님께서 자기를 어떻게 보시는지에 대해 관심을 갖기보다는, 세상적으로 선한 교회나 교인으로 평가받기 위해서 사람들에게 어떻게 호감을 살 수 있을까 하는 데 몰두하다가 이런 혼합주의에 빠져 버리고 마는 경우가 적지 않다는 사실입니다.

이런 혼합주의자들은 휴머니스트들이 추구하는 세상적 도덕 윤리에 부합하는 선, 정의 같은 가치를 성경에서 이야기하는 가치와 단지 문자적으로 동일하다고 해서 같은 의미로 해석하면서, 이런 가치를 하나님을 믿는다는 우리가 부정하면 되겠느냐고 오히려 반박도 합니다.

저는 사람들의 선행 자체를 무조건 비난하는 것도 아니고, 진리를 빙자해서 참된 선행에 소홀해지는 것을 정당시하지도 않습니다만, 선행에 대한 세상적 평가에 연연하는 이런 교인들에 대해서는 걱정이 됩니다.

세속적 휴머니스트인 이들은 자기 의를 실현하는 것이 최고의 선이라고 잘못 생각하고, 자기 뜻대로 행하고 마는 성경적 교만으로 인해 하나님께 더 많은 죄를 짓게 되는데, 저는 그것이 안타까울 뿐입니다.

뜻있는 목회자들은 우리 경제가 발전되면서 너무나 안타깝게도 교인들의 성서적 가치관이 흔들리고, 1960년대 이전의 신앙의 선배들과는 달리, 물질만능주의나 세속적 휴머니즘 같은 세상적 가치관이 더해진 혼합주의가 교인들 사이에 만연하고 있다고 개탄하기도 합니다.

예수님을 그리스도요 하나님의 아들(요 11: 27)이라고 믿는 마리아가 근로자 한 명의 일 년분 양식에 해당하는 비싼 향유를 예수님 발에 붓고 머리털로 예수님의 발을 닦았던 행위(요 12:3)는 우리를 위해 죽으실 예수님에 대한 감사와 섬김의 의미를 갖고 있습니다(요 12:7).

이와 같은 마리아의 행위는 "예수님은 나의 주인이요 구세주이시다"는 신앙고백인 동시에, '오직 예수, 오직 은혜, 오직 믿음'과 '내려놓음'이라는 그리스도인의 세계관과 가치관을 나타내 보인 것이었습니다.

그런데 마리아는 그 값비싼 향유를 차라리 팔아서 가난한 자들을 구제하는 데 사용했어야 했다고 비난하는 자가 있었으니(요 12:4-6), 그가 바로 예수님을 은 삼십 냥에 대제사장에게 팔아 버린 가룟 유다입니다.

예수님의 신성을 믿지 않는 세속적 휴머니스트들은 가룟 유다의 마리아에 대한 비난을 합리적이고 인간적인 생각이라고 항변할 것입니다.

가룟 유다가 열두 제자 중에 속해 있었으면서도, 세속적 휴머니즘에 젖어 자기합리화를 하면서 예수님을 배반했듯이, 오늘날 교회에서도 제2의 유다들인 세속적 휴머니스트들은 신실한 성도들을 멸시하고, 자신의 인본적 교양을 뽐내며 교회 안을 마음대로 휘젓고 다니고 있습니다.

종교개혁 500주년이라는 뜻깊은 해를 맞아, 이제 저를 포함해서 한국교회와 교인들에게 오늘날 만연되어 가는 적그리스도적인 작태를 통렬히 회개하고 철저히 경계하는 자성과 자각이 넘쳐나야 하겠습니다.

이런 혼돈의 시기에도 참된 그리스도인들은 이 세상은 본향인 하나님 나라를 사모하며 살아가는 나그네 인생(히 11:1, 2, 13-16)의 장임을 인식하고, 인간이란 존재의 불완전성이나 불가능성과 함께 숙명적인 죄성을 지닌 인간의 한계를 자각하면서, 철저하게 자기를 부정하고 하나님께 절대 의지하는 믿음과 순종의 삶을 묵묵히 살아가고 있습니다.

주여 우린 연약합니다. 우린 오늘을 힘겨워합니다
주 뜻 이루며 살기엔 부족합니다. 우린 우린 연약합니다
주여 우린 넘어집니다. 오늘 하루 또 실수합니다
주의 긍휼을 구하는 죄인입니다. 우린 주만 바라봅니다

저도 하나님을 만나고 십 년이 넘었지만 이 찬양의 가사처럼 아직도 여전히 연약하고 수시로 넘어지는 약하디약하고 보잘것없는 존재입니다만, 제가 믿고 있는 하나님께서는 완전하시며(삼하 22:31), 그분으로부터 나오시는 진리의 성령(요 15:26)께서는 저와 함께하시면서 저를 참된 그리스도인으로 살아가도록 도우시고 이끄십니다.

이제 저는 지난날 제가 주인 삼고 사랑했던 모든 것, 바로 인본주의적 가치관과 세계관을 완전하게 내려놓고 저의 주님이시요 하나님이신 예수님을 믿고 순종하면서, 죄에서 자유를 얻게 하시는 예수 그리스도의 십자가 복음의 진리가 저를 자유롭게 하는 것을 늘 경험하며 살아갈 수 있기를 간절히 소망합니다.

제가 영과 진리로 참되게 예배하는 삶(요 4:24)을 살아갈 때, 십여 년 전 아무 준비도 안 된 저를 찾아주신 하나님께서는 그날 그 '찾아오심'의 은혜가 저에게서 헛되지 않았음을 보시면서(요 4:23) 그런 저로 말미암아 즐거이 부르며 기뻐하실(습 3:17) 것입니다.